Human-Computer Interaction

기본원리와 사용자 중심의 개발 프로세스

김정현 | 안의재 | 이명희 | 이재동 지음

ucloud office
부록 CD

홍릉과학출판사

머리말

소프트웨어에서 HCI(인간컴퓨터 상호작용 및 인터페이스)의 중요성은 날로 중요해 지고 있다. 종래에는 소프트웨어가 제공하는 기본적인 기능이나 알고리즘적인 효율성을 통해 그 질을 가늠하여 왔다. 이러한 "개발자적" 시각은 지금도 어느 정도 유효하지만, 컴퓨터 장치의 눈부신 발전(속도, 용량, 가격 등)과 소프트웨어 개발 관련 기초 기술의 전세계적 확산으로, 소프트웨어의 상품적인 가치는 사용자가 현상적으로 인지하는 수준에서 사용자 중심의 이른바 사용자 경험(User Experience, UX)에 의해 결정되는 추세로 바뀌어가고 있다. UX의 정의는 매우 다양하지만, UX가 사용자가 소프트웨어를 사용할 때 가장 먼저 접하게 되는 상호작용 및 인터페이스 디자인과 깊은 관계를 갖는다는 것은 쉽게 이해될 수 있다. HCI 기술은 단순히 소프트웨어 상품의 가치를 높여 주는 것뿐만 아니라, 앞으로 모든 일상생활에서 쓰이는 물체가 디지털화되는 미래에 우리의 생활을 "컴퓨터가 내장되어 있는지 모른 채" 자연스럽고 편안하고 재미있게 해 줄 수 있는 중요한 기술이기도 하다. 이런 맥락에서 앞으로 소프트웨어 개발은 HCI적인 요소를 반드시 고려하면서 진행되어야 하고, 또한 이를 위한 교육과 인식이 학부 단계부터 일찍 이루어져야 한다고 생각해 왔다. 그럼에도 불구하고 아직 학부 단계에서 HCI를 심도 있게 가르치는 대학교는 많지 않다.

대부분의 HCI 교과서들은 그 체계가 부족하고, 대학원 수준의 논문 모임, 혹은 사례 중심적이거나 너무 추상적인 원칙설명 위주인 해외 원서들이 그 대부분을 이루고 있다. 따라서 우리나라 학부 학생들의 경우(심지어 대학원생들도) 이러한 책들을 "근본적으로" 이해하는데 어려움이 있을 것 같다. 사실 많은 HCI 원칙들이나 사례들은 학부생 수준 일지라도 이해하기 그리 어렵지 않을 수 있으나(예를 들면 "사용자를 고려해야 한다"는 HCI 원칙은 학부생들도 고개를 끄덕이며 이해 할 만하지 않은가?), 이들을 실제 소프트웨어에 효과적으로 적용하는 것은 그리 쉬운 일은 아닐 것이다. 따라서 본 책은 우선 우리나라 IT 계열 학부생들을 주 독자 대상으로 하여, HCI 원칙이나 지침, 인간공학에 대한 설명은 최대한 간략화하는 대신 그 기본 "정신 (Spirit)"을 전달하려고 노력하였다. 기본적인 HCI 지식과 "정신"을 바탕으로 예제를 통하여 "사용성이 높은" 혹은 "UX가 강화된" 소프트웨어를 개발하는 과정을 다루는 형식으로 그 구조를 삼았다. 첫 3장은 HCI 원칙, 지침, 및 기초 인간공학적 지식을 다루고, 제4장부터 제8장까지는 대화형 소프트웨어를 기획, 디자인, 구현, 평가하는데 필요한 지식을 구체적 예제를 통하여 설명하였다. 실제 컴퓨터 기반의 개발 주기를 중심으로 설명이 전개되기 때문에 어느 정도의 컴퓨터 공학 지식은 필요할 것으로 보이나, 특정 프로그래밍 언어나 시스템의 지식은 그리 많이 요구하지 않아 컴퓨터 비전공자들도 어느 정도 이해하고 읽을 수 있을 것이다(컴퓨터 비전공자의 경우, 구현을 다루는 제5~제7장의 일부는 건너뛰어도 책을 소화하는데 큰 무리가 없다).

본 책의 내용은 2006년 이래 고려대학교 정보통신대학에서 가르쳐온 HCI 입문 강좌의 내용에 기반하여 준비되었다. 대략의 강의 진행은 다음과 같다.

	강의 내용
1주~2주	제1장~제2장(소개, HCI 원칙 / 지침)
3주~5주	제3장(인지과학/GOMS, 인간공학, 오감 인지)
	숙제 1: HCI 원칙 / 가이드라인 적용 Exercise GOMS Exercise
6주~8주	제4장 HCI 설계 / 디자인
	숙제 2: 프로젝트 “App” 제안(Part 1): 기본 요구 분석, 사용자 분석 등 App 디자인(Part 2): 작업 모델, 시나리오, 스토리보드, 기초 인터페이스 디자인 및 와이어프레이밍 20분 발표
9주	중간고사(제1장~제4장)
10주~11주	제5장~제7장 UI Layer, Toolkit, MVC
	숙제 3: 프로젝트 구현(MVC 모델 사용) 20분 발표(MVC 모델 및 App 1차 데모)
12주~13주	제8장 평가
14주~15주	제9장: HCI 동향 / 기타 주제 /(기말고사)
	숙제 4: Self-heuristic evaluation 문항 만들기 Peer review 받기 App 재디자인 / 재구현 App 2차 데모(전/후 보여주기)

예제로 사용된 “No Sheets 1.0”이라는 안드로이드앱은 Google Play에서 무료로 다운로드가 가능하며, 보조 파워포인트 자료와 그 소스코드는 이 책의 출판사인 홍릉과학출판사의 자료 사이트에서 다운 받을 수 있다. 독자들이 부디 이 책을 통하여 HCI에 대한 마인드를 어느 정도 확립하여 미래의 역량 있는 소프트웨어 개발자 및 설계자가 되는데 조금이라도 도움이 되기를 희망한다.

본 책은 주위의 많은 분들의 도움으로 완성될 수 있었다. 우선 고려대학교 디지털 체험 연구실의 현 대학원생들에게(김영선, 김영원, 김창현, 안종길, 이상용 등) 고마움을 표하고 싶다. 수업, 연구, 행정 등 바쁜 와중에도 큰 도움을 주는데 노력을 아끼지 않았다. 또한, 책에 대한 서평이나 내용적 비평과 교정을 도와주신 가까운 HCI 연구자들에게(특히, 건국대 김지인 교수님, HITLab NZ 이건 박사님, 카이스트 우운택 교수님, 연세대 김진우 교수님, 세종대 이종원 교수님, 한양대 박종일 교수님, 경희대 전석희 교수님, Univ. of Central Florida 김시중 교수님, ETRI 양웅연 박사님, 국민대 김준호 교수님, 한림대 송창근 교수님, 동의대 서진석 교수님, 세종대 김숙진 교수님, 연세대 최준호 교수님, 상명대학교 황민철 교수님, 포항공대 최승문 교수님 등) 다시 한 번 머리 숙여 큰 감사를 드린다. 마지막으로 이 책의 필요성을 인식하고 출판에 대한 지원을 아끼지 않은 홍릉과학출판에게도 감사함을 표한다.

저자 일동

차례

제1장 HCI 소개 및 주요원칙

제2장 구체적 HCI 지침

제3장 HCI 설계를 위한 인간공학적 지식

제4장 HCI 설계

제5장 인터페이스 구현 I: UI Layer

제6장 인터페이스 구현 II: UI 툴킷

제7장 인터페이스 구현 III: 개발 프레임워크

제8장 사용자 인터페이스 평가

제9장 미래의 HCI

제1장 HCI 소개 및 주요원칙

1.1 HCI 정의 및 중요성

인간 컴퓨터 상호작용(Human Computer Interaction, 이하 HCI)은 사람이 컴퓨팅 기기를 사용하고 상호작용하는 방법에 대한 이론, 기술적 설계 및 구현, 그리고 평가를 다루는 학문 분야이며, 다른 여러 학문 분야(예: 공학, 심리학, 인체공학, 디자인)와 깊은 관계를 맺고 있다. 특히, 상호작용(Interaction)의 개념은 "인터페이스(Interface)"라는 유사한 용어와 확실하게 구별되어야 한다. 간략히 살펴보면, 상호작용은 주어진 작업을 완수하기 위해 사용자와 컴퓨팅 기기가 각각 어떤 역할을 가지고 어떻게 서로 협력 작업을 하는지를 표현한 추상적 모델을 의미하고, 인터페이스는 주어진 상호작용 모델에 대하여 어떤 기술적 실현(하드웨어 그리고/또는 소프트웨어)의 선택/디자인/구현을 의미하는 것이다. HCI 분야는 추상적 상호작용 모델과 기술적 인터페이스 방법론 두 가지를 모두 포함한다(그림 1.1).

인터페이스가 이미 어느 정도 정형화된 데스크톱 컴퓨팅과 더불어 최근 임베디드(Embedded) 컴퓨터가 내장된 다양한 기기들을 우리의 삶 곳곳에서 쉽게 접할 수 있게 되고

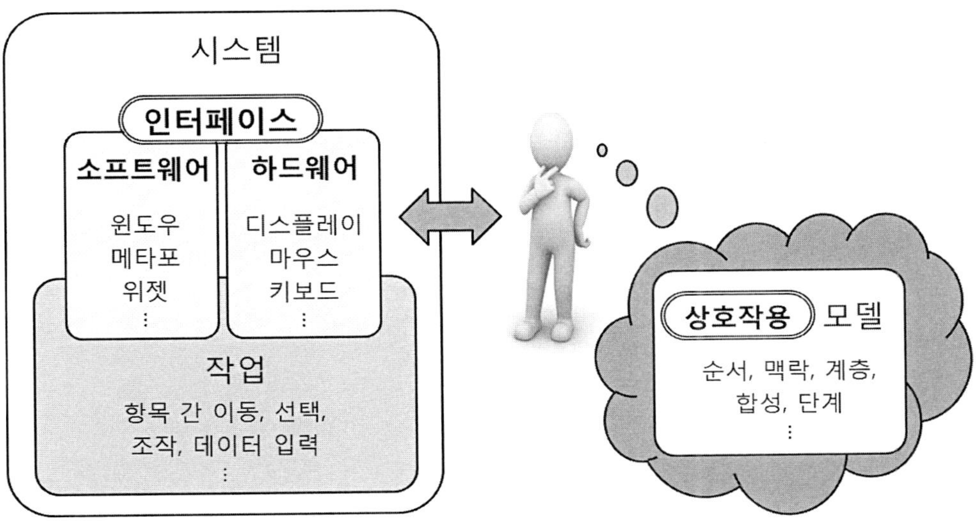

[그림 1.1] 상호작용과 인터페이스의 개념 구별

이들과도 상호작용하게 됨에 따라 HCI의 역할은 더욱 중요해지고 있다. 초기 HCI는 단순히 필요한 컴퓨터의 기능을 쉽게 사용할 수 있게 하고, 작업에 효율적이고, 안전성을 보장하며, 작업을 정확하게 수행할 수 있도록 이끄는, 이른바 높은 사용성(Usability)을 갖는 상호작용 방법 및 인터페이스를 구현하는 것에 집중하였다. 지금 HCI는 컴퓨팅 기기와의 효율적인 상호작용을 통해 오늘날 대부분 작업 분야에서 높은 생산성을 의미하게 되었다.

한편, 이러한 사용성과 함께 디자인적으로 간결하면서도 아름다운 심미적 매력을 동시에 제공하는 인터페이스가 상업적 성공에 매우 중요한 요소로 작용하기도 한다. 애플 컴퓨터의 독특한 디자인이 그 좋은 예이다. 애플 컴퓨터는 기능적으로 인텔기반의 개인용 컴퓨터(이하 PC)와 비슷함에도 그들만의 충직한 추종자들을 끊임없이 매혹하고 있다. 이러한 맥락에서

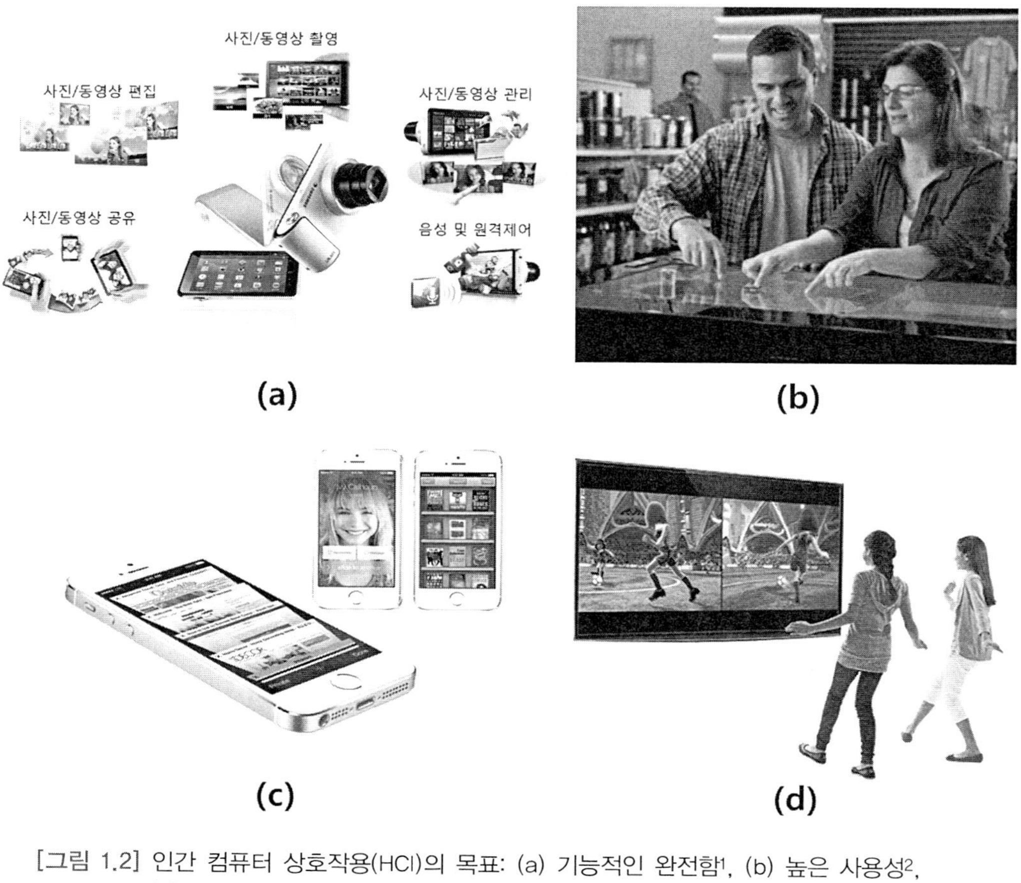

[그림 1.2] 인간 컴퓨터 상호작용(HCI)의 목표: (a) 기능적인 완전함[1], (b) 높은 사용성[2], (c) 심미적 매력[3], (d) 뛰어난 사용자 경험(UX)[4]

---

1 http://www.samsung.com/sec/galaxycamera/

2 http://blog.msdn.com/b/pixelsense/

3 http://www.apple.com/iphone-5s/features/

4 http://www.xbox.com/ko-KR/Kinect/School

[그림 1.3] 컴퓨터 발전에 따른 HCI의 변화
(단순 키보드/터미널 → 그래픽 인터페이스/마우스 → 터치)

최근에는 "사용자 경험(User Experience, UX)"이 HCI 분야에서 중요 키워드 혹은 유행어가 되고 있으며, 이것은 상호작용 기기가 (1) 우선 기능적으로 사용자의 요구사항을 충족시키고, (2) 높은 사용성을 지니며, (3) 심미적 매력이 있는 것뿐만 아니라 (4) 어떠한 경계 없이 사용자의 생활에 자연스럽게 녹아들거나, 새로운 생활방식을 만들어내는 UX 등까지 제공할 수 있도록 해야 함을 의미한다(그림 1.2).

많은 사람들이 잘 인지하지 못하고 있지만 사실 HCI는 지난 수십 년 동안 컴퓨터의 발전과 함께 우리의 삶을 크게 바꾸어 놓았다. 예를 들어, 마우스의 발명(또는 재발견)은 PC 혁명의 핵심적인 역할을 했고, 대중들이 컴퓨터를 보다 직관적이고 쉽게 사용할 수 있도록 해주었다. 스프레드시트(Spreadsheet) 인터페이스는 비즈니스 컴퓨팅(Business Computing) 시장의 확대와 대중화에 커다란 영향을 미쳤다. 인터넷 또한 웹 브라우저 인터페이스가 없었다면 지금처럼 활성화되지 않았을 것이다. 스마트폰은 터치 기반 인터페이스를 통해 기존의 피처폰을 완전히 대체해가고 있으며 기존의 PC보다 더 넓은 사용자층을 형성하고 있다. HCI는 여전히 인간이 정보를 보고, 흡수하고, 바꾸고, 생성하고, 조작하는 방법을 재정의하고 있다. 즉, HCI는 더욱 다양하고 많은 사용자들을 포용하면서 쉽고 직관적인 형태로 재정의되고 변모하여 왔다(그림 1.3).

1.2 HCI 원칙 (Principles)

뛰어난 HCI 설계와 디자인은 일반적으로 생각보다 쉽지 않다. 그 주된 이유는 다수의 목적을 복합적으로 달성하기 위해 사용자의 유형, 작업의 특성, 기기의 사양과 가격, 객관적이면서도 정확한 정량적 평가 방법에 대한 지식, 기술의 변화와 같이 동시에 고려해야할 요소가 많기 때문이다. 또한, 다양한 분야에서의 상당한 지식이 요구된다. 따라서 HCI 연구자와 개발자들은 이전 절("HCI 정의 및 중요성")에서 이미 언급했던 사용성, UX 등의 주요 목표를 달성하기 위한 훌륭한 HCI 설계의 기본 원칙을 확립하고 축적해왔다. 이러한

HCI 원칙들은 매우 일반적이고, 필수적이고, 상식적이며, 쉽게 이해될 수 있는 내용을 가지고 있지만, 앞서 언급한 대로, 모든 원칙들을 실제 상황에서 조직적이고 포괄적으로 적용하고 검증하는 것은 그리 쉽지 않다. 다음 절에서는 HCI 설계/디자인에 있어서 우리가 꼭 숙지해야 할 중요 원칙(HCI Principle)들에 대하여 간단히 살펴보도록 하겠다.

1.2.1 사용자를 이해하라 ("Know Thy Users"[2])

HCI에서 가장 중요한 신조는 사용자의 입장에서 상호작용과 인터페이스를 설계하는 것이다. 최근 유행어가 된 "사용자 중심 디자인 접근법(User Centered Design)"에 대한 종합적인 개념은 이미 1971년 Hansen이 제창했던 "Know Thy User"라는 원칙에서부터 그 원류를 찾을 수 있다[2]. 이 원칙은 간단히 말해 상호작용과 인터페이스는 시스템이 사용자 대상의 요구와 능력에 맞게 설계되어야 한다는 것이다. 하지만 실제로 HCI 설계자와 개발자들은 사용자에 대해 완전히 이해하지 못하고 설계하는 경우가 더 많다. 예를 들자면 추측만으로 설계 결과물에 대한 대표사용자의 응답이나 사용성을 충분히 예상할 수 있을 것으로 생각하는 것이다. 이상적으로는 사용자에 대한 종합적인 정보(예: 나이, 성별, 학력, 사회적 상태, 컴퓨팅 경험, 문화적 배경)를 수집하고 분석하여 그들의 선호도와 성향, 신체적 능력 및 정신적인 능력과 숙련도를 객관적으로 알아내야 한다(그림 1.4). 이러한 정보들은 대상 사용자를 위한 올바른 인터페이스 해결책을 선택하고, 적절한 상호작용 모델을 확립하는 데 쓰인다.

더 높은 사용성을 확보하기 위해 인터페이스를 변경하는 경우를 생각해 보자. 이러한 경우 젊은 사용자는 새로운 인터페이스에 적응하는 데 굉장히 능숙하나, 기성세대는 비교적 그렇지 않을 것으로 생각할 수 있다. 경험이 많고 겸허한 HCI 설계자는 직접적인 현장 연구가 불가능한 상태이더라도 인지심리학, 인체공학, 의인화된 데이터 등의 방대한 지식을 이용하여 대상 사용자 집단의 능력과 성향을 가늠하려고 할 것이다. 이러한 사용자에 대한 기초 조사는 꼭 필요한 것이지만, 이것만으로 사용자의 특성을 모두 제대로 파악했다고는 볼 수 없다.

또 한 예를 든다면, 일반적으로 남성이 여성보다 공간적 능력이 뛰어나다고 알려진 것은 3D 사용자 인터페이스 기술을 채용하고자 할 때 고려될 수 있는 일반적 인간공학적 지식이다. 하지만 좀 더 자세하게 조사해 본다면 공학이나 과학을 전공하거나 이 분야에서 일하는 여성의 경우 남성과 동등한 공간적 능력을 갖추고 있음을 알 수 있다[1]. 통상적 지식이나 추측만으로 설계하는 인터페이스의 대상 사용자 군의 특성을 정확히 파악하여 인터페이스 디자인에 반영할 수 없다. 따라서 사용자에 대한 모델 설정은 철저하고 자세하게 이루어져야 하고, 일반적/특수 사전(Pre-knowledge) 지식에 기반하여 필요한 경우 사용자와의 직접적인 인터뷰나 조사가 이루어져야 한다.

(a)

(b)

[그림 1.4] 사용자 중심으로 디자인 된 웹 페이지의 예: (a) 어린이 중심 디자인[5], (b) 노인 중심 디자인[6]

5 쥬니어네이버, http://jr.naver.com/
6 실버넷뉴스, http://www.silvernews.or.kr/

예를 들어, 모바일 게임 인터페이스의 경우, 개발자는 추측이나 개인적 판단에 의하여 "체험성"을 중시하여 터치 제스처나 음성 인터페이스를 염두에 두고 게임을 설계할 수 있을 것이다. 그러나 모바일 게임에 대한 사용자 조사를 실시했을 때, 많은 경우 사용자들은 모바일 환경에서의 체험성보다는 간결하고 빠른 인터페이스를 선호하는 것이 발견된다[8]. 따라서 군이 제스처나 음성을 사용하지 않고 간단한 "터치" 인터페이스를 채택하는 것이 사용자가 실제로 원하는 것이고 이러한 면이 게임의 성공여부를 결정할 수도 있는 것이다.

또 다른 관련 원칙이나 목표로서 "일반적 사용성(Universal Usability)"이 있다. 일반적인 사용성은 인터페이스를 다양한 연령층과 기술 능력, 문화적 배경, 장애 정도에 상관없이 더 넓은 범위의 사용자에게 공급하도록 해야 한다는 것을 주창한다. 이러한 개념은 고급 다문화 선진사회에서 기본적으로 많이 요구되고 있다. 예를 들어, 선진화와 국제화하고 있는 우리나라에서도 최근 공공기관의 홈페이지에서 장애인, 비한국어 사용자 등을 고려하는 인터페이스가 기본적으로 채용되고 있는 것을 볼 수 있다. 또한, 많은 대화형(Interactive) 시스템들이 초보자를 위한 메뉴 기반 명령과 전문가를 위한 키보드 기반 단축키를 동시에 제공한다(그림 1.5).

그러나 어떤 측면에서는 일반적 사용성은 "사용자를 이해하라" 또는 사용자 중심 인터페이스라는 원칙과는 어쩌면 반대의 개념이라고 할 수 있다. 왜냐하면 모든 사용자에 대해 단일 인터페이스를 통해 좋은 사용성을 달성하는 것은 현실적으로 매우 어렵고, 사용자 중심 인터페이스는 인터페이스가 대상 사용자 군에 대하여 특화되어야 함을 의미하기 때문이다.

따라서 현실적으로는 일반적 사용성을 달성하기 위해서는 여러 사용자 군에 대하여 각기 다른 특화 인터페이스를 개발하는 것이 보통이다(그림 1.6). 일반적 사용성은 서로 다른 사용자 그룹을 위한 적합한 인터페이스를 제공하는 것에 대하여 투자하고 그 가치를 정당화 함에 따라 이뤄낼 수 있다. 예를 들어 정부 기관의 웹 페이지들도 이제는 법적으로 서로 다른 언어로 인터페이스를 제공해야 하고, 시각 장애인의 웹 페이지 사용도 지원해야 한다.

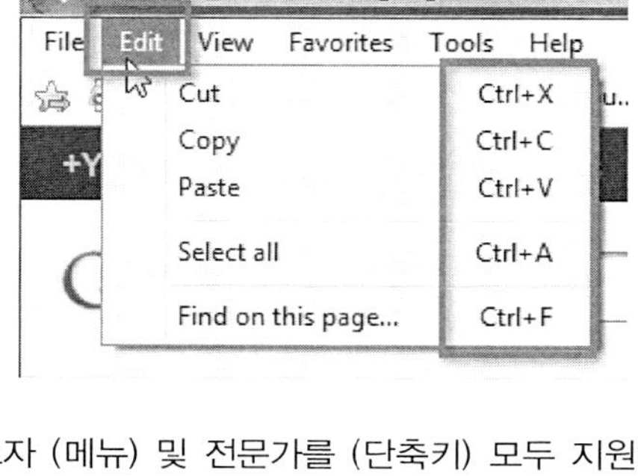

[그림 1.5] 초보자 (메뉴) 및 전문가를 (단축키) 모두 지원하는 인터페이스

(a)

(b)

[그림 1.6] 일반적 사용성을 위해 별도의 인터페이스 제공: (a) 한국어[7], (b) 영어[8]

---

7 보건복지부(한글), http://www.mw.go.kr/front_new/index.jsp

8 보건복지부(영문), http://english.mw.go.kr/front_eng/index.jsp

1.2.2 작업을 이해하라

또 하나의 중요한 HCI 설계 원칙은 작업을 이해하는 것에서 시작하여야 한다는 것이다. 작업이라는 것은 사용자가 대화형 시스템 혹은 인터페이스를 이용해서 완수해야 하는 일을 의미한다. 사실, 당면한 작업을 이해하는 것은 이전 절에서 설명한 사용자 이해와 밀접한 관련이 있고, 작업을 이해하고 분석하는 것은 결국 상호작용의 추상적 모델을 도출하는 것과 같다. 즉, 일반적인 사용자와 다양한 응용 상황에 대하여 적절한 추상화 수준에서 작업의 흐름과 그들 사이의 관계나 구조를 도출하는 것이다.

다양한 응용을 위하여 스마트폰에서 "무선랜 연결 소스를 바꾸는 것"에 대한 작업을 예로 살펴보자. 컴퓨터 네트워크 분야의 숙련된 전문가에게 무선랜 연결 소스를 바꾸는 것은 구체적으로 신호의 강도, 대역폭(Bandwidth), 보안 레벨에 따라 주변 여러 액세스 포인트(Access Point) 중 적합한 것을 고르는 것이다. 반면 일반적인 초보 사용자에게는 자동으로 선택된 액세스 포인트의 비밀번호를 입력하는 정도가 전부일 것이다(그림 1.7).

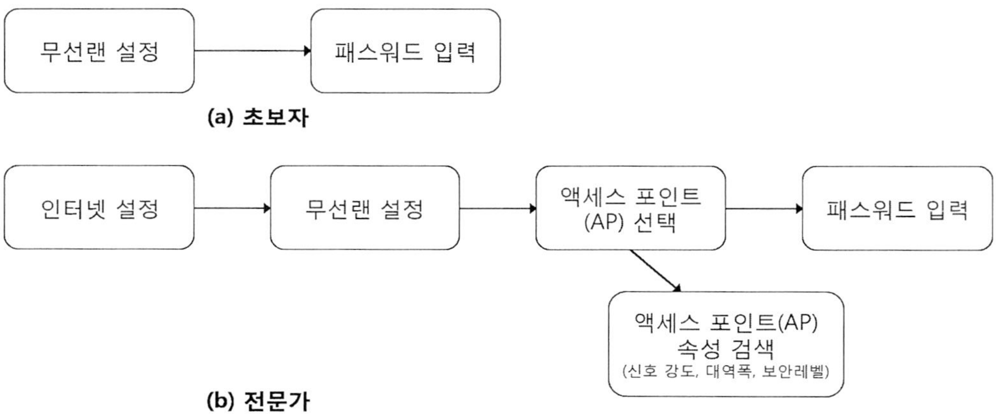

[그림 1.7] 사용자의 기술과 응용 상황에 따른 모델링: 스마트폰에서 무선랜 연결

작업(또는 그에 따른 상호작용) 모델은 이상적으로는 사용자로부터 기인한다는 것을 항상 기억하자. 서로 다른 사용자들은 같은 작업에 대해서도 정신적 모델(Mental Model)이 다를 수 있다. 이러한 점을 염두에 두고 구현된 인터페이스는 실제 사용자가 더욱 사용하기 쉽고, 기억하기 쉬운 인터페이스가 될 수 있다. 작업 및 상호작용 모델링 과정에 대해서는 제2장에서 더 자세히 다룰 것이다. 하지만 사용자의 요구에 따라 구성된 상호작용 모델이 항상 가장 효율적인 것은 아니다. 인간은 매우 적응적이므로, 상호작용 모델은 효율성과 학습 용이성에 초점을 맞춰 사용할 수 있다는 것도 기억해야 한다.

1.2.3 기억의 부담을 줄여라

HCI의 기본적인 원칙 중 하나는 인터페이스를 사용하다면 가능한 사용자에게 최소한의 기억 부하만을 주는 것이다. 단기 기억력(Short Term Memory)이든 장기 기억력(Long Term Memory)이든, 사람은 기억력을 적게 필요로 하는 일을 더 효율적으로 수행할 수 있다. 특히, 인터페이스에 대한 단기 기억 부하를 줄이는 것은 사용자에게 더욱 쉽게 작업을 완수할 수 있도록 한다. 사람의 단기 기억력은 대략 6~9개의 정보 덩어리(Chunk)를 기억할 수 있는데, 이것은 “마법의 숫자(Magic Number)”라고도 불린다[3]. 단기 기억력에 대한 부하가 적으면 실수를 범할 확률도 또한 낮아진다. 6~9개의 메뉴 및 하위 메뉴만으로 구성된 인터페이스는 마법의 숫자 이론이 잘 적용된 예이다. 단기 기억의 부하를 줄임으로써 사용자는 현재 수행하고 있는 일에 대하여 지속적으로 인지하거나, 상호작용 중에 인터페이스가 여러 가지 상태 등 도우미(Help) 정보를 표시하여 기억을 상기시킬 수 있다(그림 1.8).

[그림 1.8] 최소한의 단기 기억력을 요구하는 인터페이스: 10개 이하 항목을 지닌 메뉴 시스템(왼편의 9개 타일, 오른편의 6개 아이콘 메뉴), 색상이나 넓이에 의한 분류, 아이콘 라벨(Label), Badge(동그라미) 등을 이용한 상태 정보 표시를 (예: 온도, 메일 개수 등) 통한 계속적인 기억 상기(마이크로소프트 모던 인터페이스[9])

1.2.4 일관성을 유지하라[6]

일관성을 유지하는 것은 장기적으로 봤을 때 기억의 부하를 덜어주는 한 가지 방법이다. 일관성이라 함은 하나의 응용프로그램 내에서 뿐만 아니라 여러 개의 다른 (그러나 관련성이 있는) 응용프로그램 사이에서도 필요한 중요 설계 속성이다. 예를 들어, 동일한 하위

9 마이크로소프트 모던 인터페이스, http://msdn.microsoft.com/ko-kr/windows/apps/

하나의 응용프로그램 내에서의 일관성 유지(Subway surfers)

(a)

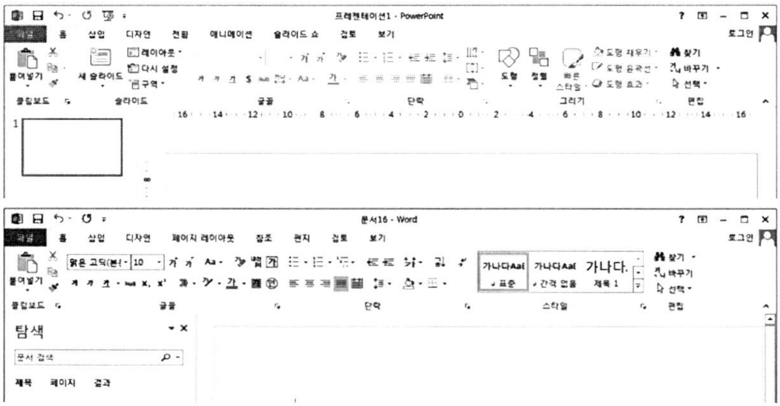

서로 다른 응용프로그램 사이에서의 일관성 유지(Microsoft PowerPoint와 Word)

(b)

[그림 1.9] (a) 한 응용프로그램 내에서의 일관된 사용자 상호작용과 인터페이스,
(b) 서로 다른 응용프로그램 사이에서의 일관된 사용자 상호작용과 인터페이스

작업에 대해서도 서로 다른 횟수, 상호작용 단계 또는 인터페이스 등이 요구된다면 사용자는 매우 혼란스러워하고 잘못된 응답을 하기 쉽다. 우리는 동일한 하위 작업이 서로 다른 응용 프로그램에서도 나타날 수 있다는 것을 잊지 말아야 한다. 무엇을 해야 하는지 기억하는 것뿐만 아니라 일관성을 유지하는 것, 사용자에게 익숙함은 더욱 높은 사용자 수용성과 선호도를 이끌어 낼 수 있다. 마이크로소프트의 윈도우즈 기반 응용프로그램들이 높은 경쟁성을 꾸준히 유지할 수 있는 것은 일관적이고 친숙한 인터페이스 때문이다(그림 1.9).

1.2.5 사용자들에게 정보를 상기시키고, 그들의 기억을 되살려라

어떤 중요한 일이라도 사용자의 기억력을 사용해야 하므로, 좋은 전략 중 하나는 사용자의 기억을 꾸준히 환기시키고 중요한 정보를 연상할 수 있는 인터페이스를 채택하는 것이다. 우리의 기억력은 생각보다 빠르게 정보가 소멸되고, 다중작업 상황에서 작업 간의 전환을 할 때 더욱 심하게 소멸된다. 연구 결과에 따르면 인간의 뇌는 다중작업을 할 때 내부적으로 각 개별 작업에 대한 정보를 부호화(Encoding)하고 이를 나중에 쉽게 기억해 낼 수 있도록 스스로 학습한다고 한다[5]. 심지어 하나의 일을 하는 작업도 서로 다른 여러 맥락의 상황이나 작은 작업들로 전개하여 진행할 수 있다. 예를 들어, 온라인 쇼핑 과정에서 사용자는 여러 정보를 입력하게 된다. 즉, 품목을 선택하고, 배송 방법을 정하고, 배송 주소 및 신용카드 번호를 입력하는 것 등이다. 상황에 대한 정확한 정보의 인식을 유지하는 것을 유도하고 사용자로부터 지속적인 올바른 응답을 보장받기 위한 일시적 또는 지속적인 피드백은 우리의 기억을 환기시키고 사용자가 쉽게 작업을 완료하는 데 도움이 된다.

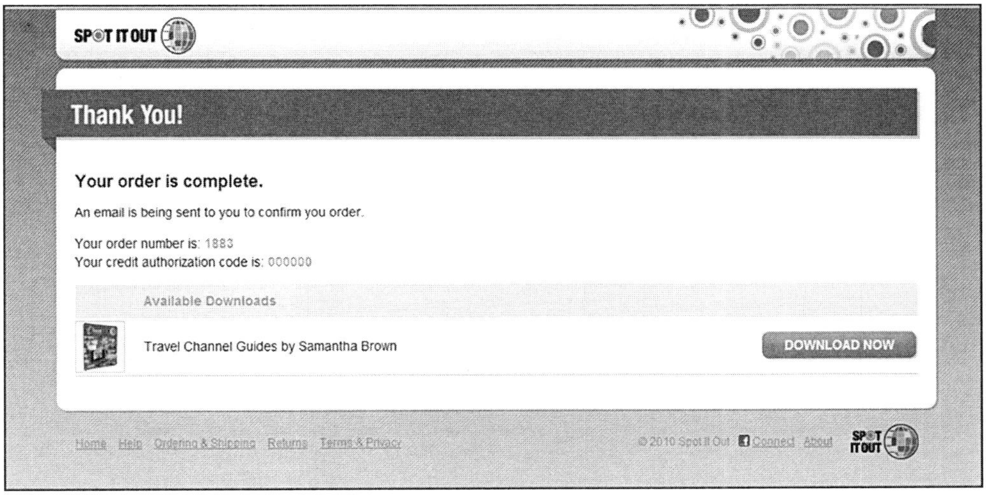

[그림 1.10] 사용자에게 행동을 재확인시켜주는 것(예: 신용카드 번호를 제대로 보안 유지를 하며 입력했는지)과 보다 큰 프로세스(예: 책 구매가 완료되었음)에 대한 피드백

현재 상태를 제외한 정보를 제공하는 특정 유형의 피드백 중 하나는 사용자의 행동을 재확인하고 사용자에게 더욱 큰 프로세스의 종료 신호(Closure)를 보내는 것이다[6]. 예를 들면, 신용 카드 번호가 적힌 영수증을 발행하는 것뿐만 아니라 책 주문이 완료되었음을 알려주는 신호를 보내는 것이다. 이러한 진행 중인 대화형 프로세스에서 확실한 종료를 사용자에게 알려주는 것은 마음속으로 더욱 큰 만족감을 줄 수 있다(그림 1.10).

1.2.6 오류를 방지하고 행동을 되돌릴 수 있도록 하라[6]

작업을 빠르게 완료하도록 돕는 것도 물론 중요하지만, 오류 없이 운영하는 것 또한 중요하다. 상호작용과 인터페이스는 혼란과 정신적 과부하를 줄이는 방향으로 설계되어야 한다. 당연하게도, 앞서 언급한 원칙들은 모두 여기에 적용될 수 있다. 효과적인 방법 중의 하나는 주어진 순간에 필요한 정보나 명령만을 제공하거나 요청하는 것이다. 비활성화된 메뉴 항목은 이런 기술의 좋은 예라고 할 수 있다. 또한, 시스템이 사용자들에게 여러 항목

중 하나를 선택하게 하는 것(예: 메뉴 시스템)은 기억에만 의존하는 것(예: 직접적인 문자 입력)보다 안전한 접근 방식이다(그림 1.11).

앞서 설명한 기법들과 원칙들을 적용했음에도 불구하고 사용자는 늘 실수를 할 가능성이 있다. 따라서 특정 행위를 쉽게 취소하고 되돌려 놓을 수 있어야 한다. 따라서 행위를 취소할 수 있는 방법을 제공함으로써 사용자에게 더욱 높은 만족감을 주고 편안한 상태를 느끼게 할 수 있다(그림 1.12).

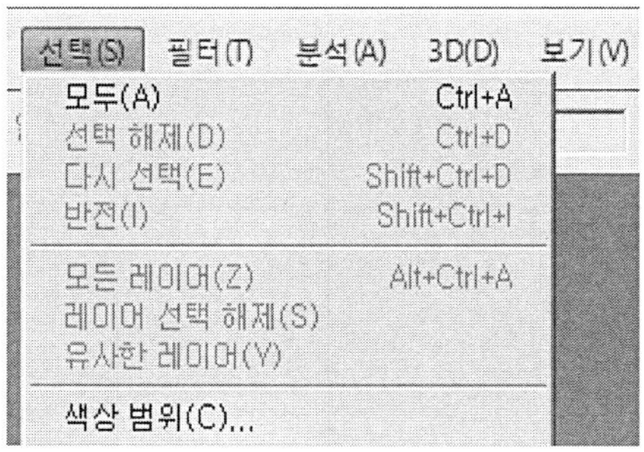

[그림 1.11] 관련 없는 기능을 비활성화하여 오류를 막는 방법

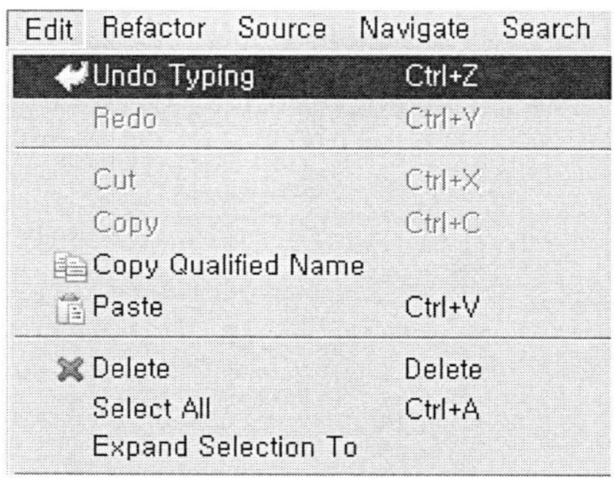

[그림 1.12] 쉽게 이전의 행동을 취소할 수 있게 함으로써 사용자를 편안하게 한다

1.2.7 자연스러움

마지막으로 중요한 HCI 원칙은 "자연스러운" 상호작용과 인터페이스이다. 자연스러움이라 함은 쉽게 말해 상호작용 방법이 우리의 일상생활 속에서 일어나는 다양하고 우리가 익숙한 활동방식과 개념에 기반을 두고 있음을 의미한다. 이러한 맥락에서 가장 완벽한 HCI는 언젠가 자연어에 기반을 둔 대화형 인터페이스가 가능해지면 실현될 것인데, 이것이 가장 일반적이며 자연스러운 사람들의 의사소통 방식이기 때문이다. 그러나 실생활에서의 상호작용 스타일과 방식을 컴퓨터를 이용한 상호작용으로 직접적인 변환을 구현하는 것은 까

다루울 수 있다. 이보다는 주어진 작업의 추상화된 개념의 "자연스러움"의 본질만을 추출해 이를 "비유적으로" 상호작용이나 인터페이스에 적용하는 것이 나은 접근법일 수도 있다. 예를 들어, 그림 1.13의 인터페이스는 "아크볼(ARCBall)"[7]이라는 것으로, 2차원 장치인 마우스를 이용해 3차원 공간 상의 물체를 회전시킬 수 있도록 하는 것이다. 물체를 회전시키기 위하여 선택한 물체를 둘러싸는 투명한 구(Sphere) 안에 물체를 위치시키고 사용자는 구의 표면을 드래그해서 내부의 물체를 회전시킬 수 있다. 이 회전 기술을 비유적이라 부를 수 있는데, 이는 회전에 대한 상호작용 기법을 구의 모양으로 추상화했기 때문이다(그림 1.13).

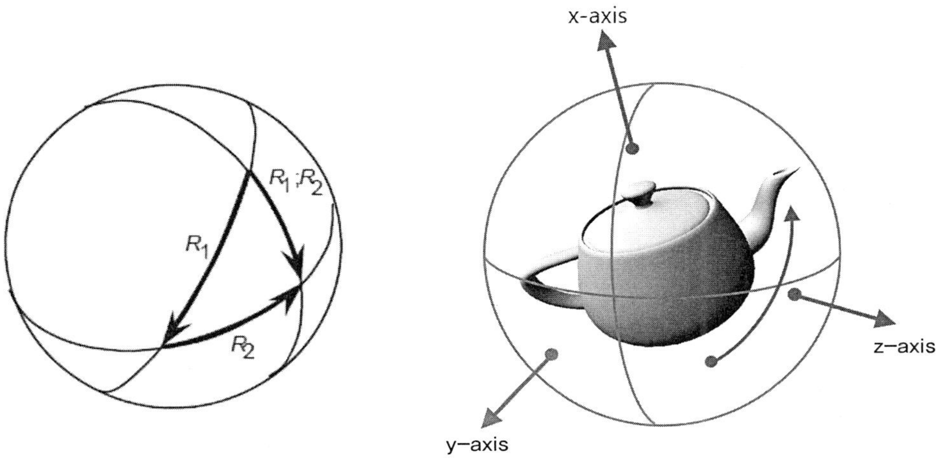

[그림 1.13] 아크볼(ARCBall): "구(Sphere)" 비유를 이용해 3D 물체를 회전시키는 것. 높은 단계의 "행동성"을 지닌 매우 직관적인 방법이다[7].

인터페이스가 자연스럽거나 비유적이라면 (비유가 부자연스럽지 않다는 가정 하에) "행동유도성(Affordance)" 및 직관성을 지닐 것이다. 즉, 아크볼의 예에서 구의 형태를 지닌 회전 GUI(Graphical User Interface)는 높은 행동 유도성의 증거이고, 어떻게 물체를 회전시켜야 하는지 별도의 설명이 필요하지 않다. 이것은 인간의 선천적인 인지와 지각에 호소하는 특성으로, 인터페이스를 매우 직관적으로 만들어 거의 학습이 필요하지 않은 수준으로 만들어준다[4].

1.3 요약

이번 장에서는 HCI 목적과 중요성 및 HCI 분야에 대하여 소개하였고, HCI 설계에 관한 주요 HCI 원칙에 대해서 살펴보았다. 이러한 원칙들은 대개 인지과학과 인체공학 이론의 발현이거나, 대상 사용자 군의 특성이나 선호도에도 큰 기반을 두고 있다. 이 장에서 소개된 주요한 원칙들 이외에도 다른 원칙들도 존재하지만, 대부분 큰 틀에서는 서로 비슷하며, 어차피, 실제 사용환경이나 특정목표가 주어졌을 때보다 자세하고 직접적인 지침으로 상세화된다. 이러한 사용 환경이나 특정 목표에 따라 상세화된 원칙들을 지침(Guideline)이라고 부르고, 다음 장에서는 이러한 경험적 지침 및 좀 더 객관적인 인지과학 이론에 기반한 지침들을 HCI의 설계 과정의 일부분으로서 살펴볼 것이다.

References

[1] Eisenberg, T. A., and McGinty, R. L. "On spatial visualization in college students." *The Journal of Psychology* 95.1 (1977): 99-104.

[2] Hansen, W. J. "User engineering principles for interactive systems." *Proceedings of the November 16-18, 1971, Fall Joint Computer Conference*. ACM, (1971): 523-532.

[3] Miller, G. A. "The magical number seven, plus or minus two: some limits on our capacity for processing information." *Psychological Review* 63.2 (1956): 81-97.

[4] Norman, D. A. *The design of everyday things*. Basic Books, (2002).

[5] Salvucci, D. D., and Taatgen, N. A. *The multitasking mind*. Oxford University Press, (2010).

[6] Shneiderman, B., and Plaisant, C. *Designing the user interface 4th edition*. Addison Wesley, (2004).

[7] Shoemake, K., "ARCBALL: A user interface for specifying three-dimensional orientation using a mouse." *Graphics Interface*. Vol. 92. (1992): 151-156.

[8] Redwood, G., "Mobile Gaming: A Usability Study" http://www.simpleusability.com/ beinspired/2012/01/mobile-gaming-usability/, (2012).

제2장 구체적 HCI 지침

2.1 지침들의 분류

앞 장에서 살펴본 HCI 설계 원칙들은 매우 일반적이고 넓은 영역에서 HCI 설계 측면에 적용할 수 있는 데 반해, HCI 지침(Guidelines)들은 어떤 특정 영역이나 기준에 대하여 보다 매우 구체적이다. 표 2.1은 HCI 설계에 도움이 될 수 있는 여러 가지 구체적인 지침들을 영역이나 기타 기준에 준하여 분류하고 그에 대한 예시를 보여주고 있다. 예를 들면, "사용자 유형"이라는 기준에서 좀 더 세부적으로 사용자 "나이"나 "세대" 별로 별도의 구체적 지침이 있을 수 있는 것이다. 즉, 어린이, 노인, 장애인 등과 같은 다른 특성을 갖는 사용자에 대한 별도의 지침들을 주어진 사용자 군에 더욱 특화된 상호작용 모델 및 인터페이스 디자인에 활용할 수 있는 것이다.

이러한 지침들은 오랜 시간에 걸쳐 연구자나 개발자들에 의하여 경험적으로 도출되어 정리된 것들이며 따라서 어느 정도 객관적이라고 할 수 있다. 심지어, 이러한 지침들 중에는 국제 표준이 된 것들도 있는데, 예를 들어, 국제 표준화 기구(International Organization for Standardization, ISO)의 9241 문서는 화면 배치, 물리적인 입력 장치, 사무실/환경 인체공학, 그리고 택타일/햅틱 상호작용 등의 주제를 아우르는 HCI 설계의 인체공학적인 최소의 요구사항이나 인터페이스 설계 프로세스, 평가 방법을 다루고 있다[12]. 또한, 이런 지침들은 서로 다른 범주끼리도 영향을 미치거나 관계할 수 있다는 것을 참고하기 바란다. 예를 들면, 전자상거래 응용프로그램을 위한 지침들은 내용적으로 화면의 배치, 입력을 유도하는 방법, 공급 업체의 특정 형식 또는 특정 사용자 고려 등 다른 여러 가지 지침들과 불가피하게 연계되어 적용되어야 한다. 각 지침들은 사실 세부적으로는 서로 내용의 차이가 있지만, 동시에 많은 부분들이 일반적으로 서로 공유되거나 비슷한 면들이 많고, 더 나아가 이전 장에서 설명했던 더 높은 수준의 "원칙"들의 관점에서 그 상관관계가 잘 이해될 수 있다. 다만, 이러한 다양한 분야에 걸쳐 존재하는 지침들을 본 책에서 모두 나열하고 설명할 수는 없을 것이다. 따라서 HCI 설계 시 주어진 영역이나 상황 등에 의거한 필요 지침들을 조사하여 적극 활용하기 바란다. HCI 설계 지침들은 이전 장에서 설명했던 원칙들보다 구체적이지만, 그래도 아직 부분적으로 추상적인 면이 있기 때문에 상세 설계에 적용할 때에는 어려움이 있을 수 있다. 이러한 점에서 HCI 설계 혹은 실제 디자인 패턴들은

[표 2.1] HCI 지침들의 대소분류 및 그 예시

대분류	소분류	예시
사용자 유형	나이/세대 장애/접근성 성별 소비자 집단 직업 문화/국적	어린이, 노인, 베이비 붐 세대, 시각 장애인, 학생, 부모, 동양인, 운동 선수 등
플랫폼/시스템 구성	모바일/손에 쥐고 사용할 수 있는 기기(Hand-held) 데스크톱 대형화면/가상현실 임베디드 공공 설비 운영체제/네트워크	스마트폰, 태블릿PC, 데스크톱, 키오스크, 임베디드 운영체제, 클라우드 기반, 길 안내 시스템, 개인용 게임기, MP3 플레이어, 전자책 등
서비스 제공자/기관	개인 공공 설계형식/정체성	NASA, 고려대학교, 마이크로소프트, 구글, 애플 등
인터페이스 형식/양식/기술	WIMP[1]/비WIMP 3D 다중양식	목소리/청각, 제스처, 싱글/멀티터치, 택타일/햅틱, 다중양식, 메뉴 기반, GUI/위젯, 시각적 인식 등
사용/작업 환경 및 맥락	위치/장소 시간 소음/조명 신체적 제약	사무실, 실외, 도로/거리, 집, 자동차, 지하철, 강의실, 아이즈프리(Eyes Free), 핸즈프리(Hands Free), 잘 쓰는 손(Handedness) 등
응용프로그램 종류	게임 미디어/정보 전자 상거래 설계/편집 소셜 네트워크 서비스 등	
HCI 인터페이스 세부 디자인	화면배치 정보 구조/항목 간 이동 입력 요구 방법 정보/결과물 가시화 설계절차와 실행 사용자 경험 일반적인 미학 등	

[1] WIMP는 "Windows, Icon, Mouse and Pointer"의 머리글자로, 관습적인 데스크톱 인터페이스를 지칭한다[13].

지침들이 실제 구체적 인터페이스 요소로 어떻게 실현되는지 설명해 줄 수 있을 뿐 아니라 설계 도구로서의 역할도 할 수 있다.

Tidwell은 백여 가지의 유용한 인터페이스 디자인 패턴들을 조사하여 인터페이스 패턴들을 정보 구조, 정보 간 이동, 화면 배치, 데이터 입력 등으로 분류하고, 각 패턴마다 패턴이 사용된 맥락, 적용 가능한 기기나 플랫폼, 상황 및 패턴 사용의 정당성 등을 기술하였다[5]. 이러한 지식은 인터페이스의 상세 설계 작업 시에 HCI 원칙이나 각종 지침에 맞추어 진행할 수 있도록 큰 도움이 된다. 다음 절에서는 여러 가지 HCI 설계 지침들의 예들을 살펴보면서 단순 "원칙"들과의 차이와 그 필요성을 이해해 보도록 한다.

2.2 HCI 지침들의 예

2.2.1 화면배치에 대한 지침

설계 지침의 초점은 대부분 화면(혹은 페이지) 배치에 맞춰져 있다. 이 문제는 다양한 정보(내용과 UI 요소 모두)를 하나의 화면이나 화면 이동이 가능한 페이지에 어떻게 분할 및 정리하고 할당할지에 관한 것들이다. 일반적으로, 화면 배치는 정보의 내용에 따라 정리되어야 한다(예: 중요도, 순서, 기능성). 이때 고려해야 할 다른 요소들로는 구성 객체의 크기/위치(예: 구획 별로 나누는 것), 주의 집중력, 심미적 요소(예: 정렬, 제한된 색상) 등이 있다. 표 2.2는 미국 보건 복지부(U.S. Department of Health and Human Services)에서 제공하는 웹 페이지에서 정보 배치를 위한 지침의 요약본이다[3].

[표 2.2] 미국 정부기관 웹 페이지 배치의 열세 가지 지침[3]

지침	설명
어수선한 화면을 피해야 한다.	사용자가 어수선하다고 느끼지 않도록 페이지들을 만들어야 한다.
중요한 항목들을 일관되게 배치해야 한다.	중요하고 클릭할 수 있는 항목들을 같은 위치에, 그리고 페이지의 상단에 가깝게 배치해 그것들의 위치를 쉽게 예측할 수 있게 해야 한다.
중요한 항목들을 상단 가운데에 배치해야 한다.	가장 중요한 항목들을 웹 페이지의 상단 가운데에 배치해 사용자가 정보를 찾는 것을 쉽게 해야 한다.
비교하기 쉬운 구조여야 한다.	페이지를 구조화하여 항목들이 쉽게 비교될 수 있어야 한다. 사용자가 해당 항목들을 분석해 유사성, 차이, 추세와 관계를 알 수 있어야 한다.

중요도의 등급을 정해야 한다.	정보의 중요도 등급을 정하고 이것을 웹 사이트의 각 페이지에 적용하여야 한다.
화면 밀도를 최적화해야 한다.	페이지에서 원하는 정보를 쉽게 찾도록 하기 위해 페이지가 너무 많은 정보들로 복잡하게 구성되지 않도록 하여야 한다.
페이지의 항목들을 정렬해야 한다.	페이지의 항목들을 시각적으로 수직 또는 수평으로 정렬해야 한다.
유동적인 배치(Fluid Layout)를 사용해야 한다.	유동적인 배치를 사용해 페이지 크기를 1024×768 픽셀이나 그 이상인 모니터의 해상도에 자동으로 맞추어야 한다.
화면 이동을 막는 것을 피해야 한다.	제목의 위치와 다른 페이지 항목이 사용자로 하여금 페이지의 최상단이나 최하단에 다다랐다고 착각하지 않게 해야 한다.
적절한 페이지 길이를 정해야 한다.	웹 페이지를 주로 사용할 수 있도록 페이지의 길이를 정하여야 한다.
적당한 여백을 사용해야 한다.	정보를 살펴보거나 찾기 위해 사용하는 페이지에서 여백(글이나 그림 등이 없는 영역)의 양을 제한해야 한다.
한 줄의 길이를 적절히 정해야 한다.	읽는 속도가 가장 중요하다면, 줄의 길이를 보다 길게 해야 한다(줄당 75~100 문자). 수용성이 더 중요하다면 줄의 길이를 짧게 해야 한다(줄당 50 문자).
특정 기능의 접근성을 유지하려면 프레임을 이용해야 한다.	사용자가 사이트 내의 다른 정보를 접근해도 특정 기능이 보이게 하려면 프레임을 이용해야 한다.

2.2.2 정보 구조화 및 항목 간 이동(Content Organization and Navigation)에 대한 지침

하나의 화면이 특정 응용프로그램의 전체적인 정보의 내용이나 제어 UI를 담기에 충분하지 못한 일은 종종 발생한다. 따라서 정보를 구조화하고 그것들 사이에서의 이동을 쉽게 만드는 것은 높은 사용성을 확보하기 위한 매우 중요한 사항이다. HCI의 목적을 위해 정보의 내용과 제어 인터페이스를 구조화하는 것은 "작업을 이해하라"라는 원칙과 밀접한 연관이 있다(제1장 참고). 작업을 이해함으로써 우리는 하위 작업의 순서 및 관계 그리고 각 작업들이 입력을 받아내기 위한 정보표시나 결과의 출력 정보 등과 연관될 것이라고 쉽게 파악할 수 있다. 작업 구조, 조치 순서 및 관련 내용의 조직화는 상호작용의 흐름과 유동성을 나타낼 것이다. 또한, 이러한 방식으로 적정량의 정보나 제어가 적절한 시기에 이용이 가능하게 될 것이다.

이러한 내부적인 구조 외에도, 빠르고 쉬운 항목 간 이동을 위하여 외부적인 수단과 적절한 UI 를 제공하는 것 또한 중요하다. 빠르고 쉬운 항목 간 이동 수단은 사용자가 필요한 조치(예: 메뉴 항목)와 정보를 빠르게 찾을 수 있도록 만든다. Liavitt가 제시한 쉬운 항목 간 이동 인터페이스 설계를 위한 요약된 지침을 간략히 소개한다[3].

"… 항목 간 이동은 웹 사이트 내의 정보를 찾는 방법과 관련이 있다. 탐색 페이지(Navigation Page)는 사용자가 정확한 위치를 찾도록 돕고 목표하는 페이지로 연결하기 위해 주로 사용된다. 웹 사이트의 항목 간 이동 형식과 특징은 사용자가 정보를 효율적이고 효과적으로 찾고 접근할 수 있게 해준다. 이것은 가능하다면 설계자들이 항목 이동만을 하는 페이지를 짧게 만들어야 한다는 것을 뜻한다. 설계자들은 사이트 맵(Site Map)을 포함하고, 사이트 내에서의 사용자의 위치를 효과적으로 알려주는 피드백을 제공해야 한다 …(그림 2.1)"

"… 항목 간 이동을 가능하게 하려면 설계자들은 이동 가능한 항목들을 적절히 구별하고 집단화하며 적절한 유형의 메뉴를 사용해야 한다. 또한, 서술적인 탭 이름들과 긴 페이지에서는 페이지 내용의 클릭 가능한 목록을 제공하고, 사용자가 올바른 링크를 선택할 수 있게끔 '주석'을 추가하는 것 역시 중요하다. 잘 설계된 사이트에서는 사용자들이 막다른 페이지에 갇히지 않는다 …"

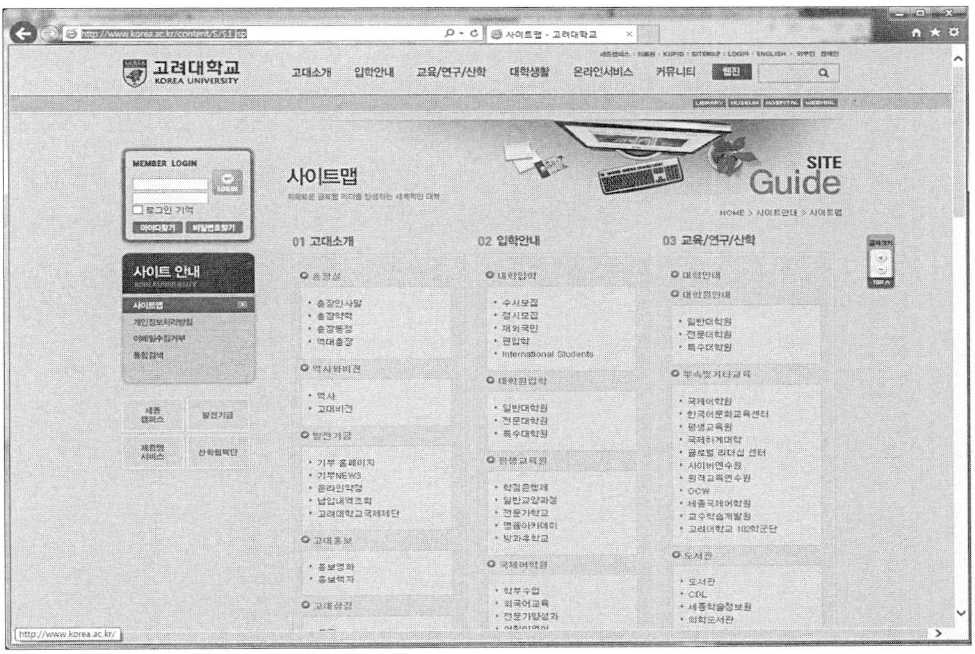

[그림 2.1] 정보 간 이동을 편리하게 하기 위한 사이트 맵의 예[2]

[2]고려대학교 사이트맵, http://www.korea.ac.kr/content/S/S1.jsp

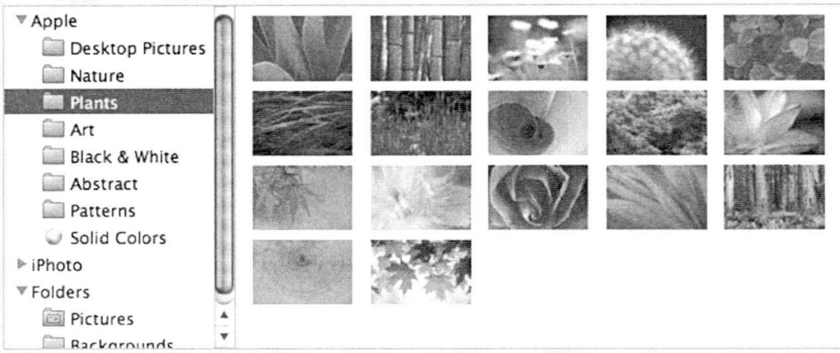

[그림 2.2] Tidwell의 2개의 창을 이용한 선택기를 통해 정보를 구조화하고 항목 간 이동을 가능하게 할 때 사용되는 설계 패턴 [5]

또 다른 구체적인 화면 배치 및 정보 간 이동의 지침의 예로, Tidwell의 두 가지 설계 패턴을 들 수 있다[5]. 이미 언급한 바와 같이 디자인/설계 패턴은 추상적인 지침들이 실제 인터페이스 객체로 어떻게 실현되는지 직접적으로 설명할 수 있다.

"… 인터페이스에 두 개의 창을 나란히 놓는다. 첫 번째에는 사용자가 원하면 선택할 수 있는 항목들을 보여주고, 두 번째에는 선택된 항목의 내용을 보여준다. 여러 항목이나 범주, 심지어 조치를 나열할 때도 이 방법을 사용한다. 사용자로 하여금 전체 구조를 파악하게 하고 싶을 때 사용한다. 물리적으로는 가지고 있는 화면이 두 창을 한 번에 보여주기에 부족함이 없다 …(그림 2.2)"

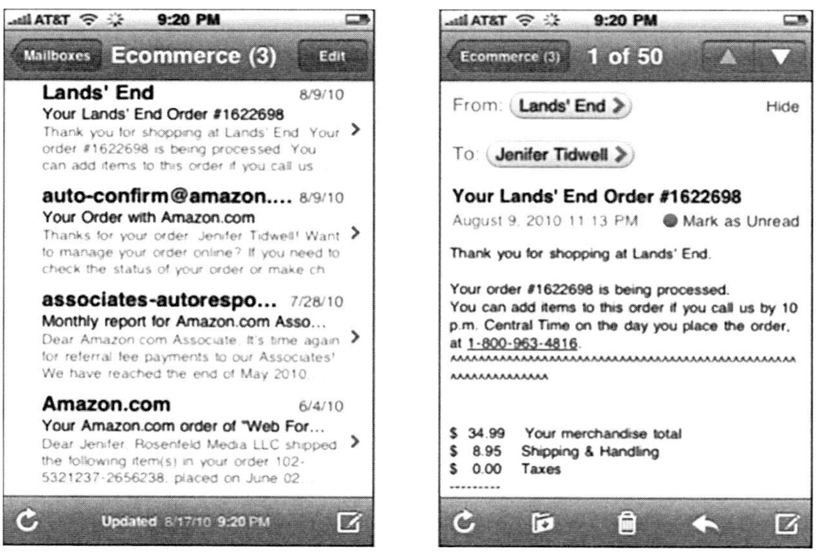

[그림 2.3] Tidwell의 하나의 창을 이용해 내용을 구성하고 빠르게 항목 간 이동을 하기 위한 설계 패턴[5]

"… 응용프로그램의 페이지들을 하나의 창에 보여준다. 사용자가 메뉴의 옵션들을 헤쳐 내려가거나 특정 항목의 세부사항으로 들어가면 창의 내용은 완전히 새로운 내용으로 채워진다. 응용프로그램이 많은 수의 페이지나 창을 가져야 하는 내용을 포함할 때 사용한다. 특히, 장치의 공간이 여유가 없을 때나 복잡도의 한계가 있을 때 사용한다… (그림 2.3)"

2.2.3 사용자 입력 획득에 대한 지침

사용자 입력(예: 원시 정보 또는 시스템 명령)을 획득하기 위한 적절한 설계는 고도의 대화형 시스템에서 작업 시간과 정확도와 같은 전체적인 수행 능력을 개선할 수 있다. 현대적인 인터페이스는 GUI 요소들(예: 윈도우, 문자 상자, 버튼, 메뉴, 폼, 대화 상자, 아이콘)과 지원 기술(예: 자동완성, 불필요한 옵션의 비활성화, 음성 인식), 그리고 장치들(예: 마우스, 터치화면)을 이용해 여러 가지의 방법으로 사용자의 입력을 받는다. HCI 설계 시 제약조건(예: 사용자 유형, 작업 특성, 환경 등)에 따라 이러한 방법들을 조합하여 최상의 수행 능력을 뽑아내는 것은 UI 설계자에게 달려있다. 아래 항목들은 앞서 언급한 여러 입력 방법들을 효율적인 데이터 입력에 적용하기 위한 지침들이다[3][4].

1. 데이터입력 처리 과정의 일관성: 모든 조건에 대하여 유사 구분 기호, 약어 등 유사한 일련의 조치를 사용하여야 한다.
2. 사용자로부터의 입력 최소화: 입력 행동이 적다는 것은 더 높은 생산성을 의미한다. 예를 들어 하나의 키 입력, 마우스 선택, 자동 완성 기능, 자동 커서 배치 등을 이용해 글자의 입력을 피할 수 있다. 목록에서 선택하는 것(예: 메뉴, 라디오 버튼) 또한 오류가 발생할 가능성을 낮춰 준다. 마우스와 키보드 간 전환을 피하고 기본(Default) 값을 사용한다.
3. 사용자의 기억력 부하의 최소화: 데이터를 입력할 때, 예를 들어 메뉴, 버튼 선택을 사용해서 사용자가 긴 코드 목록 혹은 복잡한 문법의 명령어를 기억하지 않도록 한다.
4. 데이터 입력과 데이터 화면의 호환성: 데이터 입력 정보의 서식은 데이터가 보일 때의 서식과 같아야 한다(What you see is what you get).
5. 버튼과 데이터 입력 필드의 명확하고 효과적인 명칭 표시: 일관적인 명칭 표시를 사용한다. 필수적인 데이터 입력과 선택적인 데이터 입력은 구분되어야 한다. 명칭 표시를 데이터 입력 필드에 가까이 배치한다.
6. 시선과 커서동선의 고려: 데이터 입력과 선택 필드의 순서를 손의 움직임 방향과 훑어보는 방향이 자연스럽도록 일치시키고 배치한다(예: 위에서 아래로, 왼쪽에서 오른쪽으로).
7. 의미적 집단화: 의미상 상반되는 입력 및 선택을 가까이 배치하지 않는다. 예를 들어, "저장" 과 "실행취소" 버튼을 함께 두어선 안 된다. 이러한 배치는 빈번하게 잘못된 입력을 만들어내기 쉽다.

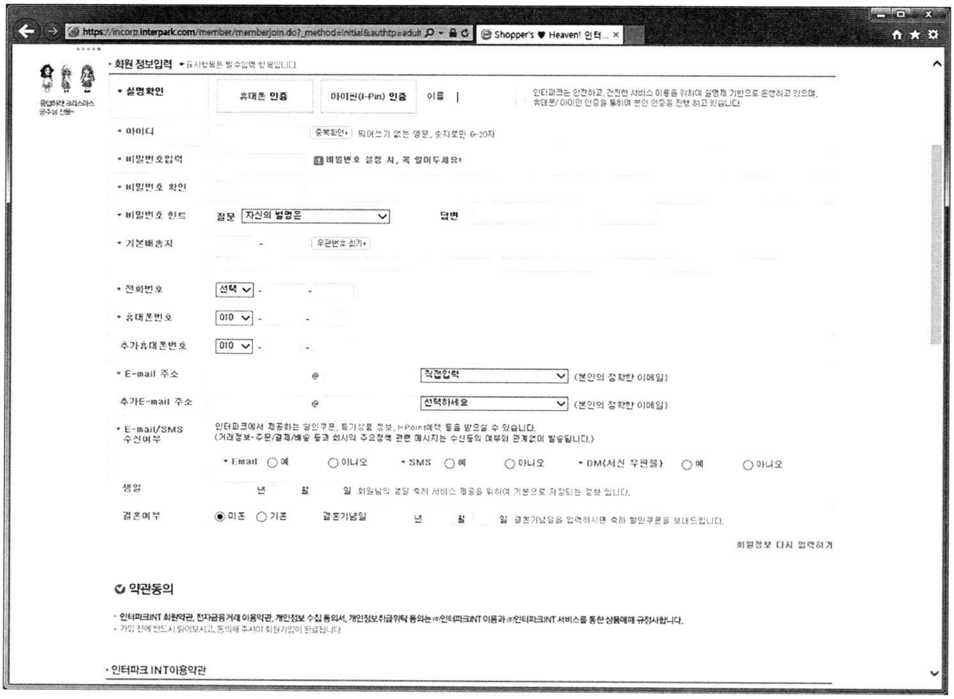

[그림 2.4] 데이터 입력을 위한 화면 구성 및 인터페이스 요소들[3]: 입력 시 오류를 줄이기 위하여 직접 입력보다는 선택 메뉴를 많이 사용하였고, 기본값을 사용하거나, 정해진 양식 등을 사용

8. 복합적 위젯으로의 일관된 적용: 대부분의 시각적 화면배치지침은 폼과 대화 상자 설계에도 적용된다.

위에서 언급한 대부분의 지침은 마우스/키보드를 이용한 GUI 항목들에만 적용된다는 것을 명심하자. 터치, 제스처, 3차원 선택, 음성과 같은 다른 형태의 입력은 상황을 더욱 복잡하게 만들 수 있다.

2.2.4 장애를 가진 사용자를 고려하기 위한 지침

W3C는 "웹 접근성 위원회(Web Accessibility Initiative)"를 통해 웹 문서에 대한 접근성 지침(Web Content Accessibility Guidelines, WCAG) 2.0을 발표하였다[6]. 이는 장애를 가진 사용자가 웹 내용을 어떻게 하면 보다 쉽게 접근할 수 있는지를 설명한다. 웹 "내용"은 일반적으로 웹 페이지나 웹 응용프로그램의 정보를 뜻하는데, 문자, 그림, 폼, 소리 같은 것들이 이에 포함된다. 다음 내용이 이러한 지침의 요약본이다.

---

3 인터파크 회원가입, https://incorp.interpark.com/member/memberjoin.do?_method=initial&authtp=adult

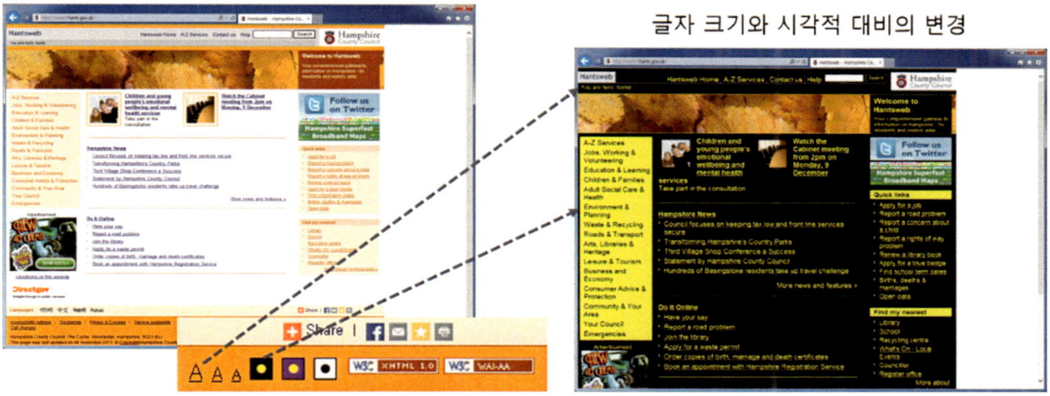

[그림 2.5] 시각 장애자를 위한 웹 페이지 조정 기능[4]

1. 지각할 수 있는(Perceivable)
   A. 문자로 표현되어 있지 않은 내용에 대하여 대체 문자 정보를 제공한다.
   B. 멀티미디어에는 자막이나 다른 대안을 제공한다.
   C. 기술의 도움을 받아, 본 의미를 잃지 않으면서 여러 방법으로 표현할 수 있는 내용을 만들어야 한다.
   D. 사용자가 내용을 보다 듣기 쉽고 보기 쉽게 만들어야 한다.
2. 사용할 수 있는(Operable)
   A. 모든 기능을 키보드로 사용할 수 있게 한다.
   B. 사용자에게 내용을 읽고 사용할 시간을 충분히 주어야 한다.
   C. 발작을 일으킬 수 있는 내용은 사용하지 않아야 한다.
   D. 사용자가 항목 간 이동을 하거나 내용을 찾는 것을 도와야 한다.
3. 이해할 수 있는(Understandable)
   A. 문자를 읽을 수 있고 이해할 수 있게 만들어야 한다.
   B. 내용을 예측 가능한 방식으로 나타나고 작동하도록 만들어야 한다.
   C. 사용자가 실수를 피하고 바로잡을 수 있도록 도와야 한다.
4. 견고한(Robust)
   A. 현재와 미래의 사용자 도구 간의 호환성을 극대화하여야 한다.

2.2.5 모바일 기기 상호작용/인터페이스를 위한 지침

최근 스마트폰이 널리 보급되면서 모바일 기기 상의 응용프로그램의 사용성과 사용자 경험이 더욱 중요해졌다. 많은 기존 원칙들이 모바일 네트워크 기기에 그대로 적용될 수 있기

[4] Hansweb, http://www.hants.gov.uk/

도 하지만 Tidwell은 다음과 같이 보다 구체적이고 중요한 것을 정리하였다[5].

1. 빠른 상태 정보(특히, 네트워크 연결과 서비스에 관한)
2. 타이핑을 최소화하고 여러 입력 도구를 사용(예: 버튼, 터치, 음성, 필기 인식, 가상 키보드 등)
3. 작업 집중의 어려움(고도로 밀집된 정보 공간에서 혼란을 덜 유발하도록)
4. 선택 대상의 크기(쉽고 정확하게 선택하고 조작하기 위해)
5. 화면 공간을 효율적으로 사용(정보의 압축)

(a)

(b)

[그림 2.6] 모바일 인터페이스를 위한 설계 패턴(모바일 게임의 초기 화면 비교): (a) 정보 밀도가 지나치게 많음(타이니팜), (b) 최소한의 명령 버튼과 간결하면서도 손가락 크기에 걸맞는 인터페이스 디자인(아쿠아 스토리)

아래의 내용은 노키아 사의 개발자 홈페이지에 있는 유사한 모바일 응용프로그램 인터페이스에 대한 지침들이다. 이전 장에서 살펴보았던 원칙과 위의 지침이 매우 비슷함을 알 수 있다[11].

1. 자주 사용되는 기능들은 바로가기(예: 단축키)를 사용할 수 있게 한다.
2. 사용자가 취하는 조치를 계속 알려 준다.
3. 장치 혹은 공급자의 인터페이스 패턴을 (버튼이나 메뉴의 위치) 따라야 한다.

그림 2.7은 구글이 제시한 안드로이드 모바일 인터페이스를 위한 설계 패턴을 보여주고 있다. 제한되고 다양한 크기의 손에 쥐고 사용할 수 있는 휴대형 기기(예: 스마트폰, 태블릿PC, 모바일인터넷 기기, 넷북)를 고려하며, 특히 "패널(Panel)"을 이용해 하드웨어적인 제약 아래에서도 사용성을 획득하는 방법에 대하여 제안하고 있다[8].

> "… 당신의 앱(App)은 화면 크기와 방향의 변화에 따라 내용을 조절하여 꾸준히 균형 잡히고 심미학적으로 만족스러운 배치를 제공하도록 만들어야 한다 …"
> "… 패널(Panel)은 당신의 앱(App)이 이것을 이룩하기 위한 매우 훌륭한 방법이다. 그것은 가로 화면의 가로 방향 공간이 충분할 때는 복합 뷰(Multiple Views)를 하나로 결합하여 보여줄 것이고 공간이 부족하다면 그것들을 분할해서 보여줄 것이다 …"

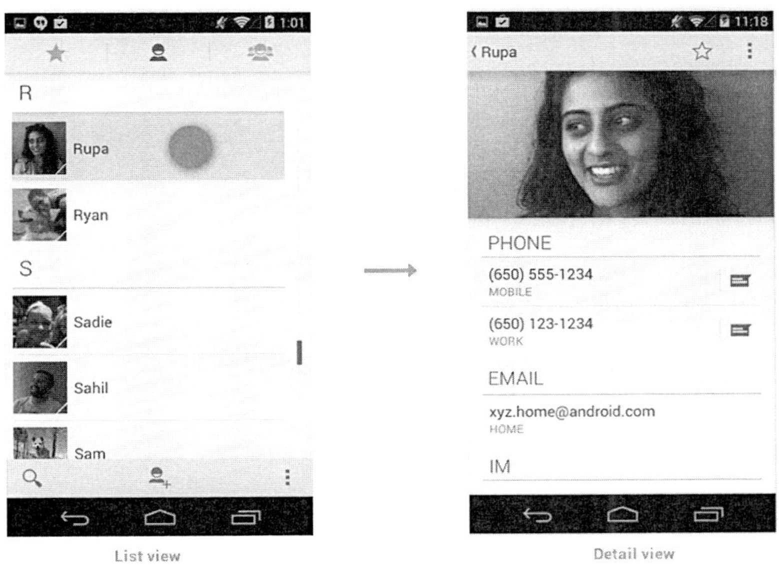

[그림 2.7] 모바일 장치의 화면 크기를 효율적으로 이용하기 위한 안드로이드 설계지침의 목록 보기와 상세 보기[8]

2.2.6 애플 iOS의 아이콘과 윈도우 XP의 서체에 관한 지침

주요 소프트웨어 플랫폼 및 애플리케이션 공급자들은 종종 그들의 플랫폼에서 실행되는 응용프로그램에서 사용될 사용자 상호작용 요소에 대한 형식을 제시한다. 예를 들어, 애플(Apple)은 응용프로그램 아이콘이 어떻게 설계되고 표현되어야 하는지 설계지침 문서를 배포하였는데, 아래에 그 내용의 일부를 발췌하였다[7].

1. 앱의 주된 아이디어의 추상적인 해석으로 만들어라. 앱 아이콘이 작은 크기라서 사진이나 스크린 샷을 이용할 경우 자세한 내용을 알아보기 힘들다. 일반적으로 사용자가 주의할 대상을 강조할 수 있기 때문에 예술적인 방법으로 현실을 해석하는 것이 좋다.
2. 실재의 물질을 묘사할 경우 정확하게 하라. 실재의 물체를 묘사하는 아이콘은 직물, 유리, 종이, 금속 등의 물질의 특성을 정확히 복제하고 물체의 무게와 느낌을 전달하도록 하라.
3. 앱 아이콘이 다양한 배경에서 잘 보이도록 만들어라. 사용자가 어떤 배경화면을 선택할 것인지 예측할 수 없으므로 단순히 밝거나 어두운 배경에서 아이콘을 시험하지 말아라.
4. 삽화(Artwork)에 iOS의 인터페이스 요소를 사용하지 말라. 당신은 사용자가 당신의 아이콘이나 그림을 iOS UI와 혼동하지 않기를 원한다.
5. 서로 다른 기기에 대한 서로 다른 크기의 앱 아이콘을 만들어야 한다. 보편적인 응용프로그램(Universal App.)을 작성하는 경우, 네 가지 크기의 앱 아이콘을 제공해야 한다.

   - 아이폰과 아이팟 터치는 모두 다음의 크기를 필요로 함:
     120×120픽셀
     60×60픽셀(표준 해상도)
   - 아이패드는 모두 다음의 크기를 필요로 함:
     152×152픽셀
     76×76픽셀(표준 해상도)

   장치의 홈 화면에 앱 아이콘을 표시할 때 iOS는 자동으로 모서리에 라운드 마스크를 적용한다.

또 하나의 예는 윈도우 XP 혹은 그에 기반한 응용프로그램에서 제안하는 여러 가지의 서체 선택법이다. 이 지침들은 보다 정돈된 형식과 정체성을 제공해주고 궁극적으로는 사용자 인터페이스에 일관성을 부여한다[10].

1. Franklin Gothic은 크기가 14 이상의 문자에서만 사용된다. 제목에 사용되며 절대 본문에 사용되어서는 안 된다.

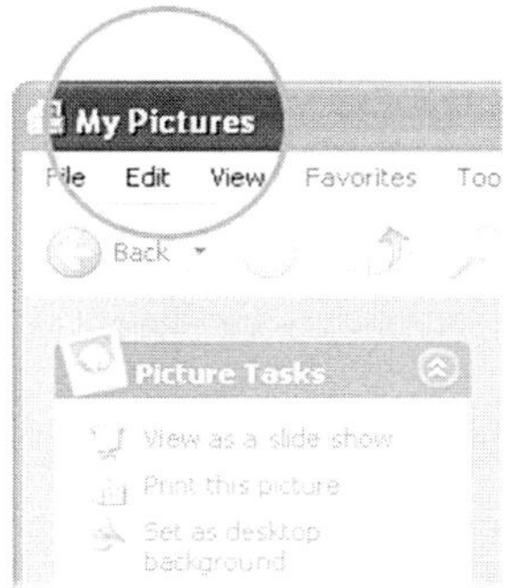

[그림 2.8] 창 제목 바에 Trebuchet 서체를 사용한 예[10]

2. Tahoma는 시스템의 기본서체이다. Tahoma는 크기 8, 9, 혹은 11로 사용되어야 한다.
3. Verdana(굵은 글씨, 크기 8)는 오직 팔레트의 제목 바에만 사용되어야 한다.
4. Trebuchet MS(굵은 글씨, 크기 10)는 창의 제목 바에만 사용되어야 한다(그림 2.8).

2.2.7 청각 인터페이스를 위한 "이어콘(Earcon)" 설계에 대한 지침

Blattner 등은 "이어콘" 설계를 위한 몇 가지의 지침을 제시했는데, 이어콘이라 함은 시각적인 아이콘에 대응되는 청각의 유사체(Analogue)이다[1]. 이어콘은 시각적인 아이콘과 유사하게 내면의 의미(그것이 무엇을 표현하려는지)를 포착하여야 하고, 쉽게 인식할 수 있도록 주의를 끌며, 직관적으로 설계되어야 한다. 그들은 이어콘의 세 가지 유형을 제안하는데, (1) 상징적인(Symbolic), (2) 있는 그대로의(Nomic), (3) 은유적인(Metaphoric) 유형이다. 상징적인 이어콘은 박수가 승인을 의미하는 것과 같은 사회적인 관례를 따른다. 있는 그대로의 이어콘은 문 닫는 것과 같은 물리적인 것이고, 은유적인 이어콘은 "떨어지는" 음의 높이로 떨어지는 물체를 나타내는 것과 같이 유사성을 뽑아내는 것에 기반을 둔 것이다[1]. 이어콘을 포함하는 청각 피드백은 소리와 연관된 인자들을 조심스럽게 결정해야 하는데 이것에는 진폭과 크기, 주파수와 음의 높이, 음색, 지속시간 등이 있다. 우리는 다음 장에서 소리 출력/피드백양식에 대하여 좀 더 깊이 살펴볼 것이다.

2.2.8 자동차 안에서의 전화하기에 대한 지침

Green 등은 오늘날 거의 컴퓨터로 제어되는 자동차 내부의 인터페이스에 대해 이를 분류하여 인터페이스 지침을 제시하였다[2]. 범주에는 수동 조작, 음성 입력과 출력, 시각과 청각 표현, 길안내 시스템(Navigation), 전화기에 대한 고려 등의 여러 설계지침들이 포함된다.

[표 2.3] Green 등의 자동차에서의 전화기 인터페이스 지침의 예[2]

하위 범주	번호	지침
일반	11.1	자동차에서의 전화기는 사람들이 집에서 사용하는 전화기와 비슷하게 동작해야 한다. "통화" 버튼은 전화 연결을 하며 "전원" 버튼은 전화를 켜거나 끈다는 점이 일관되지 못하다.
음성 대화	11.16	음성 명령어와 버튼 명칭 표시들은 같은 맥락으로 사용되어야 한다. 주요 명령에는 "전화걸기(Dial)", "저장하기(Store)", "불러오기(Recall)", "지우기(Clear)" 등이 있다. 이것은 일관성 원칙의 한 예이다.
수동 발신	11.24	"저장하기(Store)"와 "불러오기(Recall)" 버튼은 비슷한 기능을 수행하기 때문에 서로 인접해 있어야 한다. 이것은 집단화 원칙의 한 예이다.

[그림 2.9] 자동차 내부에서 전화 걸기를 위한 인터페이스

2.2.9 전자상거래 관련 응용프로그램에 대한 지침

Kalsbeek은 전자상거래 응용프로그램의 HCI 지침을 매우 넓고 구체적이며 구조화 시켜 작성하였다[9]. 총 404개의 지침이 4개의 집단(일반적, 입력/출력 형태, UI 요소, 구매 절차)으로 나누어 구성하였으며 실제 시스템을 검증하고 평가하기 위하여 사용될 수 있다. 다음은 구매 절차에서 하위 작업 단계에 관한 "구매 절차" 부문의 지침이다.

> "… 구매의 시작은 장바구니에서 해야 하며, 선물 선택 사항이나 배송 방법, 배송지 주소, 청구서 발송지, 결제 정보, 주문 확인을 보여주고, 마지막으로 주문 요약을 보여주어야 한다. 그 후 웹 사이트는 최종 승인 페이지를 보여주고 고객에게 결제할 선택 사항을 준다. 주문 절차는 선형적이다 …"

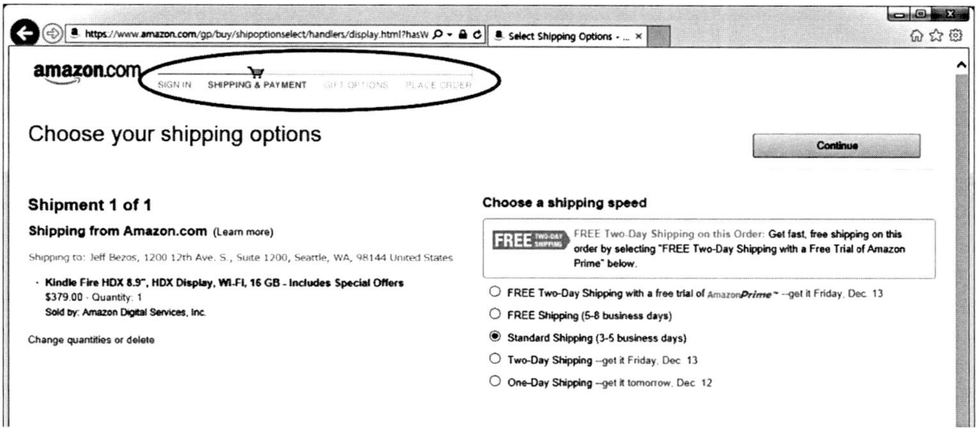

[그림 2.10] 아마존에서의 선형적 물건 절차 및 상태 정보(동그라미 안)

2.3 요약

대부분의 HCI 지침들은 이전 장에서 소개된 HCI 원칙들과 마찬가지로 제법 이해하기 쉽고 상식적인 것들이다. 또한, 같은 지침들이 여러 분야에 걸쳐 나타나기도 한다. 그러나 그것들을 실제 설계상황에서 통합하고 실현/구현하는 것은 매우 어렵다. 왜냐하면 많은 지침들은 여전히 HCI 원칙들처럼 고수준이거나 추상적이고, 개발자로 하여금 그것들을 실제로 어떻게 적용해야 하는지 고민하게 하기 때문이다. 또 하나의 이유는 고려해야 할 면들이 너무 많다는 것이다(특히 시스템의 규모가 클 경우에). 때때로, 지침들은 자신들끼리도 충돌이 일어날 수 있으며, 설계자는 이 부분에 한해 우선순위를 매겨야만 한다. 예를 들어, 회사의 정체성을 위해 설계 시에 특정 색상만 사용해야 하는데, 중요도를 나타내기 위해 특정 항목을 또 다른 색으로 강조하는 것은 어려울 수 있는 일이다. 또 하나의 좋은 예는 새로운 인터페이스 기술을 채택하려고 할 때이다(예: 터치 제스처). 새로운 인터페이스가 실험적으로 효과적인 것으로 증명되었다 하더라도, 사용자 입장에서는 익숙해지는 시간과 훈련이 필요할 수 있다. 또한, 금전적인 문제와 인력 같은 외부적인 제약으로 HCI 지침을 잘 적용하기 어려운 경우가 종종 발생한다.

이러한 외부적인 제약들이 많은 가운데, 대립적 요소들이 어떻게 해소되어야 하고 동시에 모든 요구사항을 어떻게 합쳐야 하는지에 대한 확실한 정답은 없다. 모든 설계는 상호 절충되어야 한다는 것을 알아야 한다. 경험이 많은 설계자들은 훌륭한 HCI 설계를 위한 궁극적인 이득과 비용 사이의 타협의 필요성을 이해하며, 이는 어떤 각도에서는 경험과 감에 기반한 일종의 "Black Art"로 보여질 수 있다. 그러나 HCI 지침이 여전히 전체적인 사용-

성과 성능을 개선하는 데 큰 도움을 준다는 것은 의심의 여지가 없다. 다음 장에서는 HCI 원칙 및 구체적 지침과 같은 경험적 지식과 더불어 HCI 설계에 필요한 인간공학적 이론 지식에 대해 살펴보기로 한다.

References

[1] Blattner, M. M., Sumikawa, D. A., and Greenberg, R. M. "Earcons and icons: Their structure and common design principles." *Human-Computer Interaction* 4.1 (1989): 11-44.

[2] Green, P., Levison, W., Paelke, G., and Serafin, C., "Suggested human factors design guidelines for driver information systems." *University of Michigan Transportation Research Institute Technical Report UMTRI-93-21* (1993).

[3] Leavitt, M. O., and Shneiderman, B. "Research-based web design & usability guidelines." *US Department of Health and Human Services* (2006).

[4] Smith, S. L., and Mosier, J. N. *Guidelines for designing user interface software*. Bedford, MA: Mitre Corporation, (1986).

[5] Tidwell, J. *Designing interfaces* 2nd edition. O'Reilly, 2010.

[6] Caldwell, B., Cooper, M., Reid, L. G., and Vanderheiden, G., "Web Content Accessibility Guidelines (WCAG) 2.0" http://www.w3.org/WAI/ GL/WCAG20/, (2010).

[7] Apple. "iOS Human Interface Guidelines" http://developer.apple.com/library/ios/documentation/userexperience/conceptual/mobilehig/MobileHIG.pdf, (2013).

[8] Google. "Multi-pane Layouts" http://developer.android.com/design/patterns/multi-pane-layouts.html, (2013).

[9] Kalsbeek, M., "Interface and interaction design patterns for e-commerce checkouts." http://essay.utwente.nl/62507/, (2012).

[10] Microsoft. "WindowsXPDesignGuidelines" http://msdn.microsoft.com/en-us/library/windows/hardware/gg463466.aspx, (2002).

[11] Nokia. "Guidelines for Mobile Interface Design", http://www.developer.nokia.com/Community/Wiki/Guidelines_for_Mobile_Interface_Design, (2012)

[12] Wikipedia. "ISO 9241"http://en.wikipedia.org/wiki/ISO_9241, (2013).

[13] Wikipedia. "WIMP (computing)" http://en.wikipedia.org/wiki/WIMP_(computing), (2013).

제3장 HCI 설계를 위한 인간공학적 지식

3.1 인간정보처리 (Human Information Processing)

제1장과 2장에서는 앞으로 HCI 설계를 위하여 알아야 할 기본적인 원칙과 여러 세부 영역에서의 지침들에 대해서 살펴보았다. 제2장에서 언급한 대로, 사용자 중심의 HCI 설계를 위해서는 목표 사용자를 이해해야 하고, 이를 위해 그들의 요구사항이나 선호 성향을 설문조사나 인터뷰 등과 같이 "직접적으로" 조사해야 하기도 하지만, 인간공학적 지식에 기반하여 기초적으로 이해하는 것 또한 어느 정도 가능하다. HCI에 관련된 인간공학 지식 중에서는 크게, (1) 인지과학에 기반한 인간의 의식적인 정보처리 모델 및 처리 능력, 그리고 (2) 외부의 오감과 관련된 자극을 받아들이는 능력과 이를 무의식적으로 하위 단계에서 처리하고 반응하는 것으로 나눠 볼 수 있다. 특히, HCI 설계에 있어서 인간의 정보처리 관련 지식을 크게 두 가지 형태로 활용할 수 있다.

- 작업/상호작용 모델링(Task/Interaction Modeling): 인간이 주어진 작업 및 문제를 해결하고 수행하기 위해서 단계별로 어떻게 인지적으로 접근하고 공식화하는지 알아보고 이를 소위 "작업 모델링(Task Modeling)"에 접목한다. 이러한 작업 모델링은 제1장에서 언급한 "상호작용 모델" 수립의 핵심을 이루게 된다. 이러한 모델링 작업에 있어서 HCI 설계자가 주의깊게 사용자를 직접 관찰하거나 설문조사 혹은 인터뷰 등을 통해서 모델을 도출했다 하더라도 인지과학 지식은 크게 도움이 될 수 있다.
- 상호작용 속에서 인간의 반응 및 행동에 대한 예측 및 평가: 인간이 정보 표현과 다양한 입력 유도 방식에 대해 정신적으로 어떻게 반응하는지 이해하고, 이에 기반하여 여러 상호작용 모델이나 구현된 인터페이스를 평가하고 더 나아가 적절한 인터페이스 선택과 이를 디자인하는 데 도움을 얻을 수 있다.

3.1.1 작업 모델링과 인간 문제해결 모델 (Task Modeling and Human Problem Solving Model)

우리가 학습한 HCI의 원칙들 중 한 가지는 대화형 시스템의 궁극적인 목표를 달성하는 데 필요한 사용자 작업을 이해하는 것이다. 다시 말하면 상호작용도 결국 사용자가 어떤 당면한 문제를 해결하기 위해 일련의 작업을 순차적으로 수행하는 것으로 볼 수 있으며,

이는 인지과학적 관점에서 문제해결 모델(Problem Solving Model)로 설명될 수 있다. 더 추상적인 용어로, 상호작용의 전반적인 프로세스는 사용자가 주어진 "문제(Problem)"에 대해 최종 "해결책(Solution)"에 도달하기 위해 어떤 "객체"에 특정 "행동(Operation)"을 적용한다고 볼 수 있다. 예를 들어, 문서 편집 시스템의 주된 목표는 가능한 한 쉽게 모양새가 좋은 문서를 생성하는 것인데, 여기서 폰트를 고치는 한 목표 지향적 세부 작업이 있을 수 있으며, 이때 폰트 혹은 선택된 텍스트가 작업이나 행동의 목적 객체가 될 수 있다.

이러한 측면에서 인지과학은 인간이 어떻게 문제를 해결하는지 탐구하고 있으며, 이러한 모델은 HCI 설계자에게 작업과 기본적인 상호작용 모델 또는 인터페이스 구조 전반에 대한 분석을 하는 데 도움을 줄 수 있다. 이러한 모델은 인지과학 분야에서 뿐만 아니라, 특히 컴퓨터 과학에서의 인공지능 분야에서 많이 연구되기도 하다. 많은 연구자들에 의해서 "인간 문제해결" 모델들이 제시되고 있지만 대부분의 모델들은 그림 3.1 안에서 총체적으로 설명 될 수 있다. 우선, 인간의 정보처리 관점에서 이루어지는 중요한 과정들을 살펴보자.

- "감각"은 시각(Visual), 청각(Aural), 촉각(Tactile) 및 역감(Haptic) 등과 같은 외부 정보를 감지하고 "지각"은 외부 정보의 기본적인 의미들을 추출한다. 정보 처리 사슬의 낮은 단계의 부분으로서 다음 절에서 HCI와 어떻게 연관되는지 자세히 살펴볼 것이다. 이번 절에서는 높은 단계에서의 인지적 정보처리에 대해서 살펴본다.

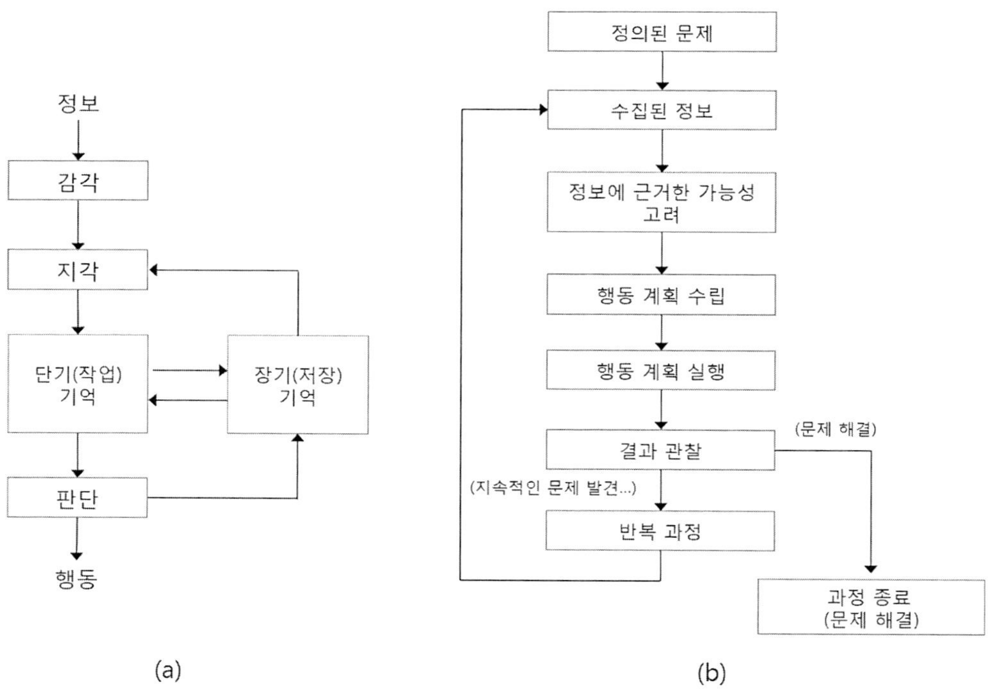

[그림 3.1] 인간 문제해결 모델과 처리 과정

- "기억"은 상호적인 작업을 성공적으로 달성하기 위해 특정한 목표에 대한 외부 정보와 행동들을 순간적이고 짧은 정보 또는 장기적인 지식으로 저장한다.
- 목표 달성 "계획"을 수립하고 수정하는 결정자는(인간/사용자) 그 계획과 외부 정보에 근거하여 인간 운동 시스템을 이용한 결정된 작업을 수행한다.

그림 3.1(b)는 전반적인 문제해결 절차를 흐름도 형태로 보여준다. 우선, 사용자의 결정에 의해 해결하고자 하는 문제(Problem)를 정의하고 그것을 최상위 "목표(Goal)"로 설정한다. 그리고 문제를 해결하고 목표를 달성하기 위해 외부의 상황이나 내부 기억으로부터 관련 지식을 모으고 이를 기반으로 하여 계층적인 계획(Hierarchical Plan, 그림 3.2)을 수립한다. 계층적인 계획은 최상위 목표를 달성하기 위해 또다시 달성해야 하는 하위 목표 및 필요 행동의 구조체로 만들어지고 표현된다. 하위 목표를 해결하기 위해 이들 "하위작업"들의 일련의 작업들을 제정하고 수행함으로써 결국 최상위 목표는 달성될 수 있다. 그러나 하위 작업을 그대로 수행하는 것이 반드시 성공적인 목표해결을 보장하지는 않는다. 왜냐하면 시간이 흐름에 따라 외부 상황이 바뀔 수 있기 때문이다. 따라서 이러한 전반적인 프로세스는 결과 상황에 대한 관찰과 계획에 대한 수정 및 복구하는 것에 의해서 반복되어야 한다.

그림 3.2는 사다리와 천장을 녹색으로 칠하는 간단한 문제 혹은 목표에 대하여 어떤 기본적인 작업이 필요하고 어떻게 해결될 수 있는지에 대한 설명을 계층적인 목표 및 목표달성 작업구조의 예시를 보여주고 있다. 특정 하위작업은 순차적으로 작업들이 적용될 수도 있고, 때론 동시적일 수도 있다. 이는 어떻게 상호적인 작업모델이 계층적으로 개선될 수 있고 인터페이스 구조의 기초로 사용될 수 있는지 쉽게 알아볼 수 있다. 즉, HCI 설계 및 실현은 이러한 **계층적 작업 모델을 기초로 하여 상호작용 모델이 구성되고, 상호작용 모델에서 나타나는 하위 작업들에 대해서 구체적인 인터페이스 방법을 제안, 선택하여 이를 구현/평가**하게 되는 것이다.

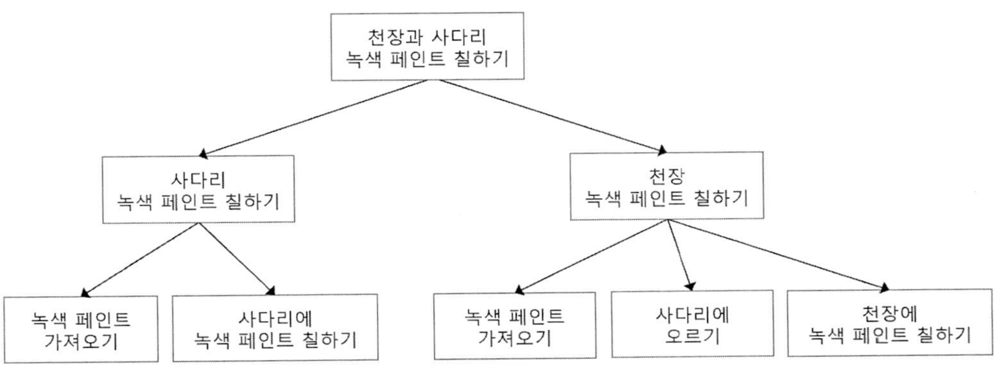

[그림 3.2] 계층적인 작업 모델의 예시

이러한 방법이나 기반 모델을 사용하는 것이 중요한 이유는 인간의 마음속에 지니고 있는 작업 모델과 상호작용적인 응용프로그램이 구동되는 작업 모델이 가능한 일치되어 "생각한 대로" 상호작용이 진행되어야 하기 때문이고, 이를 통해 결국 사용성을 높일 수 있기 때문이다. 특히, 객체중심 프로그래밍 언어를 활용하여 다음 단계에서 구현을 할 때 상호작용 모델의 구조는 클래스 다이어그램의 기초로 사용될 수 있다. 예를 들어 각 메뉴 아이템은 작은 하위 작업에 해당될 아이템과 같이 메뉴 구조와 비슷한 모양을 형성하게 된다. 마찬가지로, 상호작용 및 작업 모델의 과정에서 작업의 목적어가 되는 객체들도 쉽게 발견되고 구현 클래스화 될 수 있다.

3.1.2 상호작용 속에서 인간의 반응 및 행동에 대한 예측 및 평가

우리는 또한 특정한 작업 모델이나 인터페이스 디자인에 대해 인간들이 어떻게 반응하고 수행할지 어느 정도 예측할 수 있다. 이러한 예측은 상위 "인지(Cognition)" 수준, 그리고 하위 "감각(Sensation)" 수준으로 나누어 생각하고 분석이 가능할 것이다. 이번 절에서는 일반적인 인지 반응에 대해서 설명한다.

Norman은 "수행/평가의 차이(Gulfs of Execution/Evaluation)"에 대해 언급했다[20]. 수행/평가의 차이란 시스템의 의도와 사용자의 의도 사이에는 분명한 차이가 존재할 수 있고, 그 인지적 거리를 수행/평가의 차이라고 말한다. 대화형 시스템이 특정 작업을 제공하지 않거나 사용자가 기대하는 상태가 되지 않았을 때, 그 "차이"가 크다고 표현하고, 이에 따라 사용자는 갈피를 못 잡고 작업 수행에 있어서 혼란의 상태로 남겨질 수 있다. 이러한 현상은 부적절하게 모델링된 상호작용 및 인터페이스 선택에 따른 결과이다. 좀 더 세부적으로, 사용자가 어떤 목표를 가지고 어떤 작업 및 행동을 수행하는 데 해당 시스템에서 이를 수행하지 못하는 정도를 "수행의 차이(Gulf of Execution)"라고 부르며, 수행한 뒤 사용자에게 출력된 결과가 예상과 다름의 정도를 "평가의 차이(Gulf of Evaluation)"라고 부른다. 사용자가 대화형 시스템을 사용하고 문제를 해결할 경우, 앞에서 설명한 바와 같이 작업에 대해 주로 "행동(Action)" 계획 및 그 예상 결과에 해당하는 "정신모델(Mental Model)"을 형성할 것이다. 정신모델이란 예측할 수 있는 외부세계의 어떤 형상을 사용자의 머릿속에 형성하는 모델을 뜻하며 결국 "차이(Gulf)"란 사용자의 정신적 상호작용 모델과 시스템의 구현 상호작용 모델의 차이에서 발생하는 것이다. 따라서 사용자의 생각대로 시스템이 쉽고 효율적으로 사용성이 높게 작동하기 위해서는 애초에 시스템이 사용자의 정신모델에 기반하고 가능한 일치되어야 할 것이다(그림 3.3).

인간의 기억 용량도 당연히 상호작용 성능에 큰 영향을 미친다. 인간 기억 체계는 크게 단기 및 장기기억 두 가지 형태로 나눌 수 있다. 또한, 기억의 기본과정으로는 정보의 입력과정인 부호화(Encoding) 과정, 저장(Storage) 과정, 인출(Retrieval) 과정 등이 있다. 단

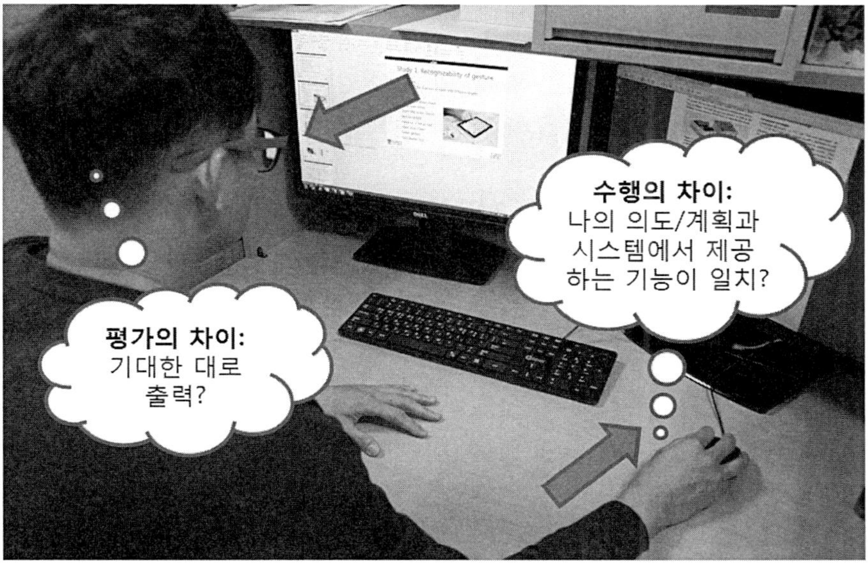

[그림 3.3] 수행/평가의 차이: 시스템의 의도와 사용자의 의도 간의 차이[20]

기 기억은 때때로 순간순간 진행되고 있는 작업에 대한 의미적인 요소를 포함한다는 점에서 작업 기억으로도 불린다. 인간은 매우 짧은 시간에 약 7±2개의(이 숫자를 Magic Number라고도 부른다) 단어 혹은 덩어리(Chunk)를 기억하는 것으로 알려져 있다[18]. 이는 인터페이스가 고속의 동작이나 많은 정보의 참조를 필요로 하는 경우 인간의 수용능력을 넘어서 단기 기억만으로 의존할 수 없음을 의미한다. 옵션이나 메뉴 항목을 방대하게 사용하는 인터페이스를 상상해 보자. 사용자는 최종 선택을 하기 위해서 매번 옵션들을 재검색 해야만 한다. 예를 들어, 온라인 구매 시스템에서 사용자는 배달옵션, 신용카드 선택, 청구 주소, 사용 가능한 할인 카드 등의 구입된 상품에 대한 모든 관련 정보를 기억하지 못할 수 있다. 따라서 이러한 정보는 오류가 발생하지 않도록 하기 위해서 재확인이 가능하도록 때때로 사용자에게 제시되어야만 한다(그림 3.4).

장기기억에서 정보를 인출하는 것은 어렵고 비교적 시간이 소요되는 작업이다. 만약에 대화형 시스템이 전문가 수준의 지식을 요구한다면, 가능한 해당 작업이 사용자로 하여금 "회상(Recall)"을 유도하는 것이 아니라, "인식(Recognition)"에 의존할 수 있도록 표시하는 것이 필요하다. 인식이란 현재 경험하고 있는 자극이나 정보가 과거의 학습 또는 입력과정을 통해 기억체계 속에 저장되어 있는 자극이나 정보와 같은 것임을 알아보는 상대적으로 쉽고 빠른 과정이며, 회상이란 어떠한 구체적인 도움없이 기억에서 정보를 꺼내는 어렵고 시간이 오래 걸릴 수 있는 시도이다.

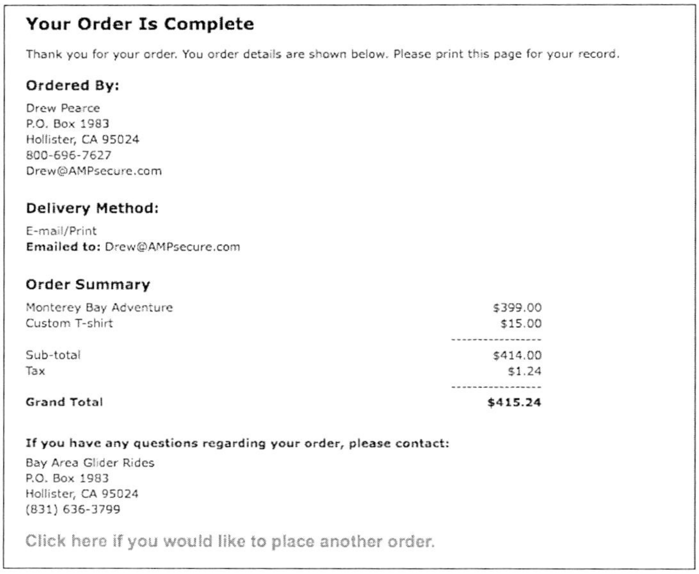

Your Order Is Complete

Thank you for your order. You order details are shown below. Please print this page for your record.

Ordered By:

Drew Pearce
P.O. Box 1983
Hollister, CA 95024
800-696-7627
Drew@AMPsecure.com

Delivery Method:

E-mail/Print
Emailed to: Drew@AMPsecure.com

Order Summary

Monterey Bay Adventure	$399.00
Custom T-shirt	$15.00
Sub-total	$414.00
Tax	$1.24
Grand Total	**$415.24**

If you have any questions regarding your order, please contact:

Bay Area Glider Rides
P.O. Box 1983
Hollister, CA 95024
(831) 636-3799

Click here if you would like to place another order.

[그림 3.4] 온라인 쇼핑과정의 스냅샷. 자세한 구매관련 정보를 보여 주고 기억을 강화시키거나 기억의 필요성을 줄임

[그림 3.5] 스마트폰 화면에서 다른 응용프로그램을 빠르게 재개할 수 있도록 사용자의 문맥정보를 상단 상태 바에 아이콘으로 상기시킨 경우

기억 용량은 다중작업에서도 중요하다. 대부분의 최신 컴퓨팅 환경들은 다중작업 환경을 제공한다. 사용자가 하나에서 다른 작업으로 전환할 경우, "문맥 교환(Context Switch)"이 발생하고 이는 작업 관련 기억의 내용이(예: 그 순간까지의 작업 상태) 장기 기억으로 저장되고, 새로이 전환된 작업 관련된 정보가 장기기억에서 꺼내져서 단기기억 덩어리로 대체되는 것을 의미한다. 이러한 과정은 전반적으로 심각한 작업 성능저하를 초래할 수 있다[17]. 따라서 시스템은 다중작업을 하는 동안 스스로 도움이 되기 위해 각각의 응용프로그램들은 사용되지 않는 동안에 문맥정보를 수집하고 이 후 다시 시작할 때 그 정보를 상기시키고 표시함으로써 사용자의 문맥교환 과정을 지원할 수 있다(그림 3.5).

3.1.2.1 성능 예측 평가를 위한 "곰즈(GOMS) 방법론"

곰즈(GOMS) 방법론은 주어진 큰 작업을 이제까지 설명한 인간 정보처리 모델에 의거하여 구조적으로 하위 소 작업 단계까지 모델링하고 순서화시키고, 소 작업 단계에 매핑된 특정 인터페이스 작동 소요시간을 미리 측정하고 합산하여 전체 작업 소요시간을 알 수 있는, 즉 성능 예측평가를 할 수 있는 방법론이다[6]. 최초의 GOMS 모델에서는 마우스 클릭, 키보드 입력, 마우스 움직임, 손의 움직임, 순간적 기억 및 생각하는 작업(Mental Operator) 등 주로 데스크톱 환경에서의 여러 인터페이스 작동에 대한 데이터를 제공하였다(표 3.1 참조). GOMS 모델이 최초에 제안된 지 30여 년이 흘렀으나, 작업에 대한 소요시간 예측치는 그동안 컴퓨터 성능의 놀라운 발전에도 불구하고 아직 어느 정도 정확한 것으로 알려져 있다(컴퓨터는 많이 발전하였지만, 인간의 능력은 그대로일 것이므로). 또한, 데스크톱 환경을 위한 GOMS 모델 제안 이후 다른 컴퓨팅 환경에서의 비슷한 모델들도 계속 제안되어 오기도 했다[26].

[표 3.1] 곰즈(GOMS) 프레임워크를 기반으로 한 일반적인 데스크톱 컴퓨터 동작에 대한 소요시간 추정[6]

작업의 종류	소요시간
K: 키보드의 키를 눌렀다가 떼는 시간	전문가: 0.12초
	보통인: 0.20초
	초보자: 1.2초
T(n): n개의 문자를 입력하는 시간	0.28*n초
P: 마우스를 특정 위치에 가져가는 시간	1.10초
B: 마우스 버튼을 누르는 것, 혹은 떼는 것	0.10초
BB: 마우스 버튼을 클릭하는 시간(누르고 떼는 시간)	0.20초
H: 마우스에서 키보드로, 혹은 키보드에서 마우스로 손을 이동하는 시간	0.40초
M: 정신적인 준비 시간	1.20초 (can change)
W: 시스템이 반응할 때까지 대기하는 시간	0.10초

[표 3.2] "파일삭제하기"의 두 가지 작업 모델에 대한 소요시간 추정. 디자인 2는 "Hot key"를 사용하는 "전문가"버전이다[13]. 총 소요된 시간은 대응하는 시간을 합산함으로써 계산된다.

"파일 삭제하기"			
디자인 1		디자인 2	
1. 파일 아이콘으로 이동	P	1. 파일 아이콘으로 이동	P
2. 마우스 버튼 클릭	BB	2. 마우스 버튼 클릭	BB
3. 파일 메뉴로 이동	P	3. 키보드로 손을 이동	H
4. 마우스 버튼 누름	B	4. Hit command key Control-D	KK
5. 파일 삭제 항목으로 이동	P	5. 손을 마우스로 이동	H
6. 마우스 버튼 누름	B		
7. 원래 윈도우 창으로 이동	P		
총 소요시간 = 4.8초		총 소요시간 = 2.34초	

표 3.1은 GOMS에서 여러 가지 데스크톱 인터페이스 작동시간을 보여주고 있다[6]. 표 3.2에서는 "파일 삭제"라는 대 작업을 어려 소 작업들의 순차적 모임으로 모델링하고 각각의 소 작업들을 마우스 클릭, 키보드 입력 등의 구체적 인터페이스 작업에 매핑하였다. 그리고 표 3.1 수치에 근거하여 총 작업 시간을 합산 계산함으로써 성능 예측을 한 예를 보여준다. GOMS는 단순히 시간적으로만 성능 평가를 할 수 있다는 단점이 있고, 많은 소 작업에 대한 인터페이스 중 "순간적 생각 및 기억"하는 소위 정신적 작업(Mental Operator)의 소요시간을 설정하기가 애매모호한 점이 있으나, 기초 성능 예측에 많이 활용되고 있다.

3.2 감각 정보와 지각 정보 (Sensation and Perception of Information)

이전 절에서는 HCI에 대한 인지적 단계에서의 정보처리 과정과 지식처리 사용에 대해서 설명하였고, 이제는 감각 수준에서의 낮은 단계의 정보처리 과정을 살펴본다. 우선, 우리는 인간의 감각 시스템에 대한 사용자 입장에서 입력적인 측면에 대해서 살펴본다. 인간들은 적어도 다섯 개의 감각(시각, 청각, 촉각, 미각, 후각)을 가지고 있는 것으로 알려져 있다. 그 중에서 적어도 지금까지는 시각, 청각, 역감(Haptic, Force Feedback) 그리고 촉각(Tactile) 양식들이 HCI 분야에서 많이 활용되어 왔다. 인간이 상호작용을 하면서 정보를 처리하는 과정을 완전히 이해하기 위해서는 인지적인 부분뿐만 아니라 외부의 오감자극이 인지적 정보로 변화하기 전에 먼저 어떻게 받아들여지고 처리되는지 이해해야 하고, 그 이해를 바탕으로 외부 자극이나 정보가 인간의 지각 능력 범위 내에서 인지적/생리적 소모에 적합한 방식으로 제공되도록 인터페이스를 구성해야 한다.

감각과 지각의 또 다른 측면으로 “주의력(Attention)”을 생각할 수 있다. 주의과정은 본질적으로 더 깊은 정보처리를 할 수 있도록 특정 정보를 선택하고 의식(작업기억) 속에 유지시키는 기능을 한다. 이것은 사용자가 의식적이든 의식적이지 않던 선택적으로 정보 또는 자극의 특정 부분으로 관심을 변경하도록 하는 방법이다. 높은 주의적 정보는 우선순위적/구조적 정보의 강조, 어떤 정보의 알림 및 상기, 작업의 안내자 등으로 사용될 수 있다. 주의는 방대한 작업들의 “의식(Awareness)” 안에서 발생하고 조절되어야 한다. 의식이란 환경의 이벤트들과 자극들에 대한 기억, 사고 그리고 신체적 감각 등의 인지적 현상에 대한 관심이라고 할 수 있다. 우리가 어떤 중요한 “정보(표시)”로 의식을 조절할 수도 있지만 가끔씩 우리는 다중작업 또는 동시적으로 정보가 처리되는 상황과 같이 동시에 발생하는 다른 활동 “작업”들에 대한 주의적 이해가 필요하기도 하다.

다음으로 인간의 다섯 가지 감각 중 주요한 세 가지 감각기관에 대하여 정보/자극 처리능력과 이를 HCI 설계 및 인터페이스 디자인을 위해 어떻게 활용될 수 있는지 자세하게 설명한다.

3.2.1 시각 (Visual)

시각 양식은 인간의 가장 중요한 감각 매개체이다. 예를 들어 인간 두뇌의 40% 이상이 시각 정보처리와 연관되어 있다고 한다. 이미 언급한 바와 같이, 시각적 인터페이스 설계 및 디스플레이 시스템 디자인 매개변수들은 인간의 시각 시스템과 특성들의 수용력을 준수해야만 한다. 이 단락에서 우리는 인간의 시각 시스템과 그 인터페이스 설계 지침에 대한 중요한 속성들의 일부분을 살펴볼 것이다.

3.2.1.1 시각과 디스플레이 매개변수 (Visual and Display Parameters)

- 인간의 시야각(Field of View): 사용자가 수평적 또는 수직적 방향으로 볼 수 있는 영역의 각도이다. 그림 3.6에서 음영으로 처리된 영역은 수평적 방향의 시야(FOV)를 보여준다. 인간의 시야는 수평 방향으로 약 180도, 수직 방향으로 약 135도를 가진다.
- 시거리(Viewing Distance): 디스플레이 표면에 대한 수직거리이다. 시거리는 사용자 움직임에 따라 변화되지만, 주어진 작업 및 동작 환경에 대해서는 명목상의 일반적 시거리를 정의할 수 있다. 그림 3.6에서 점선을 나타낸다.
- 디스플레이 시야각(Display Field of View): 특정 시야각으로부터 디스플레이 영역에 대한 각도이다. 즉, 고정된 디스플레이 영역에 대해서, 그 시야각은 상이한 시거리에 따라서 달라질 수 있다. 그림 3.6에서 시야는 파선(검은색)으로 나타냈다. 디스플레이는 시거리(중앙의 점선)에 따라 다른 시야각을 제공한다.

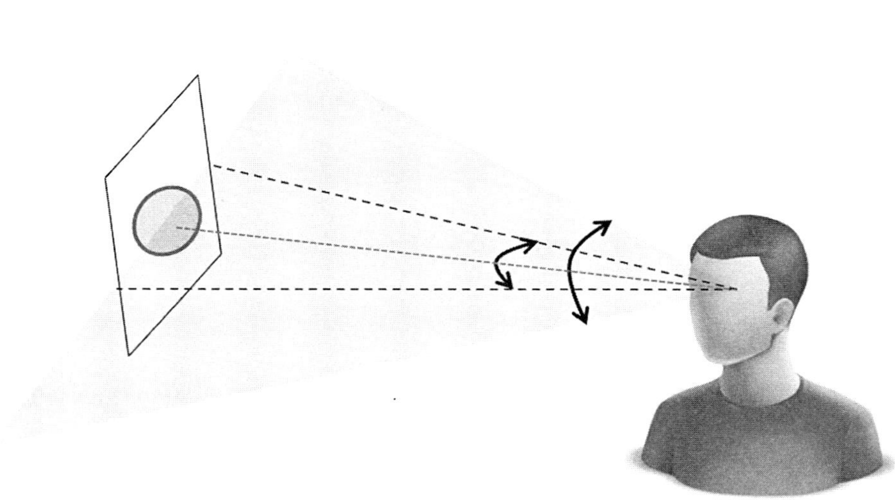

[그림 3.6] 디스플레이를 보고 있는 사용자. 디스플레이에 의해 제공되는 것은 파선(검은색)에 대한 영역이지만(디스플레이 시야각) 음영으로 처리된 영역은 인간의 수평적 방향의 시야각 영역을 보여준다(사실 인간의 시야각은 거의 180도를 근접하지만 이 그림에서는 단순하게 표기). 디스플레이 시야각은 시거리(Viewing Distance)에 따라서 달라질 수 있다. 그 안의 타원 모양은 사용자가 매우 자세하게 시각적으로 지각이 가능한 대략적인 영역을 나타낸다. 이 영역은 사용자의 눈에서 망막의 중앙 부분인 중심와(Fovea)에 해당한다.

- 화소(Pixel): 디스플레이 시스템은 화소로 불리는 작은 사각형의 배열로 구성된다(화상을 구성하는 최소단위).
- 디스플레이 해상도(Display Resolution): 고정된 영역에 대한 수평과 수직방향의 화소 개수이다.
- 시력(Visual Acuity): 고정된 거리에서 인간 눈에 의해 해상도를 지각하는 것으로 이러한 시력은 연령과 개인성향과 같이 개인적인 차이와 밀접한 관계가 있다.

이러한 인간의 시각적인 특징과 디스플레이 매개변수들은 시각 디스플레이 환경을 편안하고 효과적으로 제공하기 위해서 디스플레이 시야각을 인간의 시야각으로, 디스플레이 해상도/객체 사이즈를 시력 등으로 최대한 일치시켜야 한다. 디스플레이 시야각은 절대적인 화면 크기보다 더 중요할 수 있다.

예를 들어, 먼 거리의 큰 화면과 가까운 거리의 작은 화면이 같은 시야각을 가질 수 있다. 그러나 같은 시야각을 가진다고 해서 동일하게 시각적으로 지각하는 것은 아니다. 반면, 절대적 화면이 큰 경우 더 큰 몰입감을 느낄 수 있다. 이러한 시각/디스플레이 매개변수들에 기반하여 주어진 디스플레이 시스템의 적정 해상도를 어떻게 맞추는 것이 좋은지 생각해 볼 수 있다. 이는 결국 대표사용자의 시력, 디스플레이 면까지의 평균 시거리 등에 의해서 적절하고 경제적으로 결정되어야 한다.

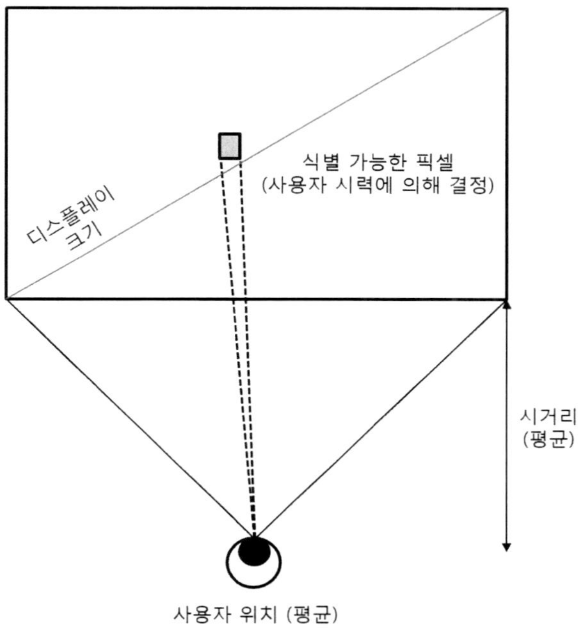

[그림 3.7] 디스플레이 시스템의 매개변수들. 사용자의 시력, 시거리 등에 의해 적정 디스플레이 크기 그리고 해상도, 화소 크기 등이 결정될 수 있다.

3.2.1.2 자세함의 지각과 주변시의 영향(Detail and Peripheral Vision)

인간의 눈은 서로 다른 방법으로 빛의 강도에 반응하는 두 가지 형태의 시각수용기(세포)를 포함하고 있다. 세부 시각 및 색체 시각을 담당하는 "원추세포(Cones)"는 망막의 중심(안구 뒷면)에 집중적으로 분포되어 있으며, 약 5도 정도의 시야각에 대해서 초점 영역(Fovea)을 설정한다. 그림 3.6의 타원형 영역은 디스플레이에 대응하는 영역을 나타내며, 이때 초점 영역에서의 선명도는(자세함의 인지) 다른 영역과 비교하여 상대적으로 매우 높다. 반면에, "막대세포(Rods)"는 망막 주변부에 분포되어 있으며, 움직임에 대한 감지와 선명하지 않은(덜 자세한) 주변 시야를 담당하고 있다. 시각적인 자세한 정보는 감지되지 않을 수도 있지만, 주변 환경 인식에 기여하고 있다.

일반적인 디스플레이는 사람과 다르게 효율적인(제품으로서 생산/제조를 위해서) 면에서 균일한 해상도를 가진다. 그러나 객체의 선명도는 사용자가 어디를 바라보는지 또는 무엇에 관심있어 하는지에 따라 해상도를 동적으로 바꿀 수 있다면(예: 시선이 가는 영역에만 고해상도 제공) 좀 더 경제적으로 디스플레이 시스템을 만들 수 있을 것이다. 즉, 이론적으로는 시선이 집중되지 않는 영역까지 고해상도를 제공하는 것은 "낭비"가 될 수 있다(IMAX 영화관처럼 한 번에 많은 사용자에 의해 사용되지 않는 경우 외에는). 특히, 고해상도의 대형 디스플레이의 경우(그림 3.9), 멀리서 전체 영상을 볼 경우에 먼 거리에서 식별할 수 있는 최소 화소의 크기가 크기 때문에 고해상도의 의미가 떨어지게 되고, 가까이 디스플레이를 보며 상호작용하는 경우 주변의 고해상도 영상제공 의미가 떨어지게 되는 것이다. 그림 3.9의 경우, 작은 고해상도 디스플레이를 한 개만 사용하여, 필요한 영상을 가까이 보는 것이 더 경제적일 수 있다. 마이크로소프트 사에서 최근 발표한 Illumiroom 디스플레이는 시선이 주로 집중되는 중앙에 고해상도 모니터를 사용하고 프로젝터로 주변 영상은 저해상도로 제공하여 경제적으로 넓은 시야각과 몰입감을 실현하였다(그림 3.8(b))[11].

(a)

(b)

[그림 3.8] (a) 시선이 집중 하는 곳에서의 상대적 고해상도 영상의 필요성, (b) 커다란 영상을 중앙의 고해상도 모니터 영상과 프로젝터를 이용하여 저해상도 영상으로 제공한 경우(마이크로 소프트 Illumiroom[11])

[그림 3.9] 여러 대의 고해상도 디스플레이를 격자 형태로 연결하여 구축한 대형 디스플레이[1][19]
과연 비용적인 가치가 있는가?

3.2.1.3 색상, 밝기 그리고 대비 (Color, Brightness and Contrast)

화질의 또 다른 중요한 특징 및 속성들로는 밝기, 색상 그리고 대비가 있다.

- 색상(Color): 인간이 빨강, 초록, 파랑 그리고 이들 혼합과 같이 빛의 상이한 주파수에 따라 반응하는 것을 말한다. 색상은 3가지 기본 색상(Color)으로 기여하는 양에 따라 명시된다. 또한, 색조(특정 파장, Hue), 채도(빛의 주요 파장과 나머지와의 상대적인 차이, Saturation) 그리고 명도(빛에너지의 총량, Brightness/Value)에 따라서도 좀 더 직관적으로 나타낼 수 있다.
- 밝기(Brightness): 물체에 의해 방출되는 또는 인간에 의해 인식되는 빛에너지의 양이다.
- 대비(Contrast): 두 물체 간의 밝기나 색상의 상대적인 차이를 말한다. 밝기에서 대비는 두 개 이상의 물체 간에 빛 에너지의 양의 차이 또는 비율로 측정될 수 있는데, 전경과 배경의 비율이 적어도 3 : 1 대비 차이를 추천한다[10]. 색상 대비는 색상을 구성하는 각 요소들, 즉 색조, 채도 또는 명도의 차이 등으로 정의된다. 인간의 시각은 주로 밝기의 차이에 의해 자세함을 더 느낄 수 있기 때문에 정보를 잘 가시화하기 위해서는 우선 밝기의 대비를 먼저 활용하고, 그 다음 필요할 경우 색의 다른 요소의 대비를 이용하는 것이 효과적이다.

---

1 Visbox, http://www.visbox.com/imgs/granite2.html

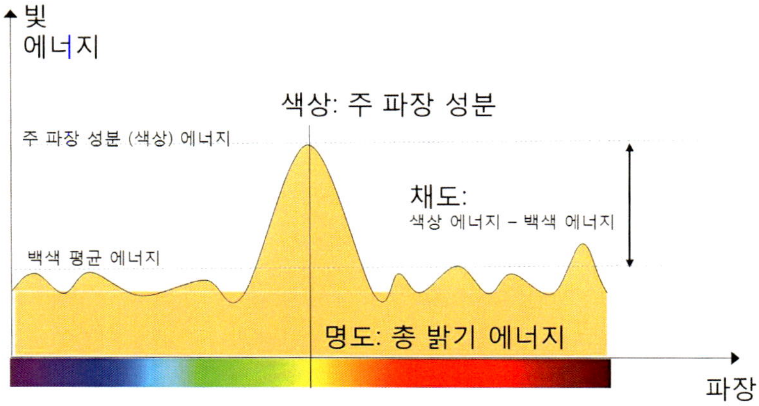

[그림 3.10] 색조, 채도 그리고 명도에 의해 나타낸 색의 표시법

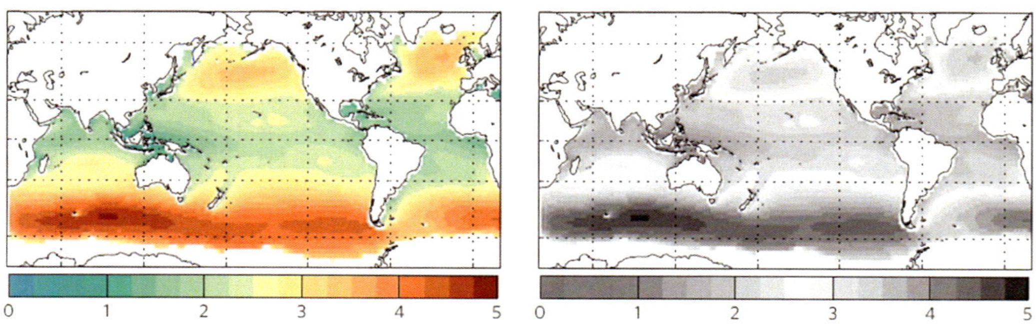

[그림 3.11] 밝기와 색상의 대비를 사용한 지도의 온도 수준에 대한 정보 표현[9]

3.2.1.4 전주의적 시각요소 및 의미적 도형코드 (Pre-attentive Features/ Diagrammatic Semantics)

선명도, 색상, 밝기 그리고 대비는 매우 낮은 감각 단계의 시각적 속성들이다. 이러한 낮은 단계의 특징들은 시각 정보처리 파이프라인을 통해서 의식적인 인식이 최종적으로 생겨나기 전에, 이른바 뇌/신경계의 "전주의적(Pre-Attentive)" 기능에 의해 무의식적으로 인지되고 우리의 주의를 끌기 위해서 사용될 수 있다.

이러한 요소들에는 주로 색상, 크기, 모양, 방향, 깊이, 질감, 움직임을 나타내는 패턴들이며 그림 3.12에서 몇 가지 예시를 보여주고 있다. 또한, 좀 더 의식적이고 인지적인 단계에서는 문화 보편적으로 특정 의미가 내포되어 있는 기하학적 형상들을 빠르게 이해할 수 있다. 그림 3.13에서는 연결 관계, 의존 관계, 인과 관계, 포함 관계, 구조, 관계의 종류나 세기 등을 기하학적 코드로 나타낸 여러 가지 예를 보여 주고 있다.

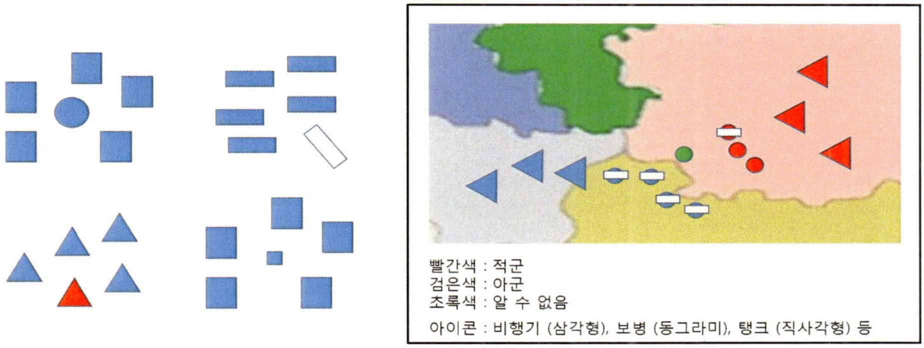

[그림 3.12] 상이한 크기, 모양 그리고 방향에 기반하여 주의를 끌기 위한 전주의적 요소들의 예시 및 이들을 조합하여 이용한 아이콘 디자인[21, 28]

그림 부호	그림	의미
윤곽선으로 연결된 도형		연관 개체, 개체 사이의 경로
윤곽선의 색상, 굵기, 형태	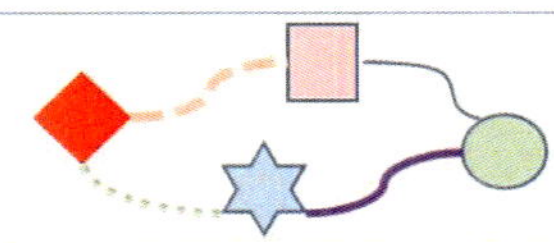	관계의 유형 /강도
윤곽선의 형태나 색상 분리된 영역, 내포된 영역	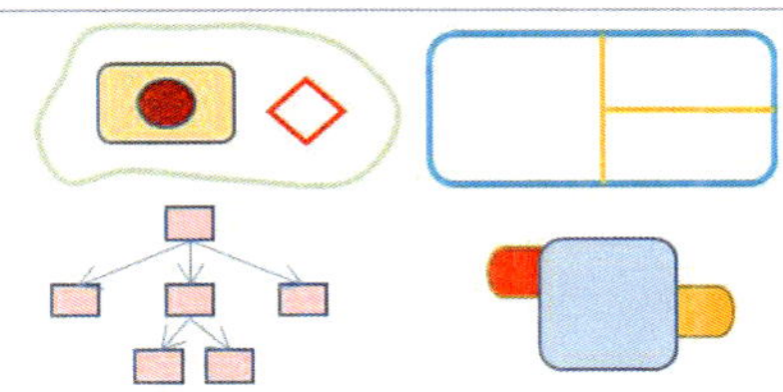	포함 개체들, 연관 개체들, 계층적 개념
화살표, 인접, 모션	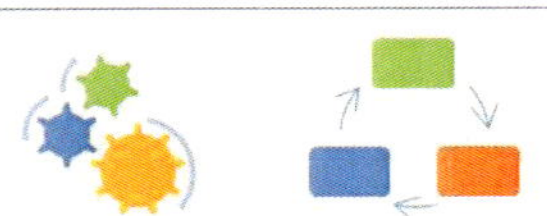	순서 및 인과 관계 개념

[그림 3.13] 보편적인 의미들을 사용한 도형/객체 다이어그램의 예시[34]

3.2.2 청각 (Aural)

청각은 시각 다음으로, 정보 피드백을 위한 중요 기능 중 하나로 자주 사용된다. 청각 피드백의 세 가지 주요 유형은 (1) 단순 경보 같은 삐 소리(Beep-like), (2) 휴지통에서 파일이 삭제될 때의 부스러지는 소리와 같은 이어콘(Earcon)으로 알려진 상징적 소리들, (3) 녹음된 혹은 합성된 자연적인 소리 등을 들 수 있다. 이러한 유형의 소리 피드백을 사용할 때 관계하는 매개변수나 특징들을 살펴보자.

3.2.2.1 청각 표시 매개변수(Aural Display Parameters)

- 소리의 강도(진폭)는 소리에너지의 양을 나타내며 친숙한 용어인 "음량"과도 유사하다. 강도는 압력의 단위(Sound Pressure Level, SPL)로 나타낼 수 있지만, 편의상 이를 로그 척도로 변환하고 데시벨(Decibel, dB)이라는 단위로 표시한다. 0데시벨은 가청음 단계에서 가장 낮은 단계이며 130데시벨은 가장 높은 단계이다. 표 3.3은 여러 다른 상황에서의 소리의 강도를 가장 낮은 단계에서 높은 단계까지 예시적으로 나타내고 있는데, 인터페이스 디자인 시 소리 피드백의 강도를 정할 때 이런 것을 참조할 수 있다.

[표 3.3] 다른 소리들의 예시와 데시벨에서의 일반적인 강도 레벨

데시벨 강도	설 명
0 데시벨	가장 약한 가청음
30 데시벨	속삭임
50 데시벨	사무실 환경
60 데시벨	일상 대화
110 데시벨	록 밴드
130 데시벨	고통 역

- 소리는 사실 여러 다른 주파수(Frequency)를 갖는 정현파(사인곡선) 성분 신호로 이루어져 있고, 그 중 지배적인 주파수 성분은 음의 높이(예: 낮거나 높음), 음색(예: 악기), 그리고 심지어 음의 방향성(어디로부터 왔는지)과 같은 소리의 다양한 성격들을 결정짓는다. 사람들은 약 20~20,000 Hz 사이의 주파수 영역대의 음파를 들을 수 있다[22].
- 위상(Phase)은 동일한 근원으로부터 발하는 음파들 간의 시간차를 의미한다. 예를 들어, 우리의 왼쪽과 오른쪽 귀가 음원에서 아주 약간의 거리 차가 있을 경우, 위상 차이가 발생하고 그러한 위상 차이는 입체 음향과 같은 공간적 음향의 지각에도 기여하는 것으로 알려져 있다.

청각 피드백을 사용할 때 설계자들은 이 기초적인 매개변수를 적절하게 설정하는 것이 중요하다. 일반적으로 청각 피드백의 주파수 대역은 50~5,000 Hz 사이여야 하며, 차별성 있는 청각 피드백을 만들기 위해서는 주파수 대역에서 1,000~4,000 Hz 사이에 있는 적어도 4개의 특출한 배음 주파수 요소(다른 것과 정수 배를 이루는 주파수)들로 구성하면 좋다고 알려져 있다[5]. 청각은 시각과 달리 자세하고 많은 정보를 제공하기보다는 보통 이벤트 알림이나 경고 따위의 "알람(Alarm)"으로 많이 사용되고 있는데, 이때 사용자들을 너무 깜짝 놀라게 하여(Startle Effect) 유용성이 낮춰지지 않도록 유의해야 한다. 예를 들어 절대적인 음량을 너무 높게 설정하는 것보다, 배경 잡음과 충분한 정도의 차이를(예: 20~30 dB) 주거나, 시간적으로 변화를 주는 방법 등을 활용하는 것이다(예: 점진적으로 음량을

조절하거나, 알람을 반복하면서 주파수에 변화를 주는 방법). 결국 시각과 마찬가지로 청각에서도 음량, 주파수, 위상 등의 주 요소 매개변수 상에서 상대적인 차이를 활용하여(Aural Contrast) 해당 정보의 전달력을 높일 수 있다.

3.2.2.2 상호작용 피드백으로서의 소리의 다른 특징들

- 청각 피드백이 시각과 다른 몇 가지 다른 차이점에 대해 살펴보자. 첫째, 소리는 실질적으로 전방향적(Omni-Directional)이다. 이러한 이유로, 소리는 종종 직접적으로 사용자들의 주목을 돌리고 끄는 데 사용되지만 앞서 언급한 바와 같이 작업 방해자로서 주의력 분산으로 부정적인 영향을 끼치기도 한다.
- 인간은 지속되거나 반복되는 자극에 대하여 습관화(Habituation)를 통해 자극을 느끼지 못하게 되는 경우가 있다. 청각은 이러한 다른 감각보다 습관화 현상이 더 두드러지게 나타나기 때문에 주기적으로 소리 피드백을 바꾸어 줄 필요가 있다.
- 일반적으로, 인간은 한 번에 하나의 청각적 내용만을 해석할 수 있다. 그것은 여러 개의 소리가 뒤섞였을 때 서로가 서로를 방해하는 효과가 있기 때문이다. 인간은 뒤섞인 소리 속에서 특정 부분을 인지하는 능력을 가지고 있긴 하지만(예: 심포니의 현악파트) 이것은 매우 높은 집중력을 요구하고 사용자를 피로하게 할 수 있다.

3.2.2.3 입력 방식으로서의 소리 (Sound as Input Method)

입력을 위한 청각 양식의 두 가지 주요 방법은 (1) 주요 단어 인식과 (2) 자연어 이해가 있다. 단순 명령어 제정을 위한 독립된 단어 인지 기술은 최근 그 성능이 놀랍게 발전했지만 아직 대부분의 경우에는 여전히 특정 화자 별 훈련(Speaker Specific Training) 또는 비교적 조용한 환경을 요구한다. 이것이 텔레매틱스 분야에서 음성 인식이 실패하는 이유

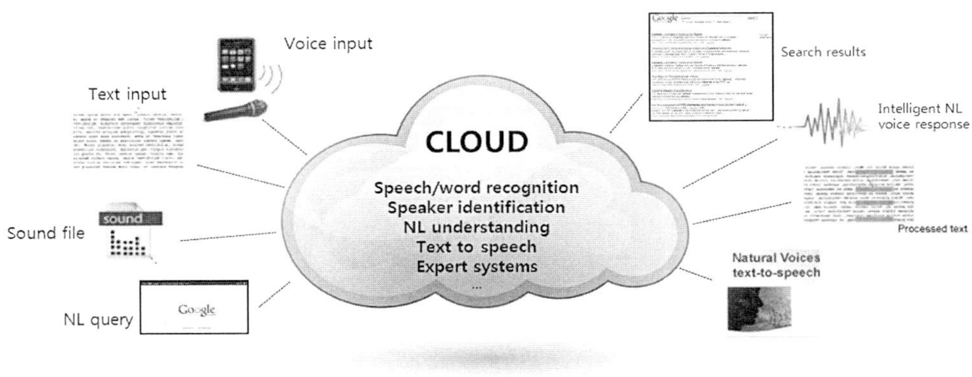

[그림 3.14] 미래의 클라우드를 통한 고품질의 자연어 처리 서비스. 용량이 적은 클라이언트 컴퓨터에서는 음성데이터만을 캡처하여 서버로 보내고 실시간에 그 의미를 클라우드 서비스에 의해 파악

중 하나이다(좁은 밀폐된 공간 내에서의 상대적으로 높은 배경 잡음). 음성 인식이 효과적이기 위해서는 소위 Segmentation 문제, 즉 다른 명시적인 입력없이 인식 시스템에 들려오는 소리 중에서 어떤 부분이 사용자 명령이며 어떤 부분이 의미 없는(예: 일상 대화) 부분인지를 구별해야 하는 어려운 문제이다. 따라서 많은 경우, 음성 명령을 내리기 위해서는 시스템이 명시적으로(예: 버튼클릭) 어떤 "모드(Mode)"로 설정되어야 하거나, 반대로 어떤 상황에서만 음성 인식이 가능하게 되어 있다. 단순한 모드 변환도 사용자에게는 꽤 귀찮게 여겨질 수 있고, 어떤 상황/모드에서만 음성 인식이 가능한 경우 사용자는 그것을 기억해야 하는 부담이 있다. 따라서 아직 음성 입력 방법은 다음과 같은 경우에 효과적으로 쓰이고 있는 형편인데, 하나는 "핸즈프리 인터페이스(Hands-Free Interface)", 즉 터치나 손으로 상호작용이 가능하지 않은 경우이거나 다른 하나는 작업의 성격상 주위의 잡음이 배재될 수 있거나 Segmentation 문제가 심각하지 않은 경우이다. 자연어와 긴 문장들의 기계적인 이해는 여전히 계산적으로 어렵고 혹은 많은 계산량을 요구한다. Apple의 SIRI[29]와 IBM의 Watson[31]에 의해 최근 보여진 것처럼 대규모 서버로의 접속을 통한 고품질의 자연어 처리 기술을 활용한다면 일반 컴퓨팅 환경에서도 자연어 기반 상호작용을 많이 채용하게 될 것이다.

3.2.3 촉각과 역감 (Tactile and Haptic)

택타일과 햅틱 피드백 인터페이스들은 아직 널리 사용되지는 않지만 제한된 형태로 출현하고 있다. "햅틱"은 역감, 토크, 진동, 혹은 터치를 이용한 피드백 양식을 총칭으로 표현하는 용어이다[33]. 이와 같이 햅틱은 용어적으로 힘 피드백(Force Feedback)과 터치(Touch)의 감각 모두를 나타낸다. 그러나 편의를 위해서, 비록 역감이 피부를 통한 접촉을 동반하지만 관절들과 근육들을 통한 운동역감 피드백을 설명하는 데 "햅틱"이라는 용어를 쓸 것이고, 피부를 통한 터치의 여러 다른 감각에 대해서(예: 질감, 약한 압력, 접촉, 고통, 진동 그리고 온도)는 "택타일"이라는 용어를 사용하기로 한다.

3.2.3.1 택타일과 택타일 디스플레이 매개변수 (Tactile Display Parameters)

- **택타일 해상도**: 물리적인 객체에 대한 피부 감각의 정도는 인간 몸 부위마다 다르다. HCI 목적으로 빈번히 사용되는 손가락 끝은 가장 민감한 부분 중 하나로, 손가락 끝은 40마이크로미터(μm) 크기의 물리적인 객체도 느낄 수 있다고 알려져 있다[3, 27].
- **진동 주파수**: 진동과 같은 빠른 움직임은 대부분 100~300 Hz의 신호에 반응하는 것으로 알려진 파시니 소체(Pacinian Corpuscle)에 의해 주로 느껴진다. 약 250 Hz의 진동 주파수는 편안한 지각을 위한 최적주파수로 알려져 있다[30].
- **압력**: 인간이 감지할 수 있는 가장 가벼운 정도의 압력은 약 1,000 N/m^2라고 알려져 있다. 이 정도는 손가락 끝 부분에 대해서 약 0.02 N 정도이다[32].

앞서 언급된 것처럼 택타일 감각은 좀 더 세부적으로는 질감, 압력, 진동, 그리고 심지어 온도와 같은 많은 유형들이 있다. 특히, 질감, 압력, 진동 등의 경우 약간씩 다른 역할을 담당하는 피부 세포들과 신경조직을 통해서 느끼게 되는데, 그림 3.15는 그러한 피부세포와 신경층을 보여준다. 3~40 Hz의 피부자극에 반응하고 약간의 압력이나 천천히 누르는 것에 대한 마이스너소체(Meissner's Corpuscle), 0.3~3 Hz의 피부자극에 반응하고 표면 위의 돌출된 부분이나 미세한 모양에 대한 메르켈수용기(Merkel Receptor), 10~500 Hz 자극에 반응하고 진동 자극을 지각하는 것에 대한 파시니 소체(Pacinian Corpuscle), 그리고 15~400 Hz의 자극에 반응하는 피부 이완에 대한 루피니 원통(Ruffini Cylinder)이 있다. 택타일자극기는 이러한 인간의 감각기관에 맞추어 진동 및 압력 세기, 주파수 등이 설정 되어야 할 것이다.

많은 택타일 디스플레이 장치들이 있지만, 가장 실용적인 것은 진동모터라고 할 수 있다. 많은 경우 단순한 켜기-끄기(On-Off) 따위의 이벤트를 전달하기 위해 하나의 진동기만을 사용할 때도 있지만, 배열(Array) 형태로 구성하여 좀 더 다양한 출력을 제공하기도 한다. 대부분의 진동모터들은 진폭이나 주파수에 대한 제어를 분리해서 제공하지 않는다. 게다가, 대부분의 진동기들은 어떤 포장(Casing) 속에 넣어져 있어 자극 대상인 피부와 직접적으로 접촉되지 않는다. 이에 따라, 그 신호가 왜곡되거나 그 세기가 낮춰지게 된다. 그러므로 주파수와 세기의 적절한 값을 알아내거나 원하는 대로 이를 최적화하기가 현실적으로 어려울 수도 있다.

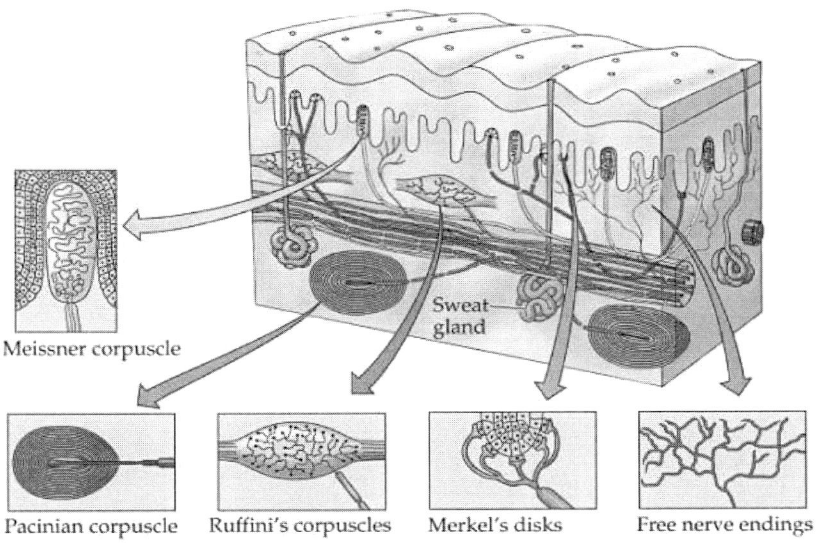

[그림 3.15] 피부세포와 신경[2]

2 Neuropsychiatry Neurologic Perilaku Biologic, http://neuroscience-neuropsychology.blogspot.kr/

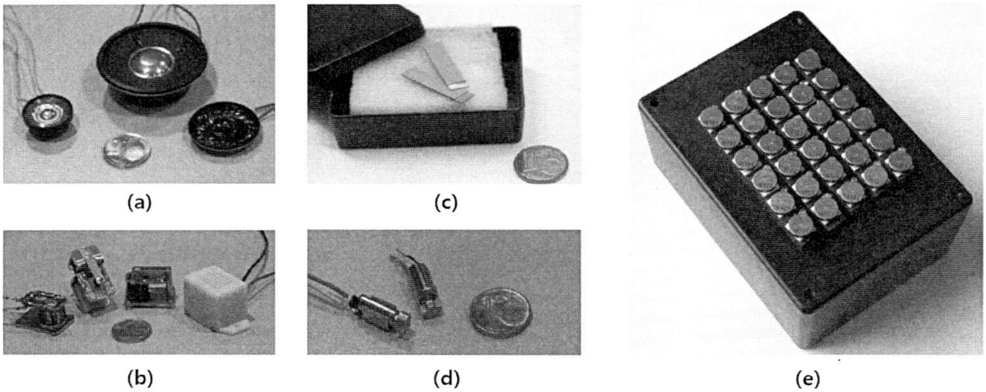

[그림 3.16] 왼쪽: 다양한 실용적인 택타일 피드백 장치들[23] (a) 미니어처 스피커, (b) 미니어처 전자기 걸쇠, (c) 피에조-전자기(압전) 스트립, (d) 진동(마이크로)모터, (e) 오른쪽: 다수의 진동기나 액추에이터를 배열로 구성한 택타일 기기[4]

진동 택타일 디스플레이를 구현하는 또 다른 방법은 전위가 제공된 양에 따라 진동 반응을 보이는 얇고 가벼운 압전(Piezo-electric) 재질을 이용하는 것이다. 얇고 가벼운 폼팩터를 이용하여 얇은 터치스크린에 끼워 좀 더 직접적인 진동 기반의 터치 피드백을 생성 할 수 있다[14]. 음향 스피커들도 간접적 진동 피드백을 발생시키는 데 사용될 수 있는데, 진동모터와 달리 스피커들은 좀 더 세세하고 넓은 범위에서의 제어가 가능한 편이다(진폭과 주파수).

3.2.3.2 햅틱과 햅틱 디스플레이 매개변수(Haptic Display Parameters)

택타일 피드백과 마찬가지로, 햅틱 피드백도 상호작용에 대해 물리적인 차원을 추가한다. 역감피드백과 움직임은 우리의 근육과 관절에 있는 세포와 신경들에 의해 느껴지는데, 예를 들어, 근육 축/힘줄(건)이 관성부하를 수반할 때, 파시니(Pacinian)/루피니(Ruffini)/골지(Golgi)가 관련 움직임, 압력 그리고 회전력(토크)을 감지하게 된다[30]. 관절에 대한 활성화 힘은 0.5에서 2.5 mN 정도이다[12]. 그러나 우리는 이 범위가 사용자의 연령대, 성별, 힘, 사이즈, 무게 등에 따라 각기 다를 수 있다는 것도 이해하여야 할 것이다. 또한, 기억해야 할 것은 햅틱 장치들은 출력장치임과 동시에 입력장치이기도 하다. 햅틱 장치의 출력에 대한 제어는 입력되는 힘이나 동적인 부하까지(Dynamic Load) 감안하여 이루어지게 된다.

햅틱 장치의 가장 기본적인 형태는 게임 컨트롤러에 많이 사용되는 간단한 전자기래치(Electro-MagneticLatch)이다. 보통, 사용자는 장치를 잡고 있고 물리적 이벤트가 일어날 때 관성적 힘이 래치의 갑작스러운 움직임에 의해 게임 컨트롤러에 상대적인 방향으로 전달된다. 그 뒤 래치는 다시 본래 위치로 천천히(반대 방향으로의 관성을 최소화 하면서) 되돌아감으로써 얼마 후 다시 사용될 수 있게 리셋된다. 따라서 물리적인 상호작용이 빠르게 진행되거나(예: 총을 빠르게 연발) 계속적인 역감(예: 가상의 가방을 들고 있는 경우)을 제공해야 할 때에는 적절하지 않다.

더욱 복잡한 햅틱 장치들은 땅에 고정되거나 몸에 착용하는 로보틱키네마틱 체인(Robotic Kinematic Chain)으로 대부분 구성되어 있다. 로봇 기반의 햅틱 기기들은 더 높은 자유도와 더 정밀하고 지속적인 힘의 제어를 제공한다(그림 3.17 참조). 사용자들은 여러 방향으로 힘이 작용하여 움직일 수 있는 로봇에 자신의 손이나 몸의 일부를 실어 역감을 느끼고, 또한 거꾸로 힘에 기반한 입력을 가할 수 있다. 장치의 관절에 있는 센서는 3D 작동 공간 내에서 상호작용 지점을 추적하는 것을 가능하게 한다.

중요한 햅틱 디스플레이 매개변수들을 열거하면, (1) 자유도 범위(Degrees of Freedom, 얼마나 많은 방향들로 힘이나 토크가 디스플레이 될 수 있고 주어진 응용프로그램에서 필요로 하는 자유도는 무엇인가?), (2) 힘의 범위(예: 햅틱 기기가 제공하는 힘의 세기와 주어진 응용프로그램에서의 적정 힘의 입·출력 세기는 무엇인가?), (3) 작동 및 상호작용 범위(장치를 통해 얼마만큼의 움직임이 허용되고 거꾸로 주어진 응용프로그램에서 요구하는 작동 범위는 무엇인가?), (4) 안정성/정확성(제공된 힘이 얼마나 안정적으로 떨리지 않고 느껴지는가?) 등이 있다. 안정성은 사실 샘플링(Sampling) 주기와 깊은 관계가 있다. 이를 상호작용 지점에서 필요한 힘의 양을 제공하기 위해 얼마나 빨리 이를 물리 시뮬레이션이나 충돌처리 연산과 함께 계산할 수 있는가를 나타낸다. 보통 떨리지 않고 안정된 햅틱 출력을 제공하기 위해서는 이상적으로 1초에 1,000번 정도 힘의 계산이 이루어지고 그 값이 갱신되어야만 한다[1]. 샘플링 주기가 특정 값 아래로 떨어졌을 때 로보틱 메커니즘은 불안

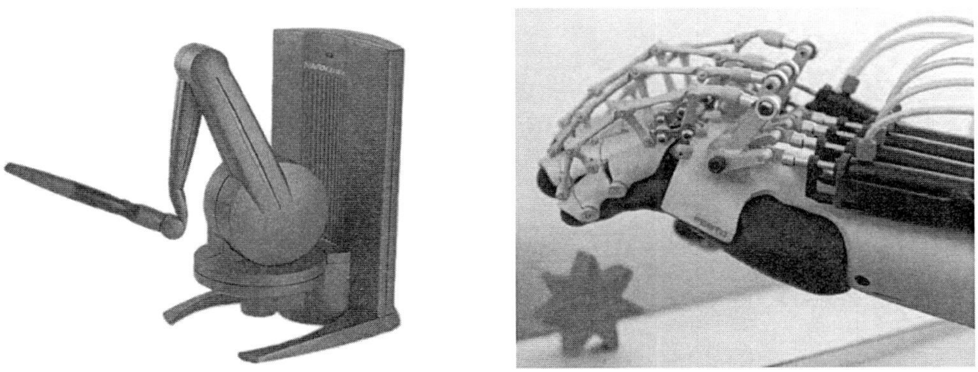

(a) (b)

[그림 3.17] 햅틱 피드백 시스템: (1) 고정형 장치[3](Grounded) (2) 착용형 장치[4](Body-worn)

[3] Phantom, http://www.sensable.com/

[4] ExoHand, http://www.festo.com/

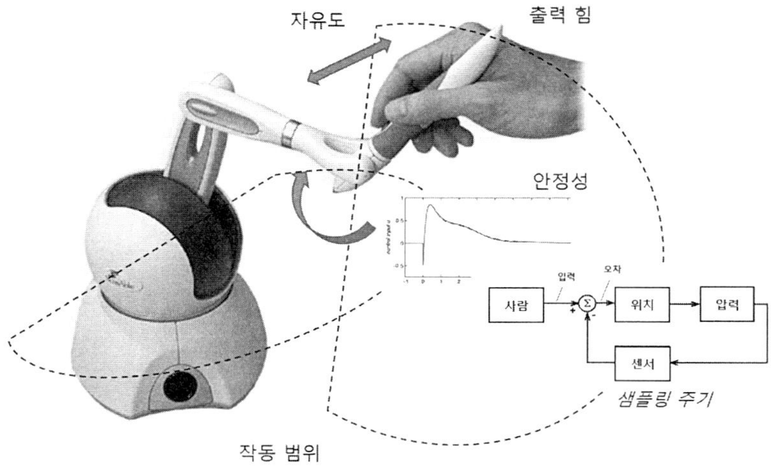

[그림 3.18] 햅틱 디스플레이 시스템을 위한 중요 매개변수

정한 상태를 보이고(예: 진동 및 떨림의 형태), 사용성이 낮아진다. 문제는 물리 시뮬레이션이나 충돌처리에 대한 계산은 대상의 물체가 많아지고, 높은 샘플링으로 갱신하여 실제에 가까운 피드백을 제시할수록 그 계산량이 많아져 1초에 1,000번 할 수 없게 될 수도 있다. 그러므로 햅틱 장치 성능과 사용자 경험 정도의 균형을 이루기 위해 주의 깊은 해결책이 필요하다.

일반적으로 "로보틱(Robotic)"햅틱 장치들은 아직 실용적이지 못한 면이 많다. 특성상 소형화가 어렵기 때문에, 이들은 무겁고 투박하며 큰 부피를 차지하고 때론 위험하기까지 하다. 상대적으로 높은 비용에 비하여(저가의 햅틱 장비도 수백만 원 대) 적은 작동 범위와 힘의 범위 혹은 제한된 자유도를 가지고 있다. 따라서 대안으로 진동기와 같은 간단한 장치들을 시각과 청각적 피드백과 조합하여 사용하기도 한다.

3.2.4 다중양식 상호작용 (Multimodal Interaction)

기존의 인터페이스는 대부분 시각 중심적으로 디자인되고 사용되어 왔다. 그러나 다양한 입출력 기기 및 기술들이 등장하고, 데스크톱 이외의 사용 환경이 등장하게 됨에 따라 여러 가지 감각과 운동기관을 같이 사용하는 "다중양식" 인터페이스의 필요성이 높아지고 점점 대중들에게도 다가가고 있다. 다중양식 인터페이스는 두 가지 이상의 상호작용 양식을 채용함으로써, 상호보완성, 중복성, 대체성 등을 통하여 상호작용을 더욱 효과적이게 할 수 있다[24].

- **상호 보완성** (Complementary): 상이한 양식들은 서로 다른 역할과 특정 상호작용 목표를 달성하기 위해 상호보완적으로 같이 쓰일 수 있다. 예를 들어, 전화가 왔을 경우,

청각 피드백은 전화가 왔다는 것을 알리고 이와 동시에 시각은 발신자의 이름을 표시할 수 있다.

- **중복성**(Redundant): 상이한 양식의 중복적 입력 방법이나 피드백은 입력이나 출력 정보의 전달 성공률을 배가할 수 있다. 예를 들어, 전화가 울릴 경우, 사용자가 전화기를 찾을 가능성을 높이기 위해서 동시적으로 청각과 촉각 피드백을 제공할 수 있다.
- **대체성**(Alternative): 상호작용하는 대체 방법들을 제공하여 사용자가 상호작용할 수 있는 방식의 선택 폭을 더 가질 수 있다. 예를 들어, 전화를 하려고 할 경우 사용자는 전화 버튼을 터치하거나, 수신자의 이름을 말하면서, 편리하고 유용하게 목적 달성을 할 수 있다.

다중양식 인터페이스가 효과적이기 위하여 각각의 피드백이 적절하게 동기화되어야 하고 표현이 일관적이어야 한다. 예를 들어, 버튼 터치를 나타내기 위해서 시각적인 강조 표시와 경고음 효과는 일관된 하나의 이벤트로 인식될 수 있게 적어도 200 ms 미만의 짧은 시간 안에 발생해야 한다. 또한, 각 양식에서의 정보 표현은 서로 관련있게 디자인되어야 한다.

3.3 인간신체공학과 운동능력

지금까지, 우리는 주로 인간의 인지 및 지각적인 능력 그리고 디스플레이와 입력 시스템들이 어떻게 적절하게 결합되어 구성되어야 하는지에 대해서 설명하였다. 이번 절에서는 인간의 신체공학적인(Ergonomics) 측면에서의 인간의 상호작용 능력에 관해 살펴볼 것이다. 인간공학은 사실 제품들과 인터페이스를 인간의 신체 구조와 운동능력에 맞추어 편안하고 효과적으로 만드는 것에 초점이 맞춰진 학문 분야이다. 그러므로 인간공학은 광범위하게 정신적(Mental), 인지적(Perceptual)인 문제까지 모두 포함하겠지만 우리는 이 용어를 인간의 신체적인 메커니즘에 따라 높은 수행능력과 편안함을 위한 인터페이스 또는 상호작용 장비 설계 방법의 의미로 제한한다. 특히, HCI를 위해서 입력에 대한 상호작용을 하는 데 사용되는 운동 능력에 초점을 맞춘다. 우선 "피츠의 법칙(Fitt's Law)[8]"과 인간의 운동 제어에 대해서 살펴보자.

3.3.1 피츠의 법칙 (Fitt's Law)

피츠의 법칙은 시작점에서 목표로 하는 지역(또는 객체)까지 빠르게 이동하는 데 걸리는 시간을 예측하는 인간 움직임 모델이다. 이는 목표로 하는 영역의 크기와 거리에 대한 함수로써, 그 이동작업의 난이도는 필요한 정보의 양의 관점에서 정량화될 수 있다(예: 비트의 수).

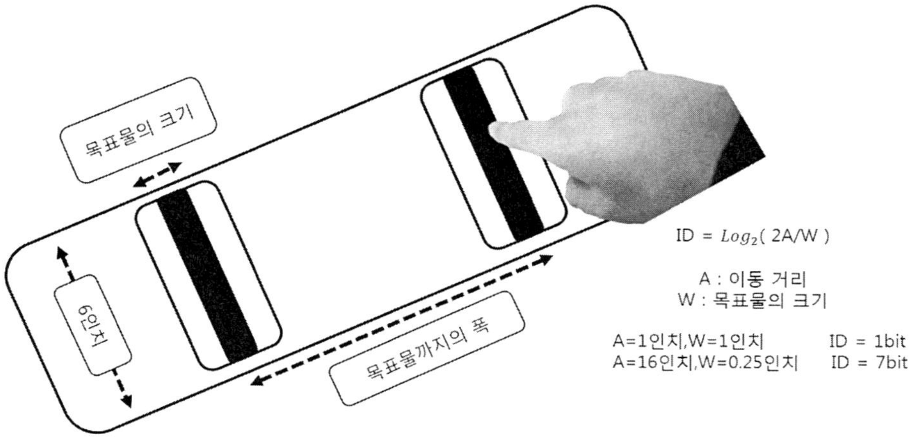

MT = A * ID + B,

(A와 B는 주어진 테스크에 대한 특정 계수)

[그림 3.19] 피츠의 법칙의 예시[15]

그림 3.19의 방정식을 살펴보면, MT(이동시간)은 ID에 대한 선형함수로서 이동작업을 완료하는 실제 시간은 간단한 선형방정식을 사용해서 예측할 수 있다. 그러므로 ID는 작업의 어려움에 대한 추상적인 개념을 표현하지만 MT는 특정 작업에 대한 실제 예측된 값이다. A와 B에 대한 계수는 간단하게 성능의 표본들을 채취하고 수학적으로 회귀 분석을 통해 얻어낼 수 있다(그림 3.20).

A^a	W^a	ID(bits)	MT(ms)	Error(%)	IP(bits/s)
8	8	1	254	0	4.3
8	4	2	353	1.9	6.1
16	8	2	344	0.8	6.4
8	2	3	481	1.7	6.4
16	4	3	472	2.1	6.6
32	8	3	501	0.6	6.2
8	1	4	649	8.8	6.3
16	2	4	603	2.1	6.8
32	4	4	605	2.7	6.7
64	8	4	694	2.5	5.9
16	1	5	778	7	6.6
32	2	5	763	3.4	6.6
64	3	5	804	2.3	6.3
32	1	6	921	8.5	6.6
64	2	6	963	3.3	6.3
64	1	7	1137	9.9	6.3
		평균	645.125	3.6	6.275
		표준편차	243.3579	3.129856	0.576773

experimental units: 1uni = 8pixels

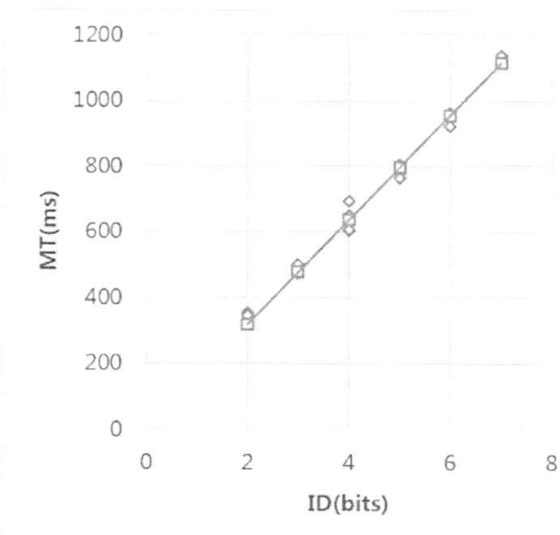

$MT = 53 + 148 \times ID$

[그림 3.20] 성능데이터의 표본을 기반으로 피팅함으로써 실제 움직임 시간을 유도[15]

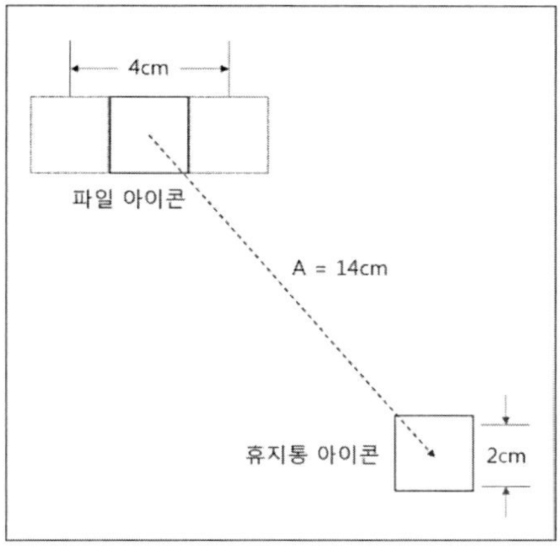

[그림 3.21] 컴퓨터 인터페이스에서 피츠의 법칙 적용(파일 아이콘을 휴지통 아이콘에 드래그)[16]

본래의 피츠의 법칙은 컴퓨터 인터페이스에 대한 것보다 오히려 일상적인 물체들에 대한 상호작용을 위해서 도출되었다(예: 공장 조립 라인에서의 부품 조작과 같은 작업의 맥락에서). 이후, 연구자들은 피츠의 법칙 개념을 컴퓨터 인터페이스에 대해서도 적용해 왔으며, 이론상으로 동일한 원리가 적용되는 것을 발견했다. 예를 들어, 그림 3.21을 보면, 마우스를 사용하여 "파일 아이콘을 휴지통 아이콘에 드래그"하는 작업은 피츠의 법칙을 사용하여 모델링될 수 있다[16]. 많은 다른 컴퓨터 상호적인 작업들도 이와 비슷하게 모델링될 수 있으며, 몇몇 수정된 피츠의 법칙 또한 유도되었다(예: 데스크톱 컴퓨터 인터페이스, 모바일 인터페이스, 손가락 터치 상호작용). 피츠의 법칙을 사용한다면 인터페이스 객체의 크기나 드래깅 거리, 마우스와 같은 간접 인터페이스의 적정 운동 거리 등을 적절히 설정하여 최적화된 인터페이스 디자인에 도움을 줄 수 있다.

3.3.2 운동 제어 (Motor Control)

키보드와 마우스 입력에 대해서 가장 일반적인 입력 형태는 우리의 팔과 손 그리고 손가락 움직임에 의해 이루어지는 것이다. Berard는 특정 해상도 임계치 아래로는 인간의 운동 제어 수행능력이 현저히 떨어진다는 것을 이야기했다[2]. 그 실질적인 수행능력은 장비의 형태 요소 및 작동 방식에 의존적이지만 마우스는 0.02 mm의 공간적 해상도까지 작동할 수 있으며, 2D 스타일러스 펜도 비슷한 수준의 공간적 해상도까지 가능하며, 이는 인간의 운동 능력을 (예: 공간 해상도) 충분히 지원한다고 볼 수 있다. 최신 터치스크린들도 영상 해상도에 준하는 공간 해상도에서의 움직임이 가능하지만 실제로 사용자의 손가락의 크기가 상대적으로 매우 크므로 필요한 운동 해상도를 충분히 제공한다고 할 수 있다. 마우스, 터치스크린 등과 같이 현대적인 사용자 인터페이스들은 2D에서 연속적인 움직임에 기반한 입력 방법들을 자주 사용할 뿐만 아니라, 햅틱, 위-모트, 키넥트처럼 점차적으로 3D 공간에서도 이용되고 있고, 여기에 버튼과 같은 이산적인 이벤트 입력을 가능하도록 기타 기기들이 추가되곤 한다. 중요한 것은 사용자의 운동 능력에 준하여 입출력 기기들의 성능이 맞춰 지지 않는다면 사용자로 하여금 많은 피로감을 느끼게 하고 전체적인 작업 성능을 심각하게 낮출 수 있다는 것이다.

인간의 능력이 입력 방식의 달성 가능정확도나 작업 성능도를 결정하겠지만 C/D 비율(Control–Display Ratio)도 이에 관계한다[25]. C/D 비는 디스플레이에서의 커서 움직임 변화량과 제어장치의 움직임 변화량의 비율을 나타낸다. 만약 C/D 비가 낮다면, 제어의 민감도는 높을 것이고, 디스플레이를 가로지르는 이동시간은 빠르며 이는 큰 움직임에 대한 이동에 효과적이다. 반면에, C/D 비가 높다면, 민감도는 낮을 것이고, 따라서 정밀한 조정 시간은 비교적 빠를 것이며 이는 작은 움직임에 대한 제어에 효과적이다.

3.4 기타 이슈들

이 외에도 생략된 HCI 디자인에 관계할 수 있는 인지적, 지각적 그리고 인체공학적 사항들이 많이 있다. 이 책의 제한된 범위 때문에 다 살펴보지는 못하지만 우리는 독자들에게 다양한 이슈들의 일부분을 나열만 하도록 한다.

- 학습 및 적응(Learning and Adaptation)
- 세 가지 주요한 감각 양식 외의(즉 시각/청각/햅틱–택타일) 입출력 방법 모달리티들: 제스처, 얼굴표정, 뇌파, 생리학상의 신호들(예: 근전도, 심장박동, 피부전도성), 눈동자 움직임 등
- 미적 디자인 및 감정/감성(Aesthetics and Emotion)
- 다중작업(Multitasking)

3.5 요약

이번 장에서 우리는 인간–컴퓨터 상호작용(HCI) 설계의 가장 중요한 기본 이론으로서 감각, 지각, 정보처리, 피츠의 법칙 그리고 기타 인간공학적 요소들의 본질 등을 살펴보았다. 결국 이 모두가 "사용자(인간)를 이해하라(Know Thy User)"의 원칙을 따르는 것과 같은 맥락을 공유한다. HCI 설계자는 이러한 지식에 기반하여 어떤 인터페이스가 사용자의 정신적(Mental), 지각적(Perceptual) 그리고 인체공학적 능력(Ergonomic Capabilities)에 적합한지 그리고 사용성이 높은 인터페이스를 디자인하기 위한 기초적 이해를 가질 수

있다. 책의 앞부분에서 설명한 많은 HCI 원칙이나 지침들도 이러한 기본적인 인간공학적 이론들로부터 자연스럽게 유도될 수 있음을 쉽게 알 수 있다.

References

[1] Adams, Richard J., Moreyra, Manuel R., and Hannaford, Blake. "Stability and performance of haptic displays: Theory and experiments." *Proceedings ASME International Mechanical Engineering Congress and Exhibition*. (1998).

[2] Bérard, François, Wang, Guangyu., and Cooperstock, Jeremy R. "On the limits of the human motor control precision: the search for a device's human resolution." *Human-Computer Interaction–INTERACT*. Springer Berlin Heidelberg, (2011). 107-122.

[3] Bolanowski Jr, Stanley J., Gescheider, G. A., Verrillo, R. T., and Checkosky, C. M. "Four channels mediate the mechanical aspects of touch." *The Journal of the Acoustical society of America* 84 (1988): 1680.

[4] Borst, Christoph W., and Cavanaugh,Charles D. "Haptic Controller Design and Palm-sized Vibrotactile Array."*Technical Report*, Center for Advanced Computer Studies, University of Louisiana at Lafayette, (2004).

[5] Bregman, Albert S. *Auditory scene analysis: The perceptual organization of sound.* A Bradford Book, (1994).

[6] Card, Stuart K., Moran, Thomas P., and Newell, Allen. *The psychology of human computer interaction.*Lawrence Erlbaum, (1983).

[7] Card, Stuart K., Moran, Thomas P., and Newell, Allen. "The model human processor: An engineering model of human performance." *Handbook of Human Perception 2*, (1986).

[8] Fitts, Paul M. "The information capacity of the human motor system in controlling the amplitude of movement." *Journal of experimental psychology* 47.6 (1954): 381.

[9] Hemer, M. A., Fan, Y., Mori, N., Semedo A., and Wang, X. L., "Projected changes in wave climate from a multi-model ensemble mark", *Nature Climate Change 3*, (2013): 471-476.

[10] ISO, "ISO 9241-3, Ergonomic requirements for office work with visual display terminals (VDTs) Part 3: Visual display requirements", Amendment 1: Annex C (normative): Visual performance and comfort test, (1992).

[11] Jones, B. R., Benko, H., Ofek, E., and Wilson, A. D., "IllumiRoom: peripheral projected illusions for interactive experiences." *Proceedings of the SIGCHI Conference on Human Factors in Computing Systems*. (2013): 869-878.

[12] Jones, Lynette A. "Kinesthetic Sensing." *Proceedings of Workshop on Human and Machine Haptics*, (2000): 1-10.

[13] Kieras, David. "Using the keystroke-level model to estimate execution times." *Technical Report* University of Michigan. (2001).

[14] Levin, Michael., and Woo, Alfred. "Tactile-feedback solutions for an enhanced user experience." *Information Display* 25.10 (2009): 18-21.

[15] MacKenzie, I. Scott. "Fitts' law as a research and design tool in human-computer interaction." *Human-computer interaction* 7.1 (1992): 91-139.

[16] MacKenzie, I. Scott. "Movement time prediction in human-computer interfaces." *Proceed-*

ings of Graphics Interface. 92(1992).

[17] Marois, Rene, and Ivanoff, Jason. "Capacity limits of information processing in the brain." *Trends in cognitive sciences* 9.6 (2005): 296-305.

[18] Miller, George A. "The magical number seven, plus or minus two: some limits on our capacity for processing information." *Psychological review* 63.2 (1956): 81.

[19] Ni, T., Schmidt, G. S., Staadt, O. G., Livingston, M. A., Ball, R., and May, R., "A survey of large high-resolution display technologies, techniques, and applications." *Virtual Reality Conference,* (2006).

[20] Norman, D. A., and Draper. S. W., *User centered system design; new perspectives on human-computer interaction*. CRC Press, (1986).

[21] Nothdurft, Hans-Christoph. "The role of features in pre-attentive vision: comparison of orientation, motion and color cues." *Vision research* 33.14 (1993): 1937-1958.

[22] Olson, Harry Ferdinand. *Music, physics and engineering*.Dover Publications,(1967).

[23] Regenbrecht, Holger, Hauber, Joerg, Schoenfelder, Ralph, and Maegerlein Andreas. "Virtual reality aided assembly with directional vibro-tactile feedback." *Proceedings of the 3rd international conference on Computer graphics and interactive techniques in Australasia and South East Asia*. ACM, (2005): 381-387.

[24] Reeves, Leah M., et al. "Guidelines for multimodal user interface design." *Communications of the ACM* 47.1 (2004): 57-59.

[25] Sanders, Mark S., and McCormick, Ernest J. *Human factors in engineering and design*. McGraw-Hill Science, (1987).

[26] Schulz, Trenton. "Using the keystroke-level model to evaluate mobile phones." *Proceedings of IRIS31-The 31st Information Systems Research Seminar in Scandinavia*. (2008).

[27] Weinstein, Sidney. "Intensive and extensive aspects of tactile sensitivity as a function of body part, sex and laterality." *the First Intl. Symp. on the Skin Senses,* (1968).

[28] Wolfe, Jeremy M., Treisman, Anne, and Horowitz, Todd S. "What shall we do with the pre-attentive processing stage: Use it or lose it?" *Journal of Vision* 3.9 (2003): 572-572.

[29] Apple "iPhone 4S"http://www.apple.com/ios/siri, (2013)

[30] Dougherty Patrick "Somatosensory Systems" http://neuroscience.uth.tmc.edu/s2/chapter02.html, (2013).

[31] IBM Research "Building Watson"
http://www.whitehouse.gov/sites/default/files/ibm_watson.pdf, (2013)

[32] Patel, Prachi., "Synthetic Skin Sensitive to the Lightest Touch"
http://spectrum.ieee.org/biomedical/bionics/synthetic-skin-sensitive-to-the-lightest-touch, (2013).

[33] Wikipedia "Haptics" http://en.wikipedia.org/wiki/Haptic, (2013).

[34] Wore, Colin Information Visualization, Morgan Kauffman, (1999).

제4장 HCI 설계

4.1 반복적 HCI 설계 과정

이전의 세 장을 통해서 우리는 HCI 설계(HCI Design)를 위한 다양하고 중요한 원칙과 지침, 그리고 이론에 대하여 공부하였다. 이 책에서 다루는 "HCI 설계"는 전체 소프트웨어 설계 과정에서 필수적인 요소이며, 상호작용의 기본적인 "프레임워크"를 반복적이고 점진적인 작업을 통하여 확립하는 과정이다. HCI 설계는 높은 사용성과 좋은 사용자 경험을 보장하는 대화형 소프트웨어를 개발하기 위한 실제 구현 전까지의 모든 준비 활동이다. 이제부터 HCI 설계의 네 가지의 세부 단계에 대하여 간단하게 먼저 설명한 후에 구체적인 예를 통하여 HCI 설계 전체과정을 설명한다.

- 요구분석: 소프트웨어 설계는 기능적인 요구사항을 신중하게 분석하는 것부터 시작된다. 사용자 경험에 초점을 맞춘 대화형 소프트웨어의 경우 상호작용을 통해서 **사용자에 의해 활성화 되는 기능**(기능적 작업에 대한 요구사항, Functional-Task Requirements)과 사용자에 의해 직접 활성화되지 않더라도 **사용자 경험의 특정한 측면을 실현하는 중요한 기능**(기능적 UI 요구사항)을 특히 주목해야 한다. 후자의 예로 네트워크의 부하에 따라서 스트리밍 비디오의 해상도를 자동 조절하는 기능을 들 수 있다. 사용자 인터페이스와 소프트웨어의 주 핵심 기능들을 이원적으로 분리해내는 것이 항상 가능한 것은 아니며(단순한 소프트웨어의 경우, 여러 가지 계산적 기능들이 있고, 이들 기능들이 필요로 하는 입출력 UI를 통하여 실현하게 되어, 내부 핵심 기능과 외부 UI 의 분리가 잘 될 수도 있다), 어떤 특정 핵심 기능은 실제로 직접적인 UI를 위한 것일 수 있다(예: 해상도 자동 조절). 마지막으로, 응용프로그램 작업을 수행하는 데 직접적인 관련이 없는, 즉 **기능적인 것과는 상관없는 "비구현" 요구사항**(비 기능적 UI 요구사항)을 확인할 수 있다. 예를 들어, 기업의 지침에 따른 특정 서체의 크기나 유형을 선택하도록 요구하는 것은 중요한 기능에 대한 요구사항은 아니지만 전적으로 HCI 요구사항이라 할 수 있다. 이는 특정 구현이 필요하지 않는 단지 선택의 문제이다.

- **사용자 분석**: 이미 여러 번 강조한 대로 사용자 분석은 HCI 설계에서 필수적인 단계이다. 사용자 분석의 결과는 결국 요구 분석만으로 찾아 낼 수 없는 추가적인 **UI 요구사항들**을 기능적 또는 비 기능적 요구사항의 형태로 찾아내어 소프트웨어 개발에 반영하기 위함인 것이다. 다시 말하면, 잠재적인 사용자들을 수용하기 위해 원래의 요구사항 분석을 강화하는 과정이다. 예를 들어, 어떤 연령대의 경우 큰 서체 크기와 높은 대비 또는 화면이동 속도를 조절하는 기능적인 UI 기능과 같이 특별한 상호작용 기능을 필요로 할 수도 있다.
- **시나리오 및 작업 모델링**: 작업 분석 및 모델링은 사용자 분석과 마찬가지로 중요하다. 이것은 응용프로그램의 작업 구조와 그들의 순차적인 관계를 규명하는 상호작용 모델링의 핵심이다. 일단 간략한 작업 모델을 기초로 하여 우리는 더 자세한 시나리오나 시스템이 사용되는 방법을 구상하는 스토리보드를 그릴 수 있으며, 작업 모델의 타당성과 주어진 요구사항의 실현 가능성을 어느 정도 평가할 수 있다. 또한, 작업 모델링을 단순히 원래의 대략적인 요구사항을 좀 더 개선하는 반복적인 과정으로 여길 수도 있다. 스토리보드의 회화적 특성을 살려서 인터페이스의 개략적인 시각적 모습을 그릴 수 있을 뿐만 아니라, 더 나아가 청각, 택타일/햅틱 등 다중양식(Multimodal)의 소프트웨어 또는 하드웨어 인터페이스를 선택/설계하는 유용한 매체로써 활용할 수 있다. 또한, 객체-클래스 도표(Object-Class Diagram), 메시지 도표(Message Diagram) 및 예비 구현(또는 프로그래밍)을 위한 사용 사례(Use Cases)를 그리기 위한 출발점으로 사용될 수 있다.
- **인터페이스 선택과 통폐합**: 스토리보드에서 나타난 각각의 하위작업과 다양한 장면들을 위해 필요한 소프트웨어 인터페이스 구성요소(예: 위젯, 윈도우), 상호작용 기술(예: 음성인식, 터치스크린), 하드웨어(예: 센서, 버튼, 디스플레이 장치) 등을 선택하게 된다. 이러한 모든 인터페이스 구성요소가 주어진 작동 플랫폼(예: 안드로이드 기반의 스마트폰, 데스크톱 PC, mp3 플레이어)에서 사용 가능한 것이 아닐 수 있기 때문에 선택한 각각의 인터페이스 구성요소들은 실제 사용 플랫폼이나 기타 상황을(예: 비용) 고려하여 일종의 "통폐합"이 필요하다. 따라서 일부 선택 사항들은 사용자가 선호하거나 요구 하더라도 특정 상호작용 플랫폼에 적용하거나, 비용 문제, 중요도를 따진 후에 철회될 수도 있다. 예를 들어, 요구 분석에 의해 각 작업에 대하여 터치, 제스처, 음성인식이 가장 적합한 형태의 인터페이스로 분석이 되었다고 하더라도, 주어진 플랫폼이 제스처 인식을 수용하기 어렵다면, 이를 터치나 음성인식으로 대체하고, 기본 인터페이스의 구성을 터치와 음성인식만으로 "통폐합"하는 것이다.

구체적인 HCI 설계 예제를 살펴보기 전에 다음 절에서는 현재 기술적으로 가능한 대표적인 인터페이스(하드웨어 및 소프트웨어)의 선택 방법에 대하여 먼저 살펴본다.

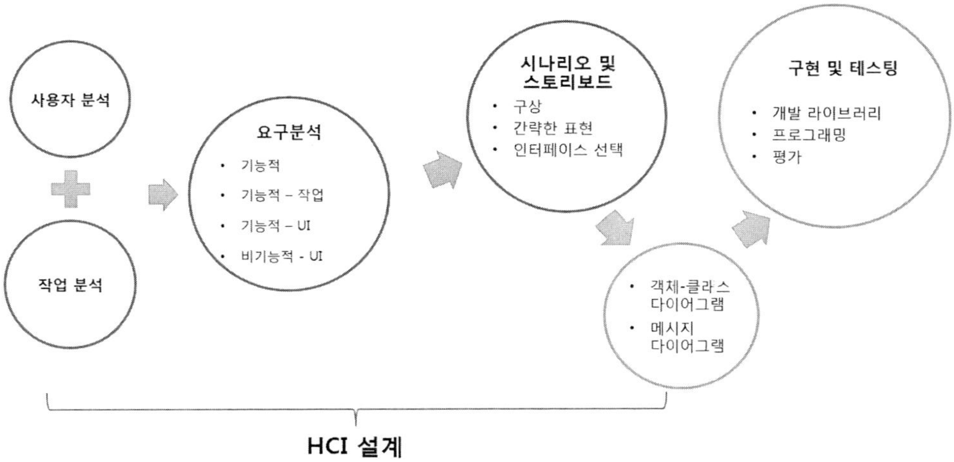

[그림 4.1] 구현을 위한 준비 단계로서의 반복적인 HCI 설계 절차

4.2 인터페이스 선택

4.2.1 하드웨어 인터페이스

서로 다른 상호작용은 다양한 개별장치를 각각 필요로 할 수 있지만, 일반적인 장치들로 구성된 넓은 의미의 "컴퓨팅" 플랫폼의 관점에서 하드웨어 선택사항을 살펴본다. 하드웨어 상호작용 플랫폼의 선택이나 설계구성은 일반적으로 특정 동작환경을 필요로 하는 작업/응용프로그램의 특성에 따라서 결정된다. 다음에 나열된 다양한 플럿폼들은 특정 동작환경에 적합하고 이들의 요구사항을 어느 정도 잘 반영하고 있다.

- 데스크톱(고정형): 모니터(일반적인 크기: 17~42인치/해상도: 1280×1024 이상), 키보드, 마우스, 스피커/헤드폰, 마이크
  용도: 사무실 관련 작업, 시간이 소요되는 복잡한 작업, 다중작업

[그림 4.2] 기본 데스크톱 플랫폼

- 스마트폰/소형기기(이동형): 액정화면(일반적인 크기: 3.5~5인치/해상도: 720× 1280/무게: 120 g 이하), 버튼, 터치스크린, 스피커/헤드폰, 마이크, 카메라, 센서 류(가속도, 기울기, 조명, 자이로, 근접, 나침반, 기압계), 진동기, 소형 "쿼티" 키보드
  용도: 간단하고 소요시간이 짧은 작업, 특수작업
- 태블릿/패드(이동형): 액정화면(일반적인 크기: 7~10인치/해상도: 720×1280/무게: 700 g 이하), 버튼, 터치스크린, 스피커/헤드폰, 마이크, 카메라, 진동기, 센서류(가속도, 기울기, 조명, 자이로, 근접, 나침반, 기압계)
  용도: 이동이 가능하고 간단하며 짧지만 비교적 큰 화면이 필요한 작업(예: 영업활동)

[그림 4.3] 이동성과 비교적 큰 화면 크기를 활용한 패드와 같은 장치를 이용하는 판매영업[1]

- 임베디드(고정형/이동형): 액정/LED 화면(일반적인 크기: 3~5인치 미만/해상도: 저) 버튼, 특수 센서 및 출력 장치(터치스크린, 스피커, 마이크, 특수 센서). 임베디드 기기는 이동형 또는 고정형 형태로 간단한 기능을 위한 매우 제한된 상호작용 방법을 제공.
  용도: 프린터, 전기밥솥, mp3 플레이어, 개인용 미디어 플레이와 같이 특수한 용도에 맞춰진 상호작용과 일련의 계산 능력이 필요한 상황 및 특수한 작업

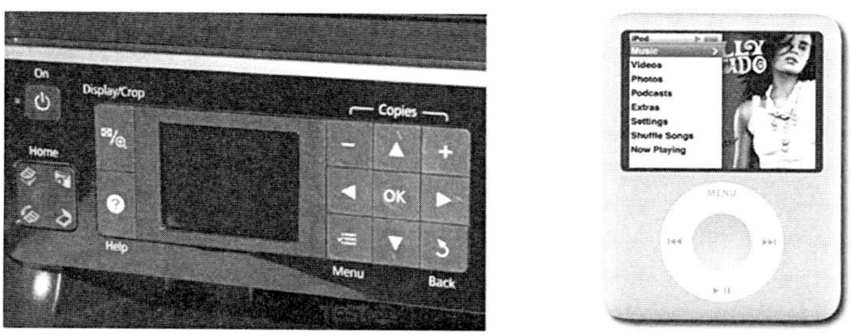

(a) (b)

[그림 4.4] 임베디드 상호작용 플랫폼: (a) 고정형, (b) 이동형

---

1 한국도요타, http://car.biz.chosun.com/site/data/html_dir/2010/12/16/2010121600551.html

- 텔레비전/콘솔(고정형): 액정 화면(일반적인 크기: 42인치 이상/해상도: HD), 버튼 기반의 리모컨, 스피커, 마이크, 게임컨트롤러, 특수센서 및 주변장치(카메라, 무선 키보드, 위-모트와 같은 장치(막대형 제스처 인식장치)[8], 키넥트와 같은 깊이 센서(깊이 인지 센서)[3, 7])
  용도: 개인정보 보호를 필요로 하는 작업과 제한된 상호작용을 필요로 하는 텔레비전 중심의 작업(예 : 거실에서 즐기는 제스처 기반 응용프로그램)

[그림 4.5] 텔레비전/콘솔 상호작용 환경[2]

- 키오스크/시설(고정형): 액정화면(일반적인 크기: 10~13인치/해상도: 저~중), 버튼, 스피커, 터치스크린, 특수센서 및 주변장치(마이크, 카메라, RFID/신용카드 리더, 내구성이 강한 키보드)
  용도: 공공 사용자와 제한된 상호작용을 제공하는 시설물에 적합한 간단한 선택작업, 감시작업

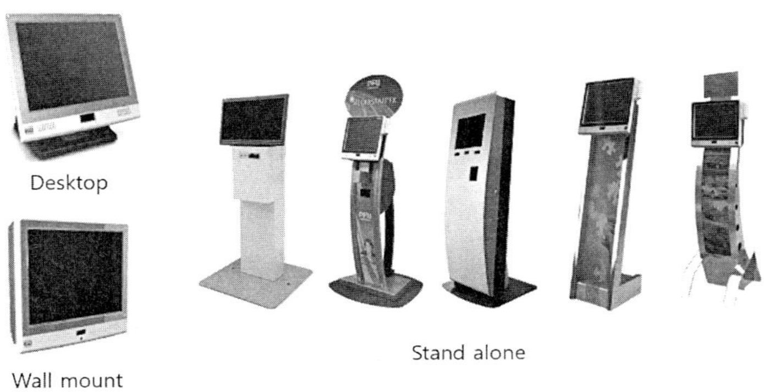

[그림 4.6] 다양한 키오스크[3]/시설물 형태의 상호작용 플랫폼

---

2 Xbox LIVE, http://www.xbox.com/ko-KR/Live/what-is-live?xr=shellnav

3 PFU Systems Kiosk, http://www.pfusystems.com/kiosk-hardware/index.html

- 가상현실(고정형): 크게 주변을 둘러싸는 고해상도의 투영 화면/머리장착형 영상 표시 장치/입체 영상 표시 장치, 3차원 추적 센서, 3차원 음향 장치, 역감/촉각 표시 장치, 기타 특수 센서 및 주변 장치(마이크, 카메라, 깊이 센서, 장갑)
  용도: 3D 공간적인 훈련 및 교육, 원격 경험과 현장감, 몰입형 오락기기

[그림 4.7] 가상현실 상호작용 플랫폼[4]

- 자유 형식(고정형/이동형): 비용이 가장 큰 요인이 아닌 경우, 특수한 목적의 하드웨어 플랫폼은 주어진 작업에 가장 적합하도록 사용자에 의해 정의된 구성으로 만들어질 수 있다. 그림 4.8에서와 같이 다양한 사용자 정의로 설계된 인터페이스가 존재한다.

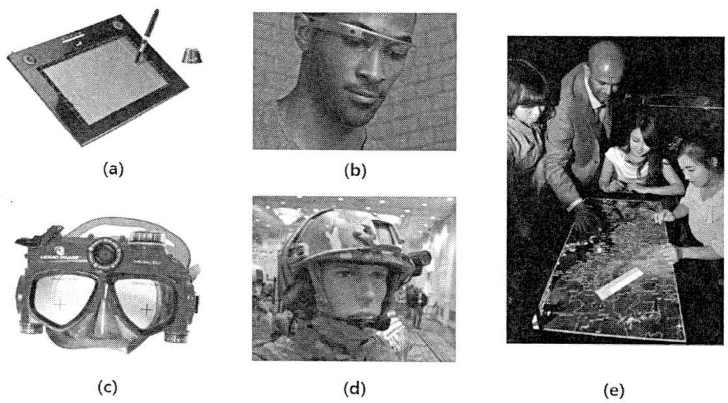

[그림 4.8] 특수 목적 인터페이스의 예: (a) 펜 태블릿[5], (b) 투명하게 보이는 전방 표시 장치[6](헤드업시스루 디스플레이), (c) 카메라를 통합한 수중안경[7], (d) 전술 지휘 및 통제를 위한 특수한 군용 헬멧[8] (e) 멀티유저, 멀티터치를 지원하는 테이블 형식의 디스플레이[9](테이블 탑)

---

[4] Visbox, http://www.visbox.com/imgs/viscube-hd.html

[5] Genius, KYE Systems G-Pen, http://www.geniusnet.com/wSite/ct?xItem=16835&ctNode=174

[6] Google glass, http://www.google.com/glass/start/

[7] Liquid Image Scuba, http://www.liquidimageco.com/collections/scuba

[8] Defensereview, http://www.defensereview.com/

[9] Samsung MultiTouch Display, http://www.samsung.com/sec/news/presskit/hf

4.2.2 소프트웨어 인터페이스

대부분의 소프트웨어 인터페이스 구성요소는 상당히 잘 알려져 있으며, 이 책을 읽는 독자의 대부분은 어느 정도 잘 알고 있을 것이기 때문에 인터페이스 선택에 있어서 고려하여야 할 중요한 사항들만 집중해서 살펴본다.

- 윈도우: 현대의 대부분의 데스크톱 컴퓨터 인터페이스는 시각적인 출력 및 각각의 계산적 프로세스를 추상화하여 "윈도우"의 형태로 설계되고 있다. 하나의 응용프로그램에서 동시에 여러 개의 하위작업이 필요할 수 있으며, 여러 개의 윈도우를 통해서 연결될 수 있다. 여러 개 중 하나의 윈도우(또는 작업)에 마우스 커서를 그 위에 위치시킴으로써 "사용할 준비(Focus)"를 하거나 명시적으로 클릭하여 "활성화(Activated)"할 수도 있다. 비교적 큰 화면은 겹쳐져서 사용될 수 있고, 모바일 기기의 경우 화면 크기가 작아짐에 따라 전체 화면을 "휙휙 다음으로 넘기는, Flip" 형태의 상호작용을 통하여(또는 터치 화면상에서 손가락 튕기기, Flicking) 각각의 레이어를 활성화함으로써, 겹치지 않은 "레이어들"로 사용될 수도 있다(그림 4.9).

  여러 개의 겹쳐진 윈도우는 전통적으로 비교적 큰 데스크톱 플랫폼, 그리고 레이어 형태는 모바일 기기에서 사용되고 있는데, 최근 다중 디바이스들 사이에 단일 인터페이스를 사용하여 사용자 경험을 끌어올리기 위하여 이 두 형태가 통합된 이른바 "메트로-형식"이 제안되었다[5]. 메트로-형식은 데스크톱에서도 개별 응용프로그램을 경계 표시 없는 전체 화면으로 표현하지만, 대신에 다른 응용프로그램과의 데이터를 공유하고 응용프로그램이나 작업 간의 전환을 위한 새롭고 편리한 수단을 제공한다. 하위작업과의 상호작용을 지원하기 위해서 윈도우에 대한 다른 중요한 세부사항들은 윈도우의 크기, 내부배치 및 관리방법(예: 활성화, 비활성화, 정지)이 될 수 있다.

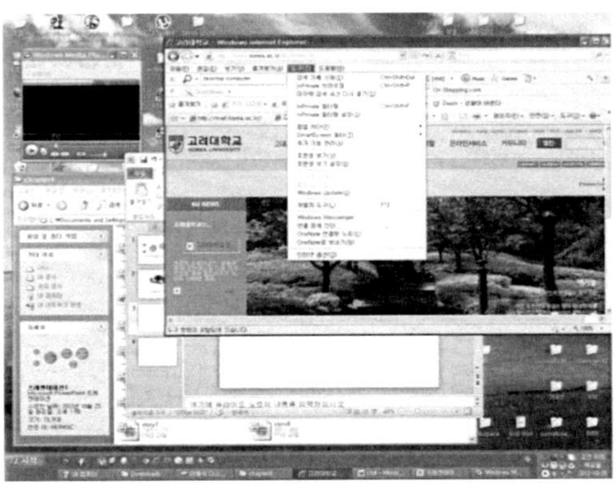

[그림 4.9] 최신의 데스크톱 사용자 인터페이스의 특징: 다중 겹침 창(좌측)과 작은 화면을 위한 겹치지 않은 레이어들

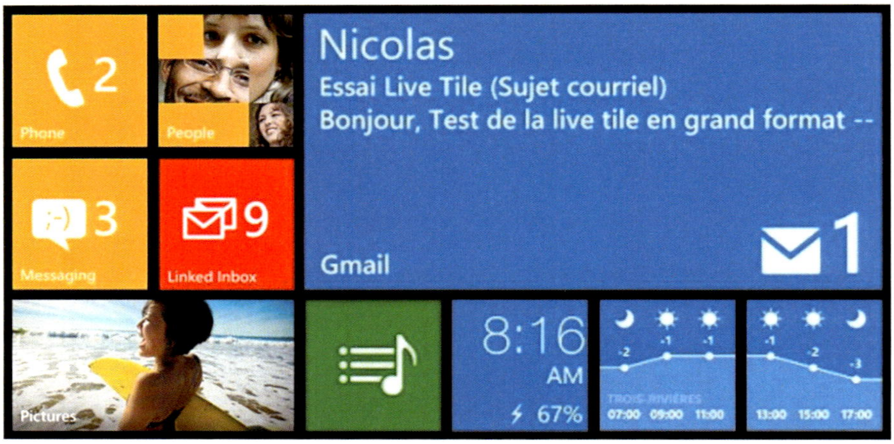

[그림 4.10] 메트로-형식 인터페이스

- 아이콘: 상호작용 가능한 객체는 아이콘처럼(청각 양식의 경우 "이어콘") 작은 그림문자들로 시각적으로 표현될 수 있다. "클릭 가능한" 아이콘은 매우 간단하고 직관적인 인터페이스이다. 이러한 아이콘은 빠른 상호작용을 가능하게 하기 위해 제작된 간결한 표현이기 때문에, 아이콘은 그 사이즈와 간결성에도 가능한 한 유용하거나 독특하도록 만들어져야만 한다(그림 4.11). 최근의 메트로-형식 인터페이스는 아이콘이 표시하는 유용한 정보와 연관되어 형태가 동적으로 변할 수 있는 타일(Tile)이나 배지(Badge)라 불리는 새로운 형태의 아이콘을 도입하였다[2]. 예를 들어, 전자 우편 응용프로그램의 아이콘이 읽지 않은 새로운 우편물의 개수를 동적으로 보여주는 것이다(그림 4.10 참조).

[그림 4.11] (1) 애매한 구글 크롬 아이콘[10](아이콘이 나타내고자 하는 바를 한 눈에 알아보기 힘듦)
(2) 유용한 정보를 가진 앵그리버드 응용프로그램의 아이콘("앵그리버드[11]"를 잘 표현한 시각적 이미지)

- 메뉴: 메뉴는 의식적 기억을 통해서가 아닌 인식을 통해 명령과 작업을 활성화할 수 있도록 해야 한다. 일반적인 메뉴는 1차원 목록이거나 항목들의(문자 또는 아이콘/이어콘)

---

10 Google chrome, https://www.google.com/intl/ko/chrome/

11 Angry Birds, http://www.angrybirds.com/

2차원 배열로 구성된다. 메뉴 항목의 선택은 세 가지 하위 작업을 필요로 한다: (1) 메뉴 활성화 및 항목 펼치기(기본으로 이미 활성화되어 있지 않은 경우), (2) 시각적인 검색, 대상 항목으로 이동 그리고 전체 메뉴 항목이 한 눈에 보이지 않을 경우 화면이동(스크롤 이동), (3) 원하는 항목 선택, 이러한 하위 작업은 마우스 클릭, 화면 터치, 버튼 누르기, 음성 명령 등의 이벤트형 입력방법을 통해서 실현된다.

메뉴 항목은 펴서 사용할 수 있는 풀다운(Pull-Down), 임의의 위치에 튀어나오는 팝업(Pop-Up), 도구 모음, 탭, 스크롤 메뉴, 아이콘의 2차원 배열, 버튼, 체크 상자, 단축키 등의 다양한 형태와 방법으로 표현될 수 있다(그림 4.12, 4.13). 표 4.1은 이러한 서로 다른 유형의 메뉴를 가장 잘 사용하는 방법을 보여준다.

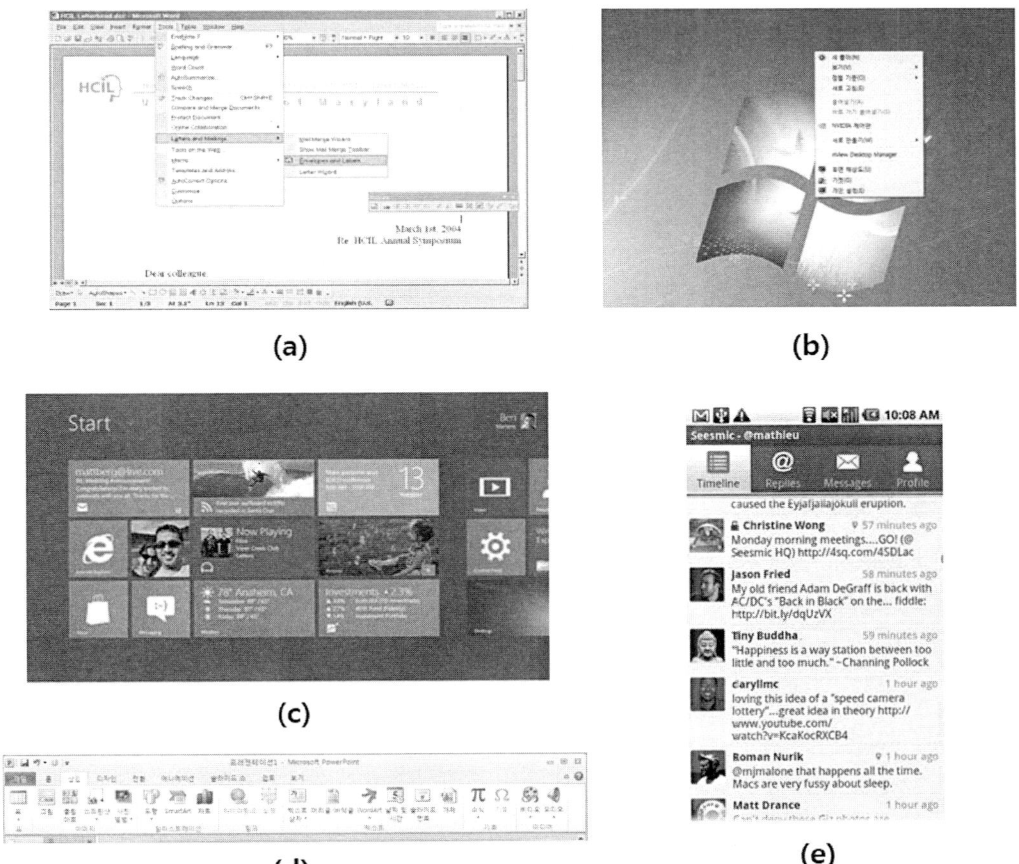

[그림 4.12] 서로 다른 형태의 메뉴 1: (a) 풀다운, (b) 팝업, (c) 2차원 응용프로그램 모음, (d) 1차원 도구 모음, (e) 탭

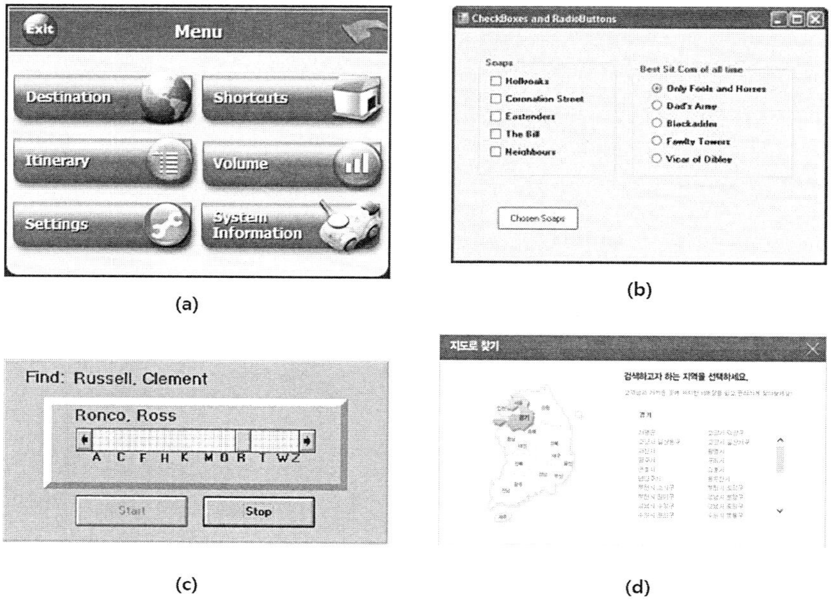

[그림 4.13] 서로 다른 형태의 메뉴 2: (a) 버튼, (b) 체크 상자와 선택 버튼, (c) 슬라이더 메뉴, (d) 이미지맵

[표 4.1] 서로 다른 메뉴 형태의 사용처

메뉴 형태	사용처
풀다운	최상위(메인) 범주 메뉴
팝업	객체별 메뉴, 상황별 메뉴
도구 모음	기능적/운영적 작업
탭	서류철 메타포(범주 메뉴)
스크롤 메뉴	긴 메뉴(많은 메뉴 항목)
2차원 배열/이미지 맵	아이콘(긴 이름 대신) 또는 그림으로 항목 표현
버튼/하이퍼링크	짧은 메뉴(적은 선택)
체크 상자/라디오 선택 버튼	다중 선택/배타적인 선택
단축키	전문가용
청각 메뉴	텔레마케팅, 장애인용

메뉴 항목은 일반적으로 특정 작업을 실행하기 위해 상호작용하는 대상 그 자체(예: 아이콘)이거나, 실행되어야 하는 하위 작업과 관련된 상위 메뉴 항목이다. 그것은 어느 경우에나 작업 및 연관된 객체에 따라서 조직적, 분류적 그리고 구조적(일반적으로 계층적)이어야 한다는 것을 고려해야 한다. 메뉴의 각 수준에서 항목의 수는 이상적으로 이른바 "마법의 수 8"(Magic Number 7±2, [4]) 이하로 관리되어야 한다(인간의 단기 기억의 한계). 그러나 이러한 설계나 모델링을 실현하는 것이 항상 가능한 것은 아니다.

항목이 많은 긴 메뉴가 불가피한 경우, 최소한 항목들은 사용 빈도, 중요도, 알파벳 등의 순서와 같이 체계적인 방법으로 정렬하고 배치되어야 한다.

- 직접적인 상호작용: 마우스/터치 기반의 상호작용은 "직접적이고 시각적인 상호작용"의 개념과 매우 관련이 있다. 마우스가 사용되기 전의 HCI는 대부분 키보드의 형태로 문자 명령을 입력하는 것이었다. 마우스는 운영체제에서 작업을 수행하는 데 사용자 자신이 아닌 컴퓨터로 하여금, 즉 제3자의 "명령"을 하게 하는 대신에 직접적인 대상(아이콘을 통해 시각적이고 은유적으로 표현되는 구체적인 객체)에 은유적인 "터치"를 실현하였다. 이러한 직접적이고 시각적인 상호작용은 간단한 가상 "터치" 뿐 아니라 상호작용 객체에 대한 직접적인 이동 및 조작으로 확장될 수 있다. "드래그와 드롭(Drag and Drop)", "잘라내기 및 붙여넣기(Cut and Paste)", 그리고 "고무줄 기법(Rubber Banding)"은 대표적인 예들이다.
- GUI 구성요소: 소프트웨어 상호작용 객체는 사실상 대부분 시각적인 효과에 기반하고 있다. 우리는 이미 WIMP(Window, Icon, Menu, Pointer)로 알려진 "그래픽 사용자 인터페이스"의 필수 요소인 윈도우, 아이콘, 메뉴, 마우스/포인터 기반의 상호작용에 대해서 논의하였다[6]. WIMP라는 용어는 의도적으로 차세대의 사용자 인터페이스(예: 음성/언어 및 제스처)에 비해서 부정적으로 명명되었으나(실제 WIMP는 바보라는 뜻을 가지고 있다), WIMP 인터페이스들이 컴퓨터 기술이 널리 확산되는 데 크게 기여해 온 것은 사실이다. 다음 장에서는 구현 지식의 부분으로 GUI 구성요소에 대해서 좀 더 체계적으로 살펴보도록 하겠으나, 지금은 위에서 이미 설명한 WIMP 요소들 이외에 사용자로부터 편리한 방식으로 입력을 가능하게 하는 네 가지 추가 GUI 구성요소 및 그들의 적합한 사용에 대한 타당성을 살펴본다.
  - 폼: 메뉴의 구성 및 버튼, 그리고 긴 주제와 관련된 입력을 위한 문자 상자 등의 혼합물
  - 문자 상자: 짧거나 중간 길이의 글자 및 숫자를 사용하는 입력 형태의 인터페이스 요소
  - 대화 상자/콤보 상자: 혼합된 모드 입력을 위한 메뉴, 버튼 및 짧은 문자 상자의 혼합물
  - 툴바: 자주 쓰는 기능들을 모아 가로 혹은 세로 방향의 막대 창에 배치한 도구 모음들
- 3차원 인터페이스(2차원 상호작용 입력 공간을 통한): 표준 GUI 요소는 2차원 공간에서 표현되고 작동된다. 즉, 2차원 평면(화면)상에서 배치되고 마우스나 터치 화면 등에 의해 제어된다. 게임과 같은 응용프로그램은 빈번하게 3차원적으로 물체를 표현하고 있기 때문에, 3차원에서의 2차원적 형태의 인터페이스를(예: 마우스) 사용한 제어가 필요하다. 하지만 이러한 자유도의 불일치는 피로와 불편함을 유발하기도 한다. 이러한 이유로 최근 3차원 공간에서 작동하는 비 WIMP 기반 인터페이스들이 더 많은 인기를 얻고 있다.

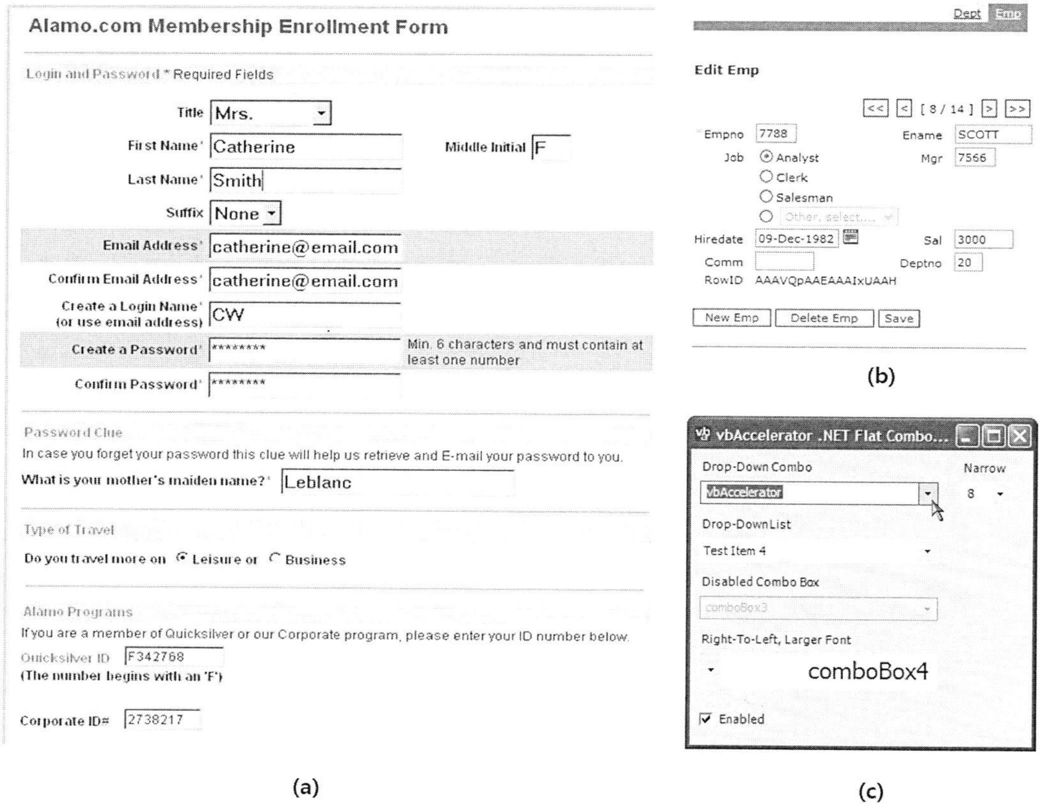

[그림 4.14] GUI 인터페이스 구성요소: (a) 폼, (b) 대화 상자, (c) 콤보 상자

3차원 내비게이션 혹은 탐색의 경우 3차원적으로 움직여야 하므로 위에 언급한 종래 2차원적 WIMP 인터페이스가 자유도의 불일치를 발생시키기도 하지만, 3차원 공간 내에서 간단한 선택이나 명령을 내리기 위해서 2차원으로 운영되는 GUI 요소를 구성하고 사용할 수 있다. 추가된 "깊이" 차원에도(Z 방향) 화면은 오직 한 방향으로만 바라볼 수밖에 없기 때문에 겹쳐짐으로 인한 가려짐이 빈번하게 일어나게 된다. 그리하여 그러한 3차원 공간에 배치된 2차원적 인터페이스는 어떤 특정 장점을 제공하는지 명확하지 않다. 실제로, 3차원 공간에서 GUI 객체를 배치하거나 조작하는 것은 사용자에게 자연스럽지 않은 제어에 대해 추가적인 부담을 줄 수 있다. 그러한 이유에도, 가끔씩 심미적인 이유와 "감탄" 요인으로 3차원 게임에 이용된다(그림 4.15 참조).

- 기타(비 WIMP 인터페이스): WIMP 인터페이스는 실질적으로 우리가 흔히 알고 있는 GUI와 거의 동의어이다. GUI는 80년대 초 처음 사용화된 이후, 보편적으로 컴퓨터를 조작하기 쉽게 만들어서 큰 성공을 이루었다. 하지만, 지속적으로 인터페이스 기술은 발전하고(예: 음성 인식, 언어 이해, 제스처 인식, 3차원 추적), 컴퓨팅 환경도 변화하

(a) (b)

[그림 4.15] (a) 공간 탐색과 같은 3차원 작업[12]과 (b) 3차원 공간에 배치된 2차원 GUI 요소(주로 초현대식에 대한 "감탄" 요인)를 위한 2차원 상호작용 입력 공간[13](예: 마우스)에서의 3차원 인터페이스

고 있다(예: 센서가 어디나 존재하는 유비쿼터스 환경). 이에 따라, 모션 기반 게임, 터치 제스처 등과 같이 새로운 형태의 비 WIMP 형 인터페이스가 점점 우리 일상생활 속으로 자리잡아가고 있으며, 게다가 클라우드 컴퓨팅 환경은 빠른 통신기술을 통해서 비 WIMP 인터페이스와 같이 계산량이 많은 인터페이스 알고리즘 수행을 원격에서 가능하게 하고 있다(예: Google 영상인식). 이 책의 마지막 장에서는 이러한 새로운 비 WIMP 인터페이스에 대한 몇 가지 기본적인 사항 및 문제들에 대해 살펴볼 것이다.

4.3 와이어 프레이밍 (Wire-framing)

상호작용 모델링과 인터페이스 선택사항은 "와이어 프레이밍" 절차를 사용하여 좀 더 구체적으로 만들어질 수 있다. 웹 사이트의 화면 구성을 위한 개략적인 설계 명세서를 만드는 것에서 유래한 와이어 프레이밍은 시나리오 디자인이나 스토리보드와 유사하다. 보통 와이어 프레임은 웹 사이트의 골격 구조나 인터페이스를 나타내는 시각적인 지침으로써 화면 구성 조직도 또는 화면의 청사진처럼 보인다[1]. 와이어 프레임은 화면 구성의 배치나 UI 객체의 정렬 그리고 그것들이 서로 어떻게 반응하는지를 그림으로 묘사한다. 일반적으로 와이어 프레임은 화면이 어떻게 구성되는지가 아니라 무엇을 수행하는지에 초점을 맞추고 있다. 와이어 프레임은 하얀 칠판에 밑그림을 그리거나 스케치할 수 있으며, 무료 또는 상

12 SecondLife, http://secondlife.wikia.com/wiki/User_Interface
13 EpicGamesScaleformGFx, https://udn.epicgames.com/Three/Scaleform.html

용 소프트웨어 응용프로그램을 이용하여 생성할 수 있다. 그림 4.16은 와이어 프레이밍도구를 보여주고 있다. 이러한 도구들에 의하여 생성된 와이어 프레임은 인터페이스의 행동양식에 대해서 시뮬레이션을 할 수 있고, 일반적이지는 않지만 도구에 따라서 인터페이스에 대한 실제 코드도 생성할 수 있다. 사용되는 도구와 관계없이 설계와 구현단계는 구분되는 것이 중요하다. 와이어프레임을 통하여 개발자는 보다 구체적인 방식으로 표시되는 정보의 종류, 사용할 수 있는 기능의 범위, 그들의 우선순위, 대안 그리고 상호작용적 흐름에 대하여 명시할 수 있다.

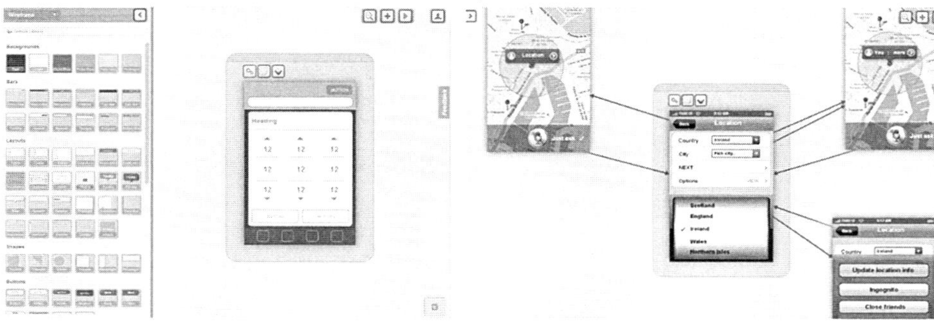

[그림 4.16] 와이어 프레이밍 도구[14]의 예시. 화면 내용의 설계(좌측)와 전반적인 제스처 상호작용에 대한 화면 전환방법(우측)

4.4 단순한 설계 예제: "No Sheets 1.0"

4.4.1 "No Sheets" 요구분석

더 구체적인 설계과정을 보여주기 위하여 "No Sheets"라는 간단한 안드로이드 기반의 대화형 모바일 응용프로그램 인터페이스를 설계해 보도록 하겠다. 이 응용프로그램의 주요 목적은 스마트폰을 이용하여 종이 악보[15]를 대체하는 전자악보를 제공하는 것이다(그림 4.17). 초기 요구사항 목록은 표 4.2와 같다. 이 요구사항들은 소프트웨어 개발 과정에서 필요로 하는 전체 요구사항들의 일부가 될 것이다. 여기서 우리는 설명을 간단하게 하기 위하여 HCI 관련 요구사항에 대해서만 중점을 둔다.

14 FluidUI, https://www.fluidui.com/

15 악보는 음악 표기법으로 표기되는 음악의 서면 기록임

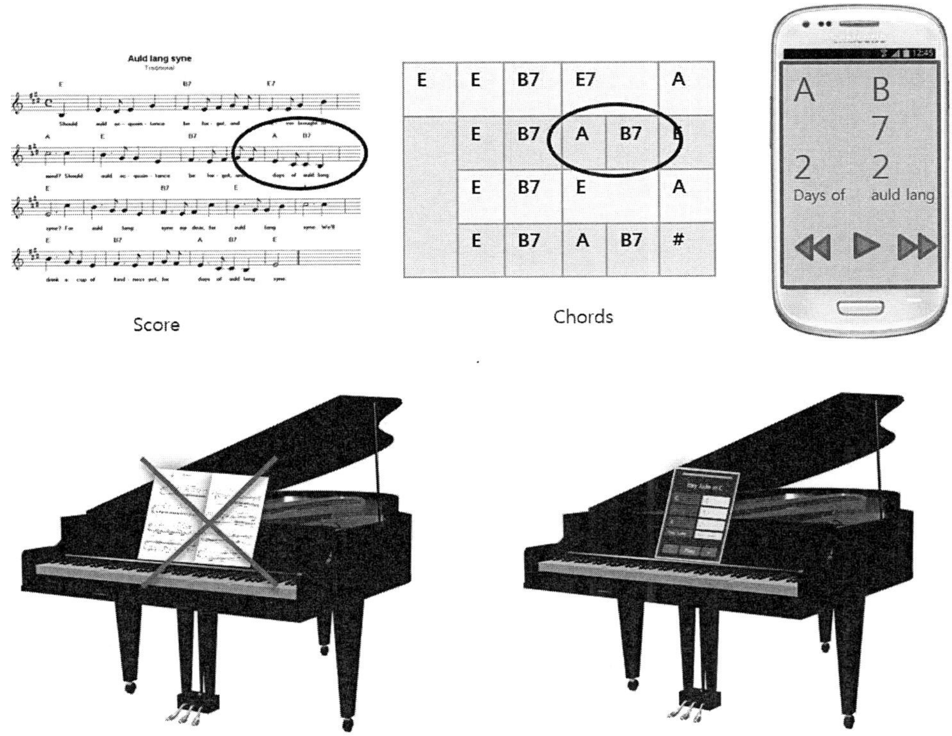

[그림 4.17] "No Sheets": 스마트폰으로 종이 악보를 대체. 더 이상 악보가 날리거나 불편하게 악보를 넘기고, 악보를 찾기 위해 가방을 뒤지는 일이 필요 없음

[표 4.2] "No Sheets"를 위한 초기 요구사항

1. 스마트폰 화면을 통해 "악보"의 주요 정보를 표현한다. 표기는 화음 정보(C# dom7과 같은 음조와 그의 유형), 박자 정보(해당 마디에서 몇 번째 박자에 음조가 나오는지 등)와 같은 기본적인 반주 정보만을 포함한다.
2. 실제 종이 악보를 소유하고 관리할 필요성을 제거한다. 간단한 파일 형식으로 음악 표기 파일을 저장한다.
3. 적시에 효과적인 음악정보를 제공하여 사용자가 효과적으로 음악을 반주할 수 있도록 도움을 준다(예를 들어,미리 설정된 빠르기에 따른 속도에 맞춰서).
4. 사용자가 반주를 효과적으로 연습하기 위해, 노래에 맞춰서 유연한 조작(예: 앞으로 가기, 뒤로 가기, 홈 버튼)을 할 수 있도록 도움을 준다.
5. 적시에 노래의 가사와 비트를 보여주는 방식으로 사용자가 노래를 따라 부를 수 있도록 도움을 준다.

4.4.2 "No Sheets" 사용자 분석

"No Sheets"의 일반 사용자는 스마트폰의 소유자이고 초급/중급 수준의 피아노 연주자이다(어쩌면 피아노가 놓여져 있는 카페에서 자신의 피아노 연주 기술을 자랑하고 싶어 하는 사람일 수도 있다). 최근 사용자들은 스마트폰을 소지하고 있고, 일반적인 스마트폰사용에 대한 적당한 시력을 가지고 있을 것으로 간주한다(1 cm 내외의 글자를 약 50 cm 정도에서 떨어져 보는 시야각). 특정 연령층이나 성별을 위한 특별한 고려 사항은 없다. 하지만 화음/음악 정보를 표시하는 방법(예: 세로 보기 대 가로 보기, 정보 배치 및 조작 버튼의 위치, 색 부호화 방법, 상하 화면 이동 대 좌우 화면 넘기기 등)에 대한 합의가 있을 수 있다.

표 4.3의 인터페이스 요구사항은 최소한의 사용자 분석으로 개발자만의 요구분석의 좋지 않은 예시이다(추후에 보다 포괄적인 사용자 분석을 통한 다른 결과를 보여줄 것이다). 대부분의 요구사항들이나 선택사항들은 명확한 근거 없이 임의로 결정되었다. 다음 장에서는 보다 세심한 사용자 분석을 기반으로 한 수정된 설계방법을 제시할 것이다.

[그림 4.18] "No Sheets"의 일반적인 사용 상황

[표 4.3] "최소한"의 사용자 분석을 통한 사용자 인터페이스 요구사항

표시 방식	세로 보기	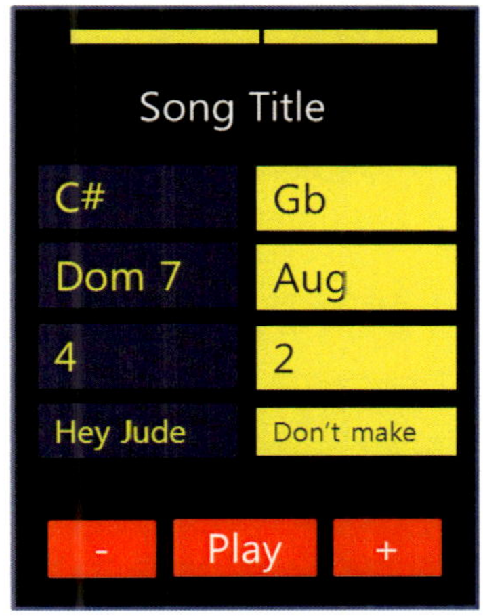
화면 배치	상단: 곡 제목 중단: 화음 - 비트 - 가사 하단: 조작 버튼	
진행	좌 → 우 좌측: 현재 화음/음악 정보 우측: 다음 화음/음악 정보	
색상	현재 화음: 파란색 배경에 노란색 글자 다음 화음: 노란색 배경에 파란색 글자 버튼: 빨간색 배경: 검은색	

4.4.3 "No Sheets" 시나리오 및 작업 모델링

표 4.3의 짧은 요구사항에 따라 그림 4.19와 같은 간단한 계층적 작업 모델을 도출하였다. 각각의 작업은 사용자가 인터페이스 요소들을 통해서 바로 활성화할 수 있다.

- 노래 선택 – 보여 줄 노래를 선택한다.
- 빠르기 선택 – 진행되는 빠르기를 설정한다.
- 적시에 음악 정보 보기 – 현재/다음의 화음/비트/가사를 보여준다.
  - 재생/일시 정지 – 진행을 활성화/비활성화 시킨다.
  - 앞으로 가기 – 수동으로 곡이 진행되는 앞쪽의 특정 위치로 이동한다.
  - 뒤로 가기 – 수동으로 곡이 진행되는 뒤쪽의 특정 위치로 이동한다.
- 설명 보이기 – 사용법에 대한 설명을 보여준다.
- 환경 설정 – 정보 표시 및 기타 환경을 설정한다.
- 응용프로그램 정보 보기 – 버전 정보와 개발자 정보를 보여준다.

그림 4.19에서 사용자가 취할 수 있는 여러 하위 작업들은 결국 어떤 이벤트 혹은 행동 이벤트들에 따른 반응 및 처리 상태들로 생각할 수 있다. 그림 4.20은 No Sheets에 대한 가능한 상태 전이 도표를 나타낸다. 이 같은 관점을 통해 하위 작업 간 선행 관계를 확인할 수 있다. 최상위 메뉴를 통해서 사용자는 환경 설정, 빠르기, 노래 및 소프트웨어 정보의 설정/선택/변경/보기를 취할 수 있다. 또한, 사용자는 음악 파일을 재생할 수 있고 음악 정보에 관한 재생 화면을 볼 수 있지만, 이것은 음악 파일이 선택된 이후에만 가능하다(점선 화살표로 표시). 음악 정보가 표시되는 동안 사용자는 동시에(우측의 투명한 상자 안에

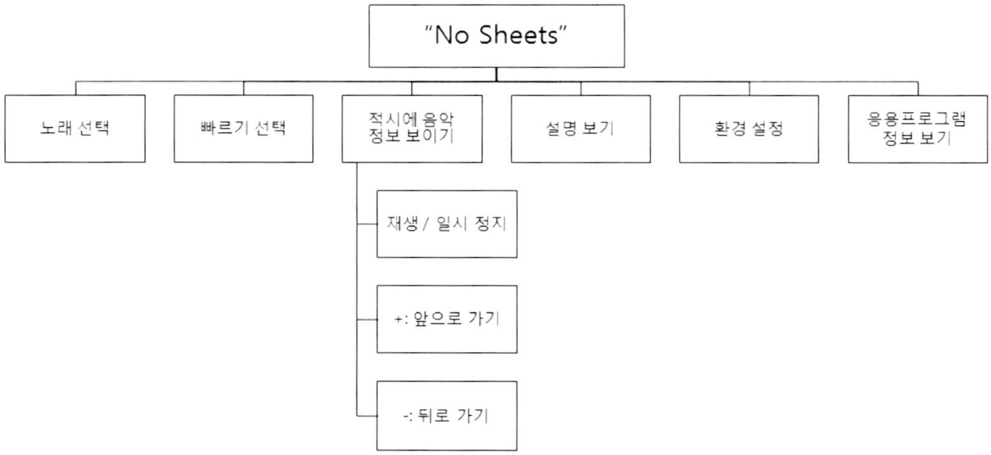

[그림 4.19] "No Sheets"의 간단한 작업 모델. 최상위 수준의 응용프로그램은 6개의 하위 작업("노래 선택", "빠르기 선택" 등)을 가지고 있으며, 3번째 하위 작업인 "음악 정보 보이기"는 또 다른 하위 작업인 "재생/일시 정지", "앞으로 가기" 및 "뒤로 가기"를 하위 작업으로 가지고 있다.

있는 네 가지 상태) 재생/정지, 앞으로 가기 및 뒤로 가기를 할 수 있다. 이러한 모델은 "No Sheets"의 전반적인 소프트웨어 구조를 정의하기 위한 개략적인 출발점을 제공하는 역할을 할 수 있다.

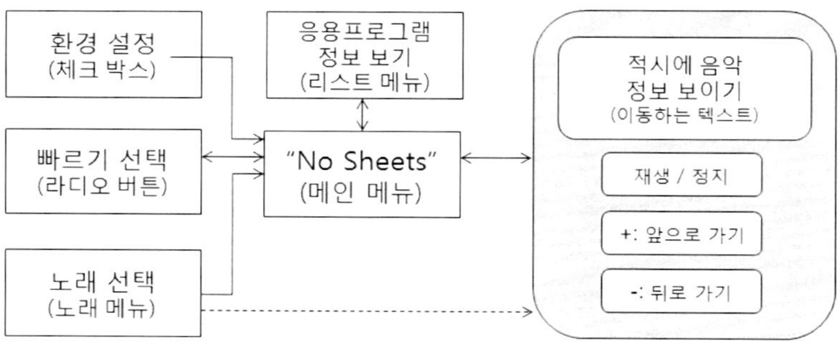

[그림 4.20] "No Sheets"의 가능한 상태 전이 도표

스토리보드는 작업 모델을 기반으로 사용법 및 가능한 인터페이스 선택을 더 구체적으로 구상하기 위해 그려진다. 스토리보드는 연속적으로 구성된 그래픽 삽화이며, 가끔 영화, 만화 영화 및 상호적인 경험의 사전 시각화에 사용된다. 정해진 형식은 없으나, 각 삽화는 상호작용에 있어서 가능한 인터페이스 선택, 운영상 제약, 필요한 특수 고려사항 그리고 사용 상황 등과 같이 대개 중요한 측면을 글로 설명하고 단계적으로 묘사한다. 그림 4.21~4.25는 동기가 되는 상황, 일반적인 사용 각본 및 순서, 그리고 개략적인 모바일 인터페이

스의 개요 그림을 설명하는 "No Sheets"의 초기 스토리보드를 보여준다.

[그림 4.21] "No Sheets"의 동기를 부여하는 맥락

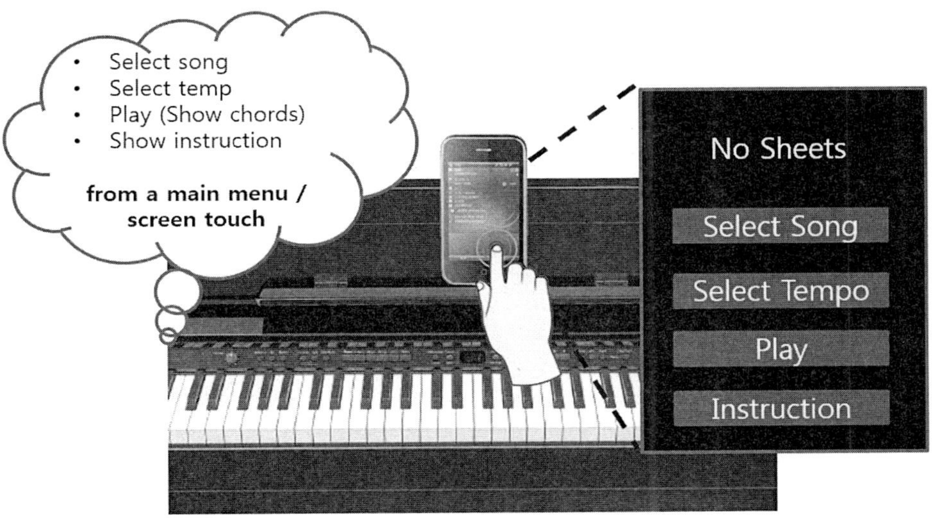

[그림 4.22] 일반적인 사용 장면 1: 상위 수준 메뉴

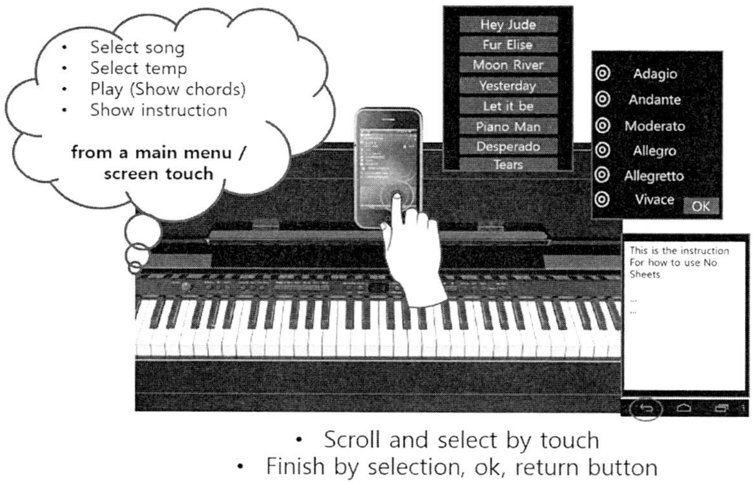

[그림 4.23] 일반적인 사용 장면 2: 세 가지 하위 작업을 위한 인터페이스 모습
(예: 노래 선택, 빠르기 선택, 사용 설명 보기)

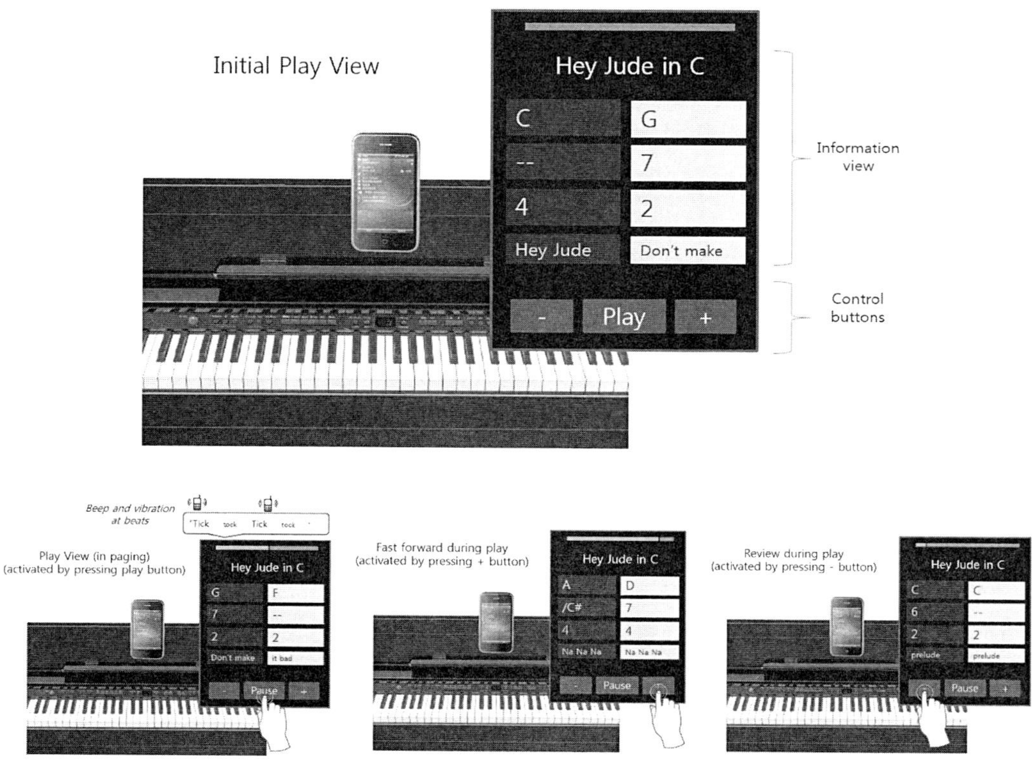

[그림 4.24] 일반적인 사용 장면 3: "재생" 중인 상태의 인터페이스의 모습과 세 가지의 동시에 "활성화 할 수 있는" 하위 작업(재생/일시 정지, 앞으로 가기 및 뒤로 가기)

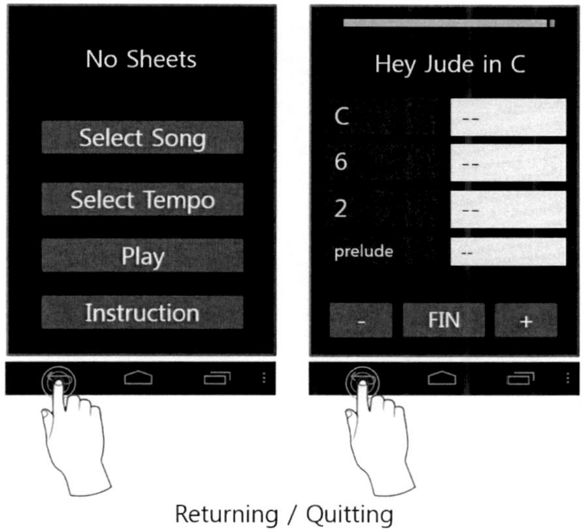

[그림 4.25] 일반적인 사용 장면 4: 표준 안드로이드 메뉴 버튼 인터페이스를 이용한 화면/단계 사이의 이동 및 응용프로그램 끝내기

4.2.4 "No Sheets" 인터페이스 선택 및 통폐합

마지막으로, 각각의 하위 작업에 대해 어떤 인터페이스로 설계해야 할지 결정해야 한다. 표 4.4는 최종 결정과 그 타당한 이유들을 보여준다. 우리의 결정을 정당화하고 우선순위를 매기는 것에 대해 HCI 원칙, 지침 및 이론을 충실히 반영하려고 노력하는 것은 매우 중요하다. 여기서 주목해야 하는 것은 우리가 스마트폰에 이용될 응용프로그램의 요구사항으로 시작했다는 점이다. 다시 말해, 우리의 초기 선택이 여러 면에서 깊은 고민으로 이루어진 것은 아니기 때문에, 요구된 기능들을 만족할지라도, 전문적 지식이 없는 성급한 선택은 사용성 및 사용자 경험 측면에서 큰 위험에 놓이게 되어 그 응용프로그램이 실패하도록 하는 원인이 될 수도 있다. 이것은 추후에 우리가 "No Sheets 2.0" 프로토타입을 평가하고 우리의 요구사항을 수정하고 설계하는 것으로 인해 좀 더 분명하게 드러난다.

[표 4.4] "No Sheets"를 위한 인터페이스 설계 선택의 초기 단계 마무리

하위 작업	인터페이스 설계 선택	타당성
주요기능호출	• 터치 메뉴 • 빨간색 메뉴 항목	• 친숙한 인터페이스 • 주의를 끎
노래 선택/변경	• 스크롤 메뉴 • 선택 후 주 메뉴로 돌아감	• 많은 노래가 존재할 수 있음
빠르기 선택/변경	• 스크롤 선택 버튼 • OK 버튼에 의해 주 메뉴로 돌아감	• 주어진 시간에서 하나의 빠르기만 선택할 수 있음

사용 설명 보이기	• 요약한 교육적인 내용을 담은 한 쪽/화면 그림을 보여줌	• 요약된 내용을 제공함
재생 중/일시 정지(화면)	• 상단에 진행률 표시 줄을 보여줌 • 하단에 조작 인터페이스를 배치함 • 첫 번째 비트와 두 번째 비트를 위한 Beep 음과 진동을 제공함 • 정보의 유형에 따른 색 부호화	• 상태를 보임 • 친숙한 인터페이스 • 중복에 대한 다중양식 피드백
앞으로 가기(+)	• 우측의 앞으로 가기 버튼	• 문화적 고려(왼쪽에서 오른쪽으로 글을 읽음) • 진행 바를 통하여 상태를 보여줌
뒤로 가기(−)	• 좌측의 뒤로 가기 버튼	• 문화적 고려(왼쪽에서 오른쪽으로 글을 읽음) • 진행 바를 통하여 상태를 보여줌
종료하기	• 플랫폼 버튼을 사용함	• 플랫폼(예: 안드로이드) 지침을 사용함

그림 4.26은 상용 와이어 프레이밍 도구를 사용하여 동일한 상호작용 흐름을 보여준다.

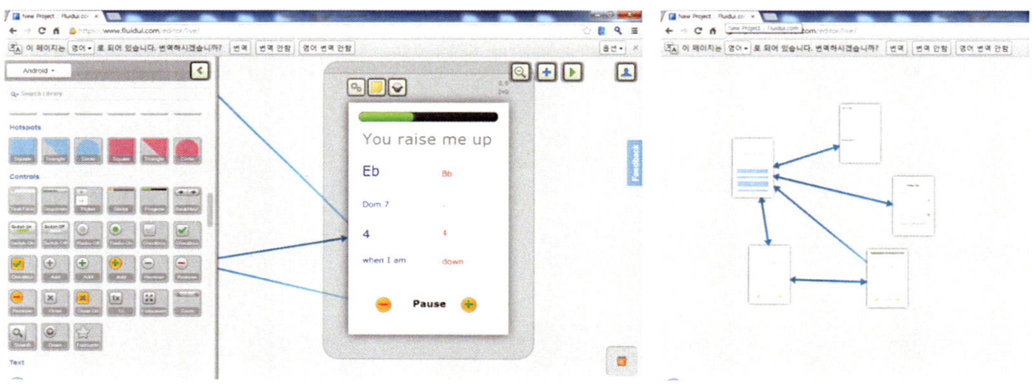

[그림 4.26] 와이어 프레임 (Wire-framing) 도구를 사용하여 나타낸 No Sheets 1.0의 초기 인터페이스/상호작용 모델 설계. 왼쪽: 툴 왼쪽의 메뉴에 있는 인터페이스 객체들을 오른쪽으로 마우스로 드래깅하여 인터페이스 화면들을 구성하여 디자인할 수 있다. 오른쪽: 각 화면이 어떤 인터페이스 조작을 통해 (예: 특정 버튼 입력) 다른 화면으로 이동하거나 상태가 변화하는 등의 상호작용 흐름을 와이어 프레임 툴을 통해 쉽게 명세할 수 있다.

4.5 요약

이번 장에서는 상호작용 모델링 및 인터페이스 선택에 초점을 맞춘 대화형 응용프로그램의 설계 과정을 설명하였다. 이러한 과정은 대화형 응용프로그램의 요구사항의 분석과 사용자조사 및 응용프로그램 작업 모델링을 통하여 지속적인 개선작업으로 시작해야 한다. 그런 다음, 스토리보드를 그려보고, 적합한 HCI 원칙, 지침 및 이론을 반영하여 특정 인터페이스를 위한 다른 선택사항들을 신중하게 고려해야 한다. 이것에 대한 전반적인 과정을 간단한 응용프로그램을 설계하는 예제를 통하여 설명하였다. 예제는 앞서 언급한 과정을 개략적으로 반영했지만 충분한 시간을 가지고 만들어지지 않았고, 단순하게 만들어져 많은 개선의 여지를 남겨 두었다. 이러한 설계 과정은 일반적으로 모든 사용 가능성에 대한 대비가 불가능하기 때문에 어쩔 수 없이 설계 과정을 반복하게 된다. 초기 설계 및 프로토타입화를 시작하면서 상당한 노력이 필요함에도 HCI 설계 순환 과정에서 평가 및 재설계/구현이 반드시 필요한 이유이다. 다음 장에서 우리는 먼저 설계를 바탕으로 한 실제 구현에 관련된 문제들을 살펴본다. 구현된 프로토타입은 실제 상황에서 지속적으로 평가되어야 하며, 구현된 응용프로그램의 반복적인 향상 및 확장 그리고 개선 등이 지속되어야 한다.

References

[1] Brown, Dan M. *Communicating design: Developing Web site documentation for design and planning.* New Riders, 2010.

[2] Freeman, Adam. *Metro Revealed: Building Windows 8 Apps with HTML5 and JavaScript.* Apress, 2012.

[3] Freedman, Barak et al. "Depth mapping using projected patterns." U. S. Patent Application 12/522,171. (2010).

[4] Miller, George A. "The magical number seven, plus or minus two: some limits on our capacity for processing information." *Psychological review* 63. 2 (1956): 81.

[5] Petzold, Charles. *Microsoft XNA Framework Edition: Programming Windows Phone 7.* Microsoft press, 2010.

[6] Van Dam, Andries. "Post-WIMP user interfaces." *Communications of the ACM,* 40. 2 (1997): 63-67.

[7] Microsoft "Kinect" http://www.xbox.com/en-us/kinect/, (2013)

[8] Nintendo "Wii" http://web.archive.org/web/20080212080618/http://wii.nintendo.com/controller.jsp, (2013)

제5장 인터페이스 구현 I: UI Layer

5.1 사용자 인터페이스 계층(UI Layer)의 이해

대화형 응용프로그램(Interactive Applications)들은 시스템 소프트웨어의 사용자 인터페이스 소프트웨어 계층(UI Software Layer)들을 이용하여 구현되고 실행된다. 사용자 인터페이스 소프트웨어 계층은 그림 5.1에서처럼 입출력 기능에 대한 접근과 이것들을 유연하고 동적으로 작동하도록 개발하는 데 있어 최소한의 용이성을 제공하기 위해 관련시스템 함수들을 추상화 혹은 캡슐화한 소프트웨어 계층의 집합을 말하며, 기능의 성격상 핵심 운영 체제 상위에 위치하게 된다. 또한, 현대의 거의 모든 대화형 응용프로그램들은 윈도우들과 그래픽 사용자 인터페이스 객체(GUI)들을 주로 사용하기 때문에 사용자 인터페이스 소프트웨어 계층(UI Layer)은 그림 5.1의 왼쪽 하단에 나와 있는 2D/3D 그래픽 시스템(Graphics API)을 사용하게 되고 이들의 기능을 확장하여 개발된다(예: 단순 그래픽 기능을 이용하여 윈도우, 버튼 클래스 등을 실현). 사용자는 실행 윈도우 환경(Run-time Window Environment)에서 여러 응용프로그램들의 윈도우와 그래픽 UI 객체들을 관리해야 하는데,

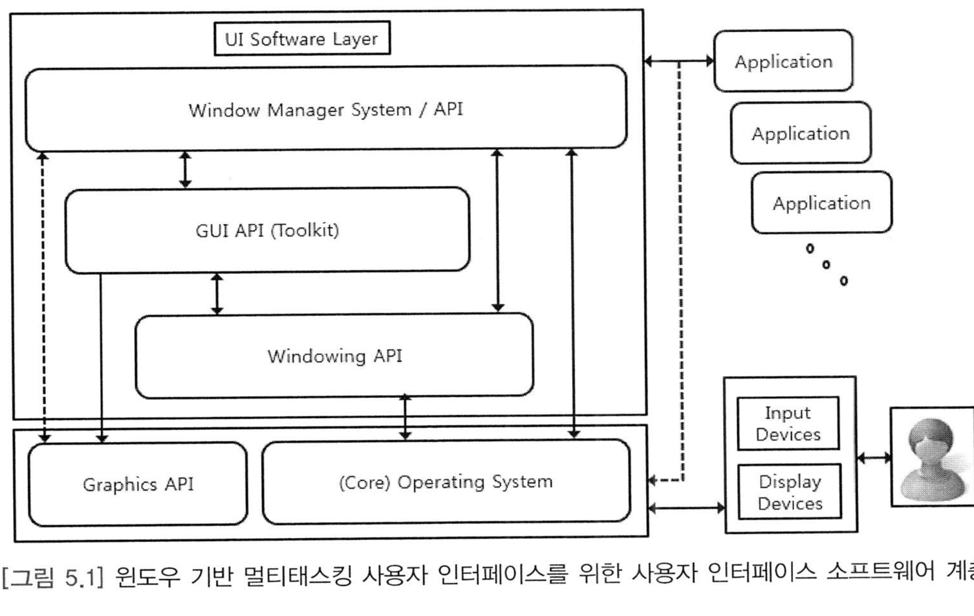

[그림 5.1] 윈도우 기반 멀티태스킹 사용자 인터페이스를 위한 사용자 인터페이스 소프트웨어 계층

이를 위해 독립된 응용프로그램 형식의 "윈도우 매니저"및 "기능 API"가 필요하다(예: 윈도우 크기 조정, 위젯 움직이기, 윈도우 최소화, 위젯/아이콘 기반 시작 메뉴, 아이콘 배치 등). 요약하면, 사용자 인터페이스 소프트웨어 계층은 크게 (1) 사용자 인터페이스 요소들을 만들고 관리하는 "기능 API" 부분과 (2) 사용자에게 만들어진 사용자 인터페이스들을 통하여 응용프로그램들을 조작하도록 하는 "윈도우 매니저" 부분으로 구성되어 있다고 할 수 있다.

그림 5.1은 많은 컴퓨팅 플랫폼에서 시스템 소프트웨어의 일부인 사용자 인터페이스 계층을 나타내는 그림이다. 사용자는 다양한 입출력 장치들을 사용하면서 윈도우와 그래픽 사용자 인터페이스 객체(GUI)에 기반한 응용프로그램들과 상호작용을 한다(예: 마우스 클릭을 통한 미디어 플레이어 구동, 워드프로세서 프로그램에 텍스트 입력 등). 동시에, 사용자는 백그라운드에서 작동 중인 "윈도우 매니저" 프로그램을 통해 복수의 응용프로그램 윈도우 및 태스크들을 관리한다(예: 크기조절, 포커싱, 잘라내기, 붙여넣기 등). 각 대화형 응용프로그램들의 인터페이스들은 윈도우 관리 기능(Resizing, Iconifying, Dragging, Copy and paste 등), 추상화된 입출력 관련 시스템 함수들(Read, Print 등), 그래픽 사용자 인터페이스 객체(GUI) 요소들과 위젯(Widget)들(Window, Menu, Button 등), 그리고 기본적인 윈도윙(Creating/Destroying window, Deactivating window, 등)을 위한 API를 사용하여 개발된다. 이러한 API들은 사용자 인터페이스 소프트웨어 계층의 하위 계층인 2D/3D 그래픽스(Graphics API)와 운영 체제 기능들로부터 확장 및 추상화되어 만들어진다. 또한, 2D/3D 그래픽스(Graphics API)와 운영체제 기능의 상위 계층인 사용자 인터페이스 아키텍처는, "윈도우 매니저"라고 불리며 보통 윈도윙 기능이 내장되어 있다. 그러나 이러한 사용자 인터페이스 아키텍처는 화면 영역이 작아서 "독립적 계층(Layer)" 개념으로 운용되는 모바일 디바이스들과 같이 윈도윙을 할 수 있는 시스템이 아니더라도 동등하게 적용될 수 있다. 이 사용자 인터페이스 아키텍처에서 중요한 것은 사용자 인터페이스 관련 기능들이 계층적으로 추상화되어 있고, 이것이 사용자 인터페이스 개발을 쉽게 해준다는 것이다.

5.2 하위 수준에서의 입력과 출력

가장 하위 수준에서 입력과 출력들은 인터럽트 메커니즘에 의해서 처리된다. 인터럽트는 일반적으로 입출력 이벤트가 외부에서 발생하여 그에 대한 처리가 필요하다는 것을 나타내는 신호로서 외부의 입력과 출력 장치들로부터 시작되어 프로세서로 전달된다. 프로세서는 이러한 인터럽트 신호를 받아서 해석하여 해당 핸들러(Handler) 프로시저의 주소를 알아낸 뒤, 진행 중이던 프로세스를 잠시 중단하고 핸들러(Handler)를 실행하게 된다. 핸들러

(Handler) 작업이 완료된 이후에는, 중단된 프로세스가 다시 시작된다. 인터럽트의 도착은 프로세서의 "기계명령 가져오기(Fetch instruction) – 해석하기(Decode instruction) – 실행하기(Execute instruction)"의 기본 실행 주기에 "체크 인터럽트(Check Interrupt)"를 추가하여 매우 빠른 속도로 순환하여 확인된다. 그래서 사실상 프로세서는 언제나 외부에서 들어오는 이벤트들을 확인하고 처리할 수 있는 준비가 되어 있다. 이러한 인터럽트 메커니즘은 Busy Waiting이라고 알려진 폴링(Polling)과 자주 비교된다. 폴링(Polling)에서는 외부의 입출력 장치가 아닌 프로세서(컴퓨터)가 필요에 의해 주체가 되어 입력과 출력을 시작한다. 입력과 출력 작업을 수행하기 위해, 프로세서는 루프(Loop)에 들어가고, 계속적으로 입출력 장치상태가 준비상태인지 아닌지 검사하여, 점진적으로 입출력 태스크(Task)를 수행한다. 이러한 입출력 형태는 비동기적이고 사용자 중심의 입출력을 지원하는 데 충분하지 못하기 때문에, 프로세스가 바쁜 대기(Busy Waiting)를 하는 동안 다른 비 입출력 프로세스를 차단하여 결국 중앙처리장치(CPU)의 연산 시간을 낭비하게 된다.

한편, 상위 수준에서의 입출력 작업은 하위 수준의 인터럽트 메커니즘의 추상화 상태인 "이벤트(Event)" 혹은 "이벤트 핸들러(Event Handler)"라는 용어로 자주 기술된다. 이 같은 추상화는 입출력 작업의 처리과정에 대한 이해를 쉽게 돕고 대화형 응용프로그램 개발을 좀 더 쉽게 만든다. 즉, 그림 5.2에서처럼 인터럽트(입출력 신호)와 인터럽트 핸들러가 하위 수준(기계명령서 수준)에서 사용되듯이 상위 수준에서는(애플리케이션 수준) "이벤트"(제스처 1, 마우스 버튼 2, 버튼 1번 Press 등)와 이벤트 핸들러로 입출력 기능을 기술하기 위해 사용된다.

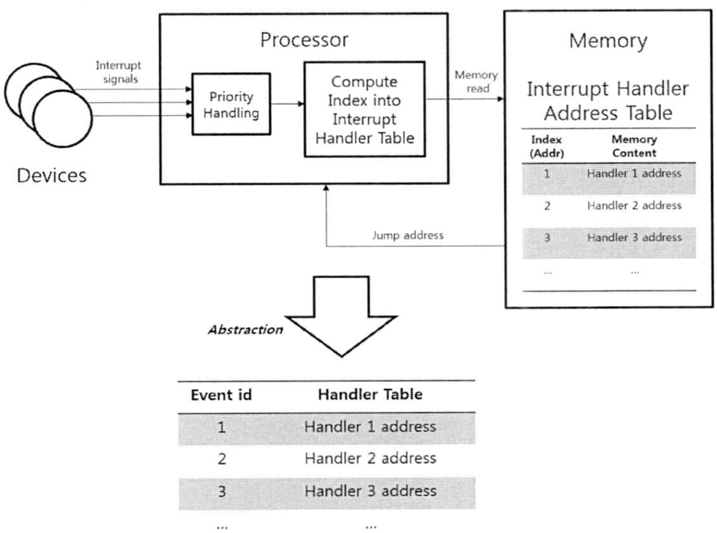

[그림 5.2] 이벤트 기반의 프로세스 아키텍처로서 추상화된 인터럽트 메커니즘

5.3 입력 처리와 출력 생성

5.3.1 이벤트, 사용자 인터페이스 객체들, 그리고 이벤트 핸들러

그림 5.2는 대화형 컴퓨팅 시스템을 실현하기 위한 소프트웨어 아키텍처이다. 그렇다면 정확히 이러한 아키텍처가 어떻게 작동할까? 다시 말해서 사용자에 의한 장치 입력이 어떻게 처리되고, 어떻게 응용프로그램(사용자 인터페이스 소프트웨어 계층의 도움과 더불어)이 출력을 생성할까? 이러한 것들의 전체적인 내부 상호 연동 메커니즘의 중심에 “이벤트”들과 “사용자 인터페이스 객체”들 그리고 “이벤트 핸들러”들이 있다. 거의 모든 프로그램에 쓰이고 있는 시각 기반의 사용자 인터페이스 시스템에서 가장 기본적인 사용자 인터페이스 객체는 윈도우(혹은 윈도우 클래스)이다. 윈도우는 주어진 응용프로그램과 관련된 화면의 사각형 영역으로, 응용프로그램과 상호작용을 위한 공간이나 수단으로서 사용된다. 윈도우 외에 다른 중요한 사용자 인터페이스 객체들로는 버튼, 메뉴, 아이콘, 서식, 다이얼로그 박스, 텍스트 박스 등이 있다. 이러한 사용자 인터페이스 객체들은 종종 “그래픽 사용자 인터페이스(GUI) 객체” 또는 “위젯(Widget)”이라고 불린다.

일반적으로 대부분의 그래픽 사용자 인터페이스(GUI) 기반의 대화형 응용프로그램들은 그림 5.3에서 보이는 것처럼 “최상위 윈도우(Root Window)”를 정의하여 여기에 모든 사용자 인터페이스 객체들이나 논리적인 위젯들이 종속하도록 전체 프레임워크를 구성하고 있다. 그리고 현재 대다수의 운영 체제 시스템들이 병행처리를 지원하기 때문에 “최상위 윈도우(Root Window)”공간에서 독립된 윈도우와 위젯들이 공존할 수 있거나, 독립된 윈도우와 위젯들이 서로 겹쳐질 수 있으며, 사용자가 현재의 “초점(Focus)”을 변경할 수 있다. 일반적으로 여러 개의 윈도우들이 있고 마우스나 키보드들이 있을 때, 사용자들은 특정한 입력을 수행하기 위해 입력 메시지가 보내질 윈도우나 객체에 대하여 “초점(Focus)”을 변경하도록 활성화 윈도우와 현재 윈도우를 지정하는 일련의 행동을 수행한다. 여기서 “초점”을 변경하기 위한 두 개의 주요한 핵심 방법들이 있는데, 그 중 첫 번째는 “Click to type”이라는 방법이고, 두 번째는 “Move to type”이라는 방법이다. “Click to type”은 특정 윈도우나 위젯에 입력을 하기 전, 목표로 한 윈도우나 위젯을 먼저 명확하게 클릭해야만 하는 방법이다. 이 방법은 마우스 위치와 상관없이 마지막으로 클릭된 객체에 초점이 맞추어 지고 그 뒤의 입력은 초점이 맞춰진 윈도우나 위젯 내에서 이루어진다. “Move to type”은 무조건 마우스 커서의 위치에 의해 초점이 맞추어질 윈도우나 위젯이 결정되는 방법이다. 이 때문에 “Move to type” 방법은 상호작용 중에 마우스를 움직이게 될 때 초점이 바뀌어 불편을 야기하기도 한다.

[그림 5.3] "Root" 시스템 윈도우는 시스템이 시작할 때 활성화되며, 윈도우 관리 프로세스에서 최상위 윈도우로 간주된다

최근 거의 모든 사용자 인터페이스 계층은 객체 지향적 방법으로 디자인/구현되고 있다. 그래서 각 객체들은 그림 5.3에서처럼 계층적으로 조직화되어 관리될 수 있다. 일반적으로 대부분의 경우, 컴퓨터 플랫폼들은 백그라운드 화면 영역을 기본적인 "Root" 시스템 윈도우로 설정해 사용한다. 이 "Root" 시스템 윈도우는 시스템이 시작할 때 윈도우 매니저가 자동으로 실행되면서 활성화되며, 이후 자식 응용프로그램 윈도우들과 GUI 요소들(예, 아이콘들, 메뉴들)이 순차적으로 놓여진다. 그래서 자연스럽게 백그라운드 화면 영역은 윈도우 관리 프로세스에서 최상위 윈도우가 된다.

"Root" 시스템 윈도우이든, 응용프로그램의 상위 윈도우이든, 혹은 GUI 위젯이든, 상호작용 채널이나 객체로서 간주될 수 있는 윈도우들은 키보드나 마우스 혹은 기타 입력장치를 통해 사용자로부터 입력을 받을 수 있다. 사용자와 입력장치들로부터의 물리적인 입력들은 입력장치의 드라이버들이나 운영체제에 의해 사용자의 의도나 행동에 관한 정보 데이터인 "이벤트"로 변환된다. 이벤트는 이벤트를 의미하는 숫자 값 외에, 내부적으로 이벤트의 형식과 발생시간, 그리고 화면상에서 이벤트가 발생한 좌표(예: 마우스나 혹은 펜 장치 같은 경우)같은 정보들을 포함하고 있다. 이러한 정보들을 가지고 있는 다양한 이벤트들은 운영체제에 의해 이벤트 큐(Event Queue)로 보내어지고, 이벤트의 종류에 따라 초점이 맞추어진 윈도우로 보내져 메시지 큐에서 삭제된다. 그리고 초점이 맞추어진 윈도우로 보내어진 이벤트들은 해당 윈도우의 특정한 프로세스들에 의해서 처리된다.

사용자가 입력한 값들은 발생 시간에 따라 순차적으로 그 값들을 다루는 이벤트 큐에 들어오게 된다. 일반적으로 단일 입력값들이 많기 때문에 이러한 입력값들과 이벤트들이 일대일로 매핑되어 있다. 예를 들면 운영체제가 Windows일 때, 마우스 왼쪽 버튼은 객체를 클릭한다라는 의미의 이벤트와 매핑되어 있다. 하지만 "더블-클릭"이나 "Alt+Ctrl+Del"처럼 두 개 이상의 입력값들의 조합으로 이루어진 이벤트의 경우 사용자가 입력한 개별적인 입력값들과 이벤트를 일대일로 매핑할 수 없기 때문에 사용자가 입력한 개별적인 입력값들로부터 "더블-클릭"이나 "Alt+Ctrl+Del" 같은 의미있는 이벤트를 추출해 내는 필터링 과정이 필요하다.

그림 5.4는 두 단계의 이벤트 큐 시스템을 보여준다. 이것은 시스템 단계와 각 응용프로그램 단계에서 이벤트를 처리하는 두 단계(Two Tier) 이벤트 큐 시스템이다. 운영체제에서는 외부 입력을 받아서 현재 초점이 맞추어진 애플리케이션의 최상위 윈도우나 위젯으로 그 이벤트를 채널링하게 된다. 그리고 각각의 응용프로그램 혹은 프로세스는 자신이 소유하고 있는 이벤트 큐를 통해 이벤트들을 자신의 하위 사용자 인터페이스 객체들로 보낸다. 그러면 주어진 이벤트들은 언젠가 특정 응용프로그램의 윈도우나 위젯에 의하여 "잡히게 된다(Caught)". 특히, 계층적인 사용자 인터페이스의 경우 상기 한 것처럼 "Root" 윈도우로부터 시작하여 특정 응용프로그램 및 하위 인터페이스로 내려가는 "Top Down"방식을 많이 사용한다(다른 방법도 있음). 그림 5.4와 그림 5.5는 이러한 과정을 기술하고 있다. 이렇게 특정 위젯에 의해 "잡힌(Caught)" 이벤트는 해당 핸들러를 통해 프로그램을 실행한다.

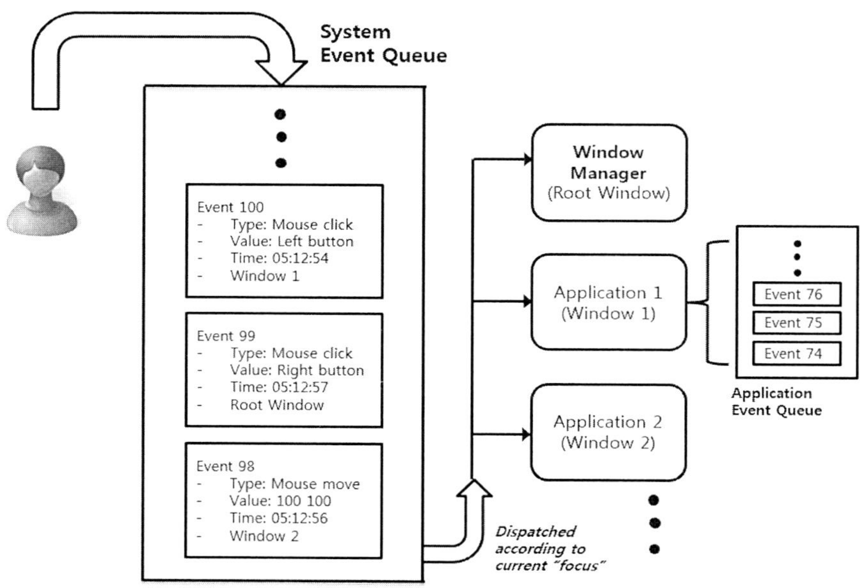

[그림 5.4] 전체적인 시스템 및 개별 응용프로그램에 대한 이벤트 큐 시스템

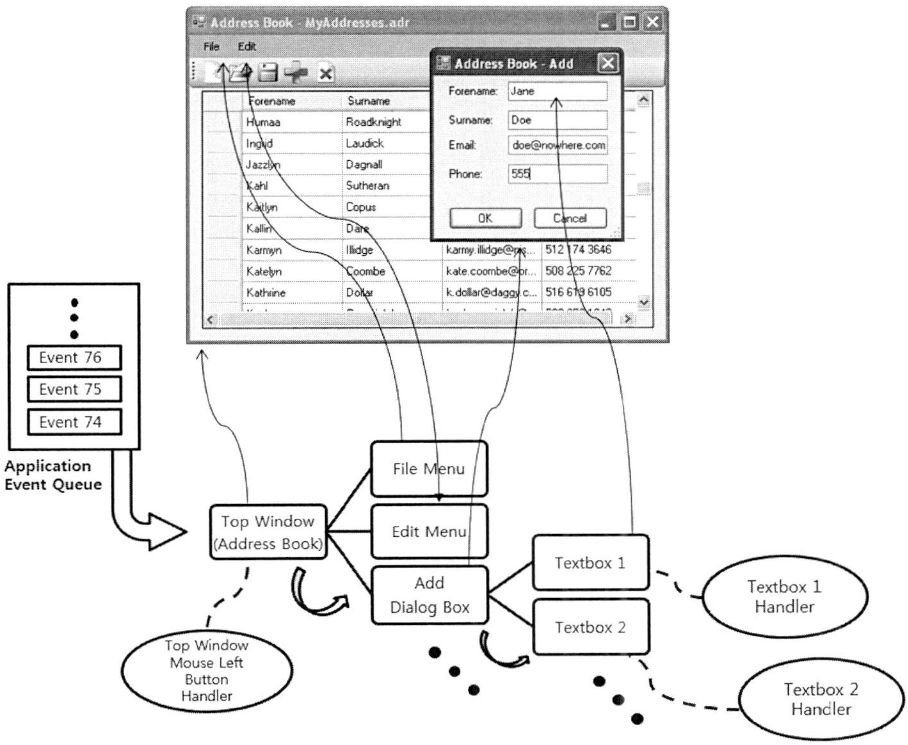

[그림 5.5] 주어진 응용프로그램에 대해 적합한 사용자 인터페이스 객체 핸들러들에 보내진 이벤트 (응용프로그램 이벤트 큐로부터 계층적인 방식으로 사용자 인터페이스 객체들의 집합들과 이벤트에 연관된 핸들러로 구성됨)

일반적인 경우 이벤트들이 상호작용 장치들에 의해서 생성되지만 이러한 이벤트들이 반드시 그것들에 의해 생성되는 것은 아니다. 때로는 특별한 목적을 위해서 응용프로그램 내부적으로 스스로 이벤트를 생성할 수도 있는데, 이러한 이벤트들을 "Pseudo-events"라고 부른다. 예를 들면, 윈도우 크기가 조절될 때, 추가적으로 내부의 콘텐츠가 다시 그려져야만 한다. 또한, 윈도우 크기가 조절된 이후에 새롭게 나타나는 윈도우 요소들 때문에 다시 그려져야 할 때도 있다. 그래서 이러한 작업을 수행하기 위하여 내부적으로 특수한 Pseudo-events 들이 생성되고 큐에 삽입된다. 그런 다음 생성된 이벤트들은 각각의 응용프로그램이나 윈도우로 보내어진다.

윈도우의 크기조절/숨기기/활성화 그리고 윈도우 다시 그리기의 경우에 윈도우 화면에 보여지는 콘텐츠를 갱신하는 것은 윈도우 매니저보다 각각의 응용프로그램에 그 책임이 있다. 왜냐하면 응용프로그램이 자신들의 콘텐츠를 어떻게 갱신해야 하는지 이미 알고 있기 때문이다. 즉, 특수한 "다시 그리기(Redraw)" 이벤트는 그림 5.6에서 보여지는 것처럼 어떤 영역이 갱신되어야 하는지에 관한 정보가 함께 응용프로그램에 보내어진다.

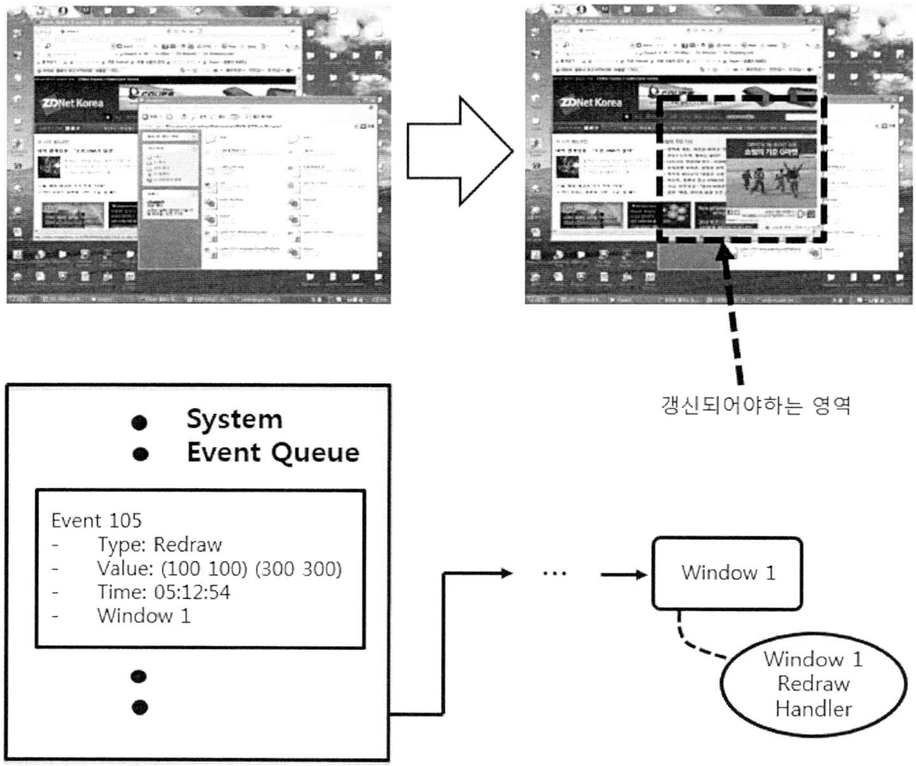

[그림 5.6] 갱신 영역 정보와 함께 특별한 "다시 그리기(Redraw)" 이벤트를 큐에 삽입함으로써 윈도우를 노출하고 다시 그린다. 주어진 응용프로그램에 대해, 이벤트가 적절한 다시 그리기 핸들러로 연결된다.

5.3.2 이벤트 기반의 프로그램 구조

우리는 지금까지 논의한 것에 기반하여 이벤트 기반의 프로그램 구조들이 일반적으로 다음과 같은 구조의 형태를 띤다는 것을 알 수 있다. 프로그램의 최초 초기화 부분은 응용프로그램에서 필요한 사용자 인터페이스 객체들을 생성하고 이벤트 핸들러 함수들을 선언한다. 그런 다음 생성된 사용자 인터페이스 객체들을 처리하고 프로그램은 루프에 진입한 뒤 이벤트 큐에 대하여 폴링(Polling)을 하게 된다(상위 수준에서의 폴링(Polling)은 하위 수준에서와 달리 운영체제의 멀티태스킹 운용기능에 의해 중앙처리장치(CPU)의 연산 시간의 낭비가 덜 하다). 이후 특정 이벤트가 인식이 되고 해당 핸들러를 작동시키는 이벤트 처리 루프가 수행된다.

```
1. Initialize application
  1.1 사용자 인터페이스 객체들을 정의한다.
  1.2 이벤트 핸들러들을 정의한다.
    …
    …

2. Run "system_loop"
  2.1 system_loop ( ) {
    2.1.1 이벤트 큐로부터 다음 이벤트를 얻는다.
    2.1.2 사용자 인터페이스 객체 트리를 순회함으로써 목표 객체를 찾는다.
        while (event != QUIT) {
            2.1.3 목표 객체에 해당하는 이벤트 핸들러를  호출한다.
            2.1.4 화면을 갱신하고 청각과 촉각 장치로 명령을 보낸다.
        }
  } /* system provided event processing loop */
```

```
1. initialize application
  1.1 init_user_interface(...)
  1.2 init_event_handler(...)
    …
    …
2. while (event != QUIT) {
      get next event from application queue
      find the target_object by traversing down the UI object tree
 switch (event) {
   case mouse_right_button:
         target_object.mouse_right_button_handler ( ... )
         update_view(...)
         vibrate_device(...)
   case mouse_left_button:
         target_object.mouse_left_button_handler ( ... )
         update_view(...)
         play_audio_clip(...)
         ...
  } /* event dispatching */
 refresh screen and send commands to aural/haptic device
} /* user implemented event processing loop */
```

[그림 5.7] 이벤트 기반의 프로그램 구조: 프로그램 환경 시스템 및 운영체제(위)에 기반하여 제공된 이벤트 처리 루프 혹은 명시적인 사용자 구현(아래)에 따른 사용자 인터페이스 객체 생성과 이벤트 핸들러 설치

5.3.3 외부출력

순전히 계산적인 상호작용 행동은 이벤트 핸들러 프로시저를 실행함으로써 간단히 수행된다. 하지만 이벤트에 대한 반응은 보통 명확한 시각과 청각 그리고 촉각형태의 결과물로 나타난다. 많은 경우에, 이벤트 핸들러는 반응 행동과 선택된 모달리티에서 이전 상태와 비교하여 필요한 변화나 새로운 출력물에 대해서만 계산한다(예: 시각, 청각, 촉각, 기타 등). 변경된 화면 데이터를 기반으로 디스플레이를 갱신하는 독립된 단계가 그림 5.7의 맨 아래쪽에서 확인할 수 있다. 이벤트 처리 루프의 일부처럼 호출되고 다른 모달리티의 출력 장치들로 명령을 보내기 위해 유사한 프로세스들이 호출된다. 그리고 때때로, 동시에 혹은 거의 같은 시간에 시각과 청각 피드백의 출력이 수행되야 될 경우, 사용되는 모달리티 사이에 동기화 과정이 필요하다. 하지만 많은 대화형 응용프로그램 프레임워크나 툴킷들은 이 같은 상황에 대한 대응 방법을 제공하지는 못하고 있다.

5.4 요약

이 장에서, 우리는 대화형 응용프로그램들이 운영되는 일반적인 소프트웨어 구조(사용자 인터페이스 계층과 사용자 인터페이스 실행 체계)의 내부적인 동작들에 대해 살펴보았다. 대부분의 사용자 인터페이스 체계는 이벤트 기반의 구조에 따라 유사한 방법으로 동작한다. 하드웨어 입력 장치들은 소프트웨어 인터페이스(예: UI 객체)로 보내어질 이벤트를 생성한다. 한 응용프로그램에 대한 UI 객체들은 계층적으로 조직화되어 있고, 이 구조와 초점 관리를 통해 특정 이벤트가 해당 UI 객체로 채널링된다. 그리고 이러한 이벤트들은 이벤트 핸들링 코드에 의해 출력물을 만들어내기 위해 처리된다. 운영체제 시스템의 사용자 인터페이스 계층은 이벤트 기반의 처리 모델을 위한 계산적인 체계를 제공하고, 쉽고 직관적인 대화형 소프트웨어와 인터페이스 개발을 위해 저 수준의 운영체제 기능들에 대한 유용한 추상화를 만든다. 다음 장에서는 좀 더 편리하고 빠른 인터페이스 개발을 만들어 내는 툴킷들과 개발 체계에 대해서 소개한다.

References

[1] Olsen, Dan., *Developing user interfaces – interactive technologies*. Morgan Kaufman, 1998.

제6장 인터페이스 구현 II: UI 툴킷(Toolkit)

우리는 지금까지 대화형 응용프로그램이 어떻게 UI 객체와 이벤트 처리기를 통하여 상호작용 이벤트를 처리하는지 살펴보았고, 또한 대화형 응용프로그램의 실제 구현을 돕기 위한 몇 가지 "디자인" 혹은 "설계" 과정에 대해 살펴보았다. 이 책의 제4장에서 언급했던 바와 같이, 대화형 응용프로그램과 해당 인터페이스는 많은 경우에 "UI 툴킷"을 사용해서 구현된다. 좀 더 구체적으로 표현하자면, 핵심 연산 부분은 전통적인 프로그래밍 언어로 구현되고, 인터페이스는 UI 툴킷으로 개발된다. 보통 UI 툴킷은 제5장에서처럼 대화형 응용프로그램이 실행되는 UI 실행 프레임워크와 밀접한 연관이 있다. 그리고 이후 제7장에서 기술되겠지만 좀 더 큰 그림에서 보았을 때, 대화형 응용프로그램 개발을 위한 전체의 UI 개발 프레임워크도 생각해 볼 수 있다. 예를 들어, 연산을 담당하는 부분과 인터페이스 부분을 모듈식 방법으로 개발한 후, 잘 정의된 프로토콜을 이용하여 유연하게 통합하는 방법을 생각해 볼 수 있다. 이는 대화형 응용프로그램을 개발하는 데 있어서 같은 모델을 사용하는 경우에 서로 다른 인터페이스를 플러그 인(Plug-in) 하는 개념으로 사용할 수 있게 하고 전체적으로 응용프로그램의 관리를 쉽게 하게 한다. 이와 관련하여, 본 장에서는 먼저 인터페이스 자체의 구현에 필요한 UI 툴킷에 대해 살펴보겠다.

6.1 사용자 인터페이스 개발 툴킷

사용자 인터페이스(UI) 툴킷은 미리 만들어진 UI 객체들의 라이브러리로 자신에 대한 이벤트 핸들러를 가지고 있으며, UI 인터페이스 소프트웨어 계층이나 UI 실행 프레임워크를 사용해 미리 정의한 다양한 이벤트들을 가지고 있다. 이러한 UI 툴킷은 이벤트들을 다루는 시스템의 각 부분들을 추상화한 객체들로, 응용프로그램을 구현하는 것을 좀 더 쉽고 편리하게 한다. 이런 UI 툴킷에서 사용되는 UI 객체들은 화면 상에서 조작 가능한 그림 형태를 띠는데, 이 때문에 흔히 위젯(Widget)이라고 불리며(예: 윈도우 가젯). 이러한 위젯의 세트는 일반적으로 보통 메뉴, 버튼, 텍스트 박스, 이미지, 기타의 객체들로 구성된다. 우리는 이미 개별적인 UI 객체나 여러 UI 개의 객체들로 구성된 위젯이나 UI 객체들을 제4장에서 살펴보았다. 이러한 UI 툴킷을 사용하여 인터페이스를 만드는 것은, 구현하는 응용프로그램에 대해 일관적인 외관이나 느낌, 그리고 메커니즘을 갖도록 할 수 있다. 본 장에서 우리는 3가지의 예제들을 통해서 UI 툴킷을 좀 더 자세하게 살펴본다. 특히, 어떻게 이벤트가 정의되고, 객체들이 생성되며, 이벤트 핸들러가 명세되는지 그리고 이러한 형식으로 개발된 인터페이스가 어떻게 프로그램의 핵심 기능 부분과 연계되는지를 살펴본다.

6.1.1 자바 AWT UI 툴킷[4]

객체 지향 언어인 자바는 2D UI와 그래픽 객체를 생성할 수 있는 객체 클래스의 라이브러리를 제공하며 이를 Abstract Window Toolkit(AWT)이라 부른다. AWT UI 클래스 구조에서 "컴포넌트(Component)"는 다른 UI 객체를 끌어낼 수 있는 가장 추상적인 UI 클래스이다. 예를 들어, 윈도우, 버튼, 캔버스, 라벨 등은 컴포넌트 클래스의 자손(하위클래스)이다. 각각의 클래스는 기본적인 메소드를 가지고 있다. 예를 들어, 윈도우에는 크기를 변경하기, 하위 요소를 추가하기, 레이아웃을 설정하기, 새로운 위치로 이동하기, 보이기 혹은 감추기 등등의 메소드가 있다. 그림 6.1은 전체 UI 객체의 계층 구조와, 메뉴바(MenuBar)가 있는 윈도우 프레임을 만드는 코드, 그리고 이러한 메소드를 호출해서 약간의 속성을 설정하는 예제를 보여준다.

자바 AWT는 프로그래밍을 위한 객체 클래스의 라이브러리의 역할뿐만 아니라, AWT의 한 클래스인 AWTEvents라고 불리는 상호작용 이벤트 세트를 전반적으로 다루는 UI 실행 프레임워크의 일부이기도 하다. 일반적으로, 상호작용 이벤트는 "EventObject"라는 형태로 캡처(Capture)되고, 추상화되고, 저장되어 자바 프로그램으로 보내진다. AWTEvents는 EventObject의 하위항목으로 마우스 클릭과 키보드 입력 등 대부분의 유용한 상호작용 이벤트를 자세하게 명세하고 담당한다. AWT 프레임워크는 AWTEvent를 해당하는 AWT UI 객체에 매핑하는 형식으로 구성되어 있다. 이러한 AWT 프레임워크는 전형적인 이벤트-UI 객체의 묶음으로 생각할 수 있으며 AWT UI 객체가 이벤트를 처리하는 방법이 두 가지가 있다.

첫 번째 방법은 이벤트에 해당하는 대화형 애플릿 객체의 사전 정의된 콜백메소드를 재정의하는 것이다. 표 6.1에 AWTEvent의 "Type"과 이에 상응하는 사용자 정의 이벤트 처리를 위해 재정의 할 수 있는 "콜백메소드"를 정리해 두었다. 그림 6.2는 다양한 마우스 이벤트에 반응하고, 주어진 인터랙티브 애플릿을 다시 그리는 예제 코드이다. 각 이벤트 처리기는(즉, mouseEnter 및 mouseMove) 그 이벤트가 다른 이벤트 처리기에 사용될 수 있도록 이벤트가 true, 혹은 false의 이진 값을 리턴해야 함을 명심하라. 그러나, 만일 이벤트가 어떠한 이유로 처리될 수 없다면 이벤트 처리기는 False를 리턴하고 다른 구성요소(이벤트 처리기)가 해당 이벤트를 처리해야 한다.

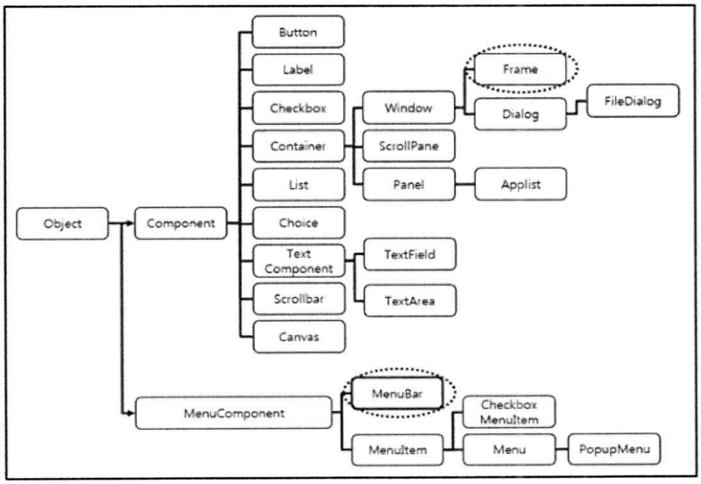


```
/* 프레임을 생성한다. */
my_frame = new Frame("my frame");

/* 메뉴바를 생성한다. */
MenuBar myMenuBar = new MenuBar();

/* 프레임에 메뉴바를 설정한다.*/
my_frame.setMenuBar(mb);

my_frame.show();        /* 프레임을 보여준다.*/
my_frame.resize( ... ); /* 프레임의 크기를
                           재설정한다.*/
...
```

[그림 6.1] 클래스 명세(위) 메소드를 호출하여 윈도우(AWT UI 객체)를 만들고 그 속성을 설정하는 예제(아래)

[표 6.1] AWTEvent의 형태와 그에 해당하는 콜백메소드들

AWTEvent type	Callback Function
mouseDown	mouseDown(Event evt, int x, int y)
mouseUp	mouseUp(Event evt, int x, int y)
mouseEnter	mouseEnter(Event evt, int x, int y)
mouseExit	mouseExit(Event evt, int x, int y)
mouseDrag	mouseDrag(Event evt, int x, int y)
gotFocus	gotFocus(Event evt, Object x)
lostFocus	lostFocus(Event evt, Object x)
keyDown	keyDown(Event evt,int key)

```
import java.awt.*;
import java.applet.*;

public class My_Applet extends Applet
{
        ...

        // 이벤트 핸들링에 대해 재정의된 메소드
        public boolean mouseEnter( Event evt, int x, int y)
        {
                // 마우스의 클릭 위치에 따라 객체를 그린다.
                draw_object (x, y);

                // 이벤트에 대한 핸들링을 마무리했다는 의미.
                return true;
        }

        public boolean mouseMove( Event evt, int x, int y)
        {
                repaint()                    // 전체 화면을 다시 그린다.
                draw_cursor (x, y);          // 위치에 따라 커서를 그린다.

                // 이벤트에 대한 핸들링을 마무리했다는 의미.
                return true;

        }
        ...
}
```

[그림 6.2] 마우스 이벤트에 대한 콜백이 포함된 대화형 애플릿이다. 마우스를 클릭하면, 애플릿은 클릭한 위치에 객체를 그린다. 마우스가 움직이면, 전체 애플릿은 최근의 움직인 위치에 새 커서를 다시 그린다.

다양한 이벤트에 반응 동작을 구현하기 위한 두 번째 방법으로는 각각의 AWT UI 객체는 "이벤트 리스너"에 등록되고 이벤트 리스너(사실상 이벤트 처리기에 해당)[1]들은 백그라운드에서 해당 이벤트가 발생할 때까지 대기하고 이벤트가 발생하면 해당 이벤트에 응답하는 것이다. 이벤트 리스너는 우리가 이번 절에서 논의한 바 있는 이벤트를 처리하는 루프(Event Processing Loop)를 추상화한 것으로 다양한 입력 이벤트에 해당하는 UI 컴포넌트에 할당된다. 따라서 이벤트 리스너는 주어진 UI 객체에 따라올 수 있는 다양한 이벤트에 "등록"되어야 한다. 하나의 UI 객체는 몇 개의 기본적인 컴포넌트들로 구성될 수 있고, 잠재적으로는 많은 다양한 형태의 입력 이벤트를 받을 수 있으며, 이에 따른 각 이벤트 리스너들은 해당 컴포넌트에 대하여 코딩되고 등록되어야 한다. 이러한 UI 객체는 그림 6.3의 이벤트 리스너 인터페이스 계층의 그림과 같이 여러 이벤트 리스너들을 모아서 만든 자바의 "Implementation Interface" 구조를 이용하여 만들 수 있다.

1 정확하게 이야기하면, "리스너"는 간단한 콜백메소드와는 다르다. 이벤트 리스너는 연관된 이벤트를 기다리거나, 해당 이벤트가 발생하면 그에 반응하는 것에 반하여, 콜백메소드는 단지 이벤트에 반응하는 것이다.

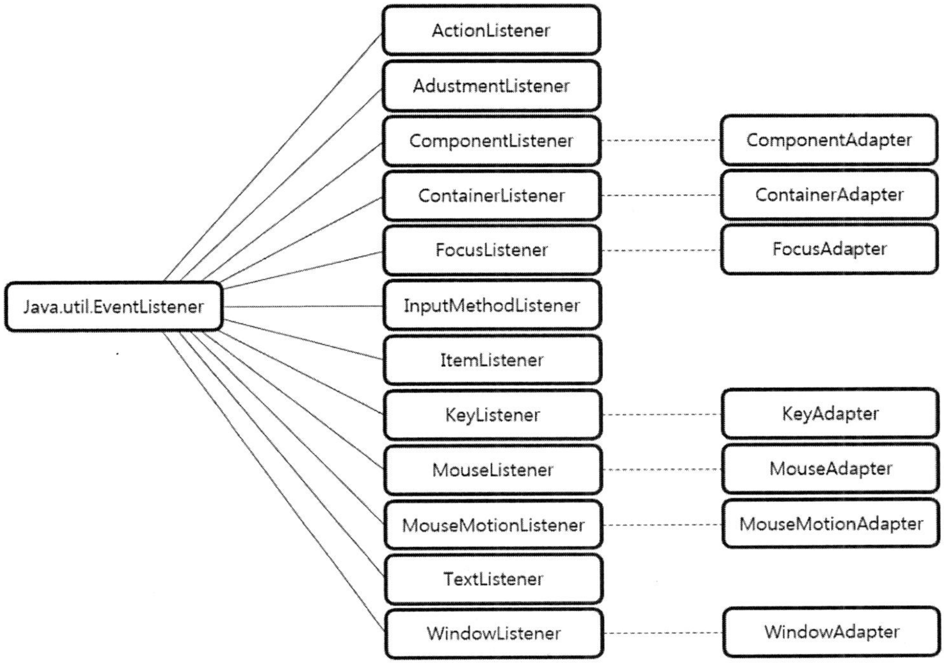

[그림 6.3] 자바 AWT에서 이벤트 리스너 인터페이스의 계층

우선, 그림 6.4를 통해 이벤트 컴포넌트의 체계를 다시 확인해 보자. 이어서 표 6.2에서는 다양한 이벤트들에 대해 좀 더 상세한 내용을 확인할 수 있다.

그림 6.4의 이벤트 체계는 앞서 소개된 UI 객체가 이벤트를 처리하는 첫 번째 방법에서 표 6.1의 단순한 이벤트 체계와는 별개의 것으로 훨씬 더 상세하고 다양한 이벤트가 정의되어 있다. 따라서 필요에 따라 적절한 방법을 사용하여 필요한 기능을 구성하면 된다. 그림 6.4에서 모든 이벤트는 추상화된 "EventObject"에서 파생되었으며, 이벤트에 연관된 객체

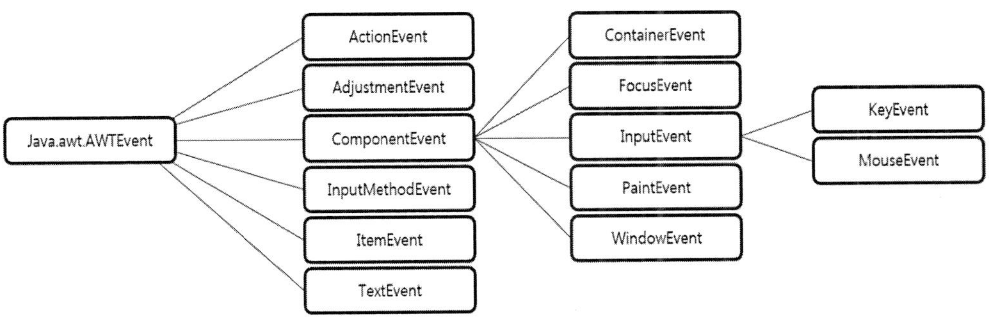

[그림 6.4] 자바 AWT에서 이벤트 구성요소의 계층

[표 6.2] Java AWT 이벤트의 설명과 그 예제

Event Class	Description / Examples
ActionEvent	Button press, double click on an item, selection of a menu item
AdjustmentEvent	Scroll bar movement
ComponentEvent	Hiding/revealing a component, component movement and resizing
FocusEvent	Component gaining or losing a focus
KeyEvent	Keyboard input
ItemEvent	Check box selection/deselection, menu item selection,
MouseEvent	Mouse button, mouse moving, mouse dragging, mouse focus
TextEvent	Text entry
WindowEvent	Window opening and closing, window de/activation, de/iconification

[표 6.3] 이벤트와 대응하는 리스너 인터페이스, 그리고 파생된 메소드

Event Class	Corresponding Listener Description	Samples of Derived Methods
ActionEvent	ActionListener	actionPerformed
AdjustmentEvent	AdjustmentListener	adjustmentValueChanged
ComponentEvent	ComponentListener	componentHidden componentMoved componentResized
FocusEvent	FocusListener	focusGained focusLost
KeyEvent	KeyListener	keyPressed keyReleased keyTyped
ItemEvent	ItemListener	itemStateChanged
MouseEvent	MouseListener	mouseClicked mouseEntered mouseExited mousePressed mouseReleased
MouseMotionEvent	MouseMotionListener	mouseDragged mouseMoved
WindowEvent	WindowListener	windowOpened windowClosed windowActivated windowDeactivated windowDeiconified windowIconified

를 검색하고 이벤트 타입과 아이디에 접근할 수 있는 기본적인 메소드를 제공한다. 자손 이벤트 클래스는 추가로 구체적인 속성과 값에 접근할 수 있는 관련된 메소드를 처리한다. 예를 들어, “KeyEvent”는 키보드 입력값을 반환하는 “getKeyChar()” 메소드를 가지고 있다. “MouseEvent”는 마우스 이벤트가 발생한 스크린 상의 위치를 데이터를 반환하는 “getPoint()” 메소드와 클릭 횟수를 반환하는 “getClickCount()”를 가지고 있다. 만일 독자들 중에 보다 자세한 정보를 얻고 싶은 사람이 있다면, 자바 AWT의 레퍼런스 매뉴얼을 읽어보는 것을 추천한다.

이벤트 구성요소의 체계와 같이, 이벤트 리스너 인터페이스의 구조 역시 표 6.3과 대응되도록 구성된다. UI 객체는 몇몇의 기본적인 UI 요소들로 합성되어 구성될 수도 있다. 그리고 UI 객체는 “Interface Implementation” 구조를 이용, 대응하는 리스너와 결합하여 다양한 이벤트에 반응하도록 설계된다. UI 객체는 다양한 필수적인 리스너를 “구현”하도록 선언되고, 객체 초기화 단계에서 구체적인 요소가 만들어지면서 리스너들이 생성 UI 요소에 등록된다. 따라서 클래스의 정의 부분에는 등록된 리스너의 구현된 메소드 이름이 포함된다. 표 6.3에 다양한 리스너의 주요한 메소드들을 설명하였다.

```
public class  My_UI_object extends Applet
implements ActionListner, MouseListener {

        public void init () {
         /* 객체는 두개의 컴포넌트를 가지고 있다.*/
         Button b1 = new Button("One");
         Button b2 = new Button("Two");

         /* 객체에 이벤트 리스너를 등록한다.*/
         b1.addActionListener (this);
         b2.addActionListener (this);

         b1.addMouseEventListener(this)
         b2.addMouseEventListener(this)

         add(b1);
         add(b2);
        }

        /* 리스너에 대한 이벤트 코드*/
        public void actionPerformed (ActionEvent ae) {

              ...
        }

        public void mouseClicked (MouseEvent me) {

              ...
        }
}
```

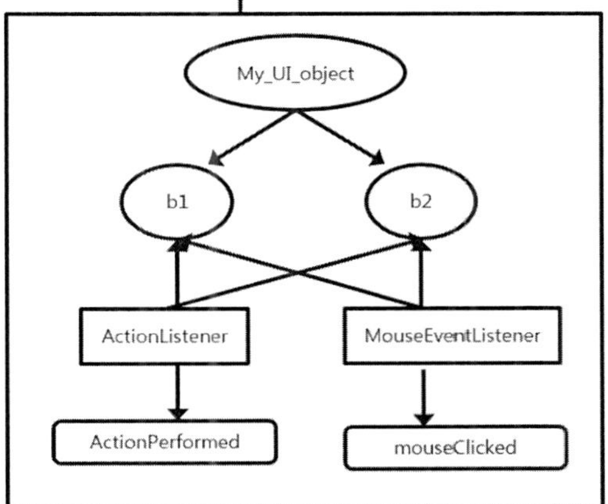

[그림 6.5] 이벤트 리스너를 포함한 UI 객체 명세

그림 6.5에는 몇몇의 연관된 메소드와 함께 이벤트 리스너로 구현된 UI 객체의 예를 들었다. “my_UI_object”는 “Applet”을 확장하고, 동시에 “ActionEvent”와 “MouseEvent”라는 두 리스너의 구현으로 (2가지 형태의 이벤트에 반응하도록) 선언하였다. 또한, 두 버튼 요소가 “init()”에서 생성되었다. 두 리스너는 같은 “init()”메소드에서 각 버튼(b1과 b2)에 등록되었다.

6.1.2 안드로이드 UI 프레임워크와 툴킷[2]

안드로이드에서 사용자 개발 환경과 실행 모델은(운영체제 시스템은 낮은 수준에서, 리눅스로 되어 있다고 하더라도) 자바를 기반으로 한다. 보통, 안드로이드 이벤트 처리 모델과 프로그래밍 툴킷 구조는 대부분 자바(혹은 보다 정확하게 자바 AWT)와 동일하지만, 안드로이드 UI 툴킷은 프로그램적인 방법으로 구현하는 전통적 방법 이외에 추가적으로 UI를 선언적(Declarative)으로 명세하고 그 행위를 정의하는 방법도 포함한다.

안드로이드에서도 이벤트는 다양한 형태를 갖지만, 보통 터치, 버튼 입력과 같은(모바일 기기의 성격상) 단순하고 평범한 외부 행동에 반응해서 생성된다. 또한, 다수의 혹은 혼합된 고수준의 이벤트는 내부적으로 터치 제스처나(예를 들어, 플릭이나 스와이프 같은) 가상 키보드의 입력으로써 인식 및 생성될 수도 있다. 안드로이드 UI 프레임워크는 발생한 이벤트를 순차적으로 관리하는 이벤트 큐를 유지한다. 이벤트가 제거될 때에는 이벤트 큐에서 first-in, first-out 방식을 기반으로 한다. 스크린을 터치하는 입력 이벤트의 경우에는 이벤트는 현재 스크린 상의 터치한 위치, 혹은 현재의 초점이 맞추어진 곳과 함께 “뷰”(“View” 객체로부터 파생된 안드로이드의 UI 객체 클래스)로 전달된다. 이벤트 알림뿐만 아니라, 뷰는 사용자의 손가락과 스크린의 접점의 좌표와 같은 이벤트의 특성에 대한 다양한 정보도 같이 전달한다.

자바 AWT의 경우와 유사하게, 이런 이벤트의 반응 행동을 정의하는 2가지 방법이 있다. 첫 번째는 표 6.3에 나와 있는 자바 AWT의 경우와 유사하게 다양한 대표적인 입력 이벤트를 위한 “뷰” 인터랙티브 클래스 객체의 기본 콜백메소드를 재정의(Override)하는 것이다. 그림 6.6에 해당 예제가 설명되어 있고(onTouchEvent 및 onKeyDown 등의 두 콜백메소드), 이는 언급한 바와 같이 Java AWT 방식과 유사함을 알 수 있다.

두 번째 방법은 이벤트 리스너를 “View” 객체와 연동시키는 것이다. 안드로이드에서 모든 사용자 인터페이스의 구성요소(혹은 UI 객체)는 뷰(View) 클래스에서 파생된다. 뷰 클래스는 다양한 이벤트 리스너 인터페이스를 갖고 있고, 각 컴포넌트들은 콜백메소드에 대한 추상 선언(Abstract Declaration)을 포함한다. 특정 형태의 이벤트에 반응하기 위해서는 뷰는 적절한 이벤트 리스너를 등록하고 대응하는 콜백메소드를 구현해야 한다. 예를 들

```
public class My_Activity extends Activity {
  ...

  protected class My_Viiew extends View {
    ...

   public boolean onTouchEvent (MotionEvent event) {
     super.onTouchEvent (event);
     if (event.getAction() == MotionEvent.ACTION_DOWN) {
       ...
     }
   } /* overriden onTouchEvent */

   public onKeyDown(int keyCode, KeyEvent event) {
     super.onKeyDown (keyCode, event);
     if (keyCode == ...) {
       ...
     }
   } /* overriden onKeyDown */

  ...

  } /* extended My_View */

}
```

[그림 6.6] UI 객체 "My_View"에서 터치 이벤트와 (가상) 키보드 입력에 대한 대화형 행동(interactive behaviors)을 정의하기 위해, "onTouchEvent"나 "onKeyDown"과 같은 기본적인 "View"의 메소드를 재정의한 것

어, 버튼이 클릭 이벤트에 반응해야 한다면(물리적인 버튼을 누르는 것과 같이, 사용자가 버튼 뷰를 누르고 떼는 이벤트), 이벤트 리스너 "View. onClickListener"를 등록해야 하고 (대상 뷰의 setOnClickListener() 메소드를 호출하여) 대응하는 onClick() 콜백메소드를 구현해야 한다. 화면 상에서 버튼 뷰의 위치에서 "click" 이벤트가 감지되고, 안드로이드 프레임워크는 이벤트 큐에서 이 이벤트를 제거하면서, 해당 뷰의 onClick() 메소드를 호출하게 된다. 당연히, onClick() 메소드는 버튼 클릭에 반응하여 수행될 작업의 내용을 포함한다.

그림 6.7~6.9를 통해 이벤트 리스너를 등록하고 구현하는 데 있어 동일한 효과를 보이는 세 가지의 약간 다른 방법들을 확인할 수 있다: (1) 먼저 그림 6.7은 이벤트 리스너 자체를 구현하고 뷰 객체와 연동시키는 방법이고, (2) 그림 6.8은 "뷰"객체가 이벤트 리스너를 구현하도록 하는 방법이다. 그리고 (3) 그림 6.9는 내부에 다양한 뷰 객체를 포함하는 최상위 액티비티 객체가 이벤트 리스너를 구현하도록 하는 방법이다.

```
public class My_Activity extends Activity {

   /** Called when the activity is first created */
   @Override
   public void onCreate (Bundle savedInstanceState) {
      ...
      /* 뷰 객체를 생성한다. */
      View myView = new View(this);

      /* 리스너를 할당한다. */
      myView.setOnTouchListener (my_touchListener);
   }

   /* 리스너 클래스를 확장하여 핸들러 메소드를 구현한다. */
   class MyTouchListenerClass implements View.OnTouchListener {

      public boolean onTouch (View v, MotionEvent event) {
        ...
        if(event.getAction() == MotionEvent.ACTION_DOWN) {
          return true;
        }
        return false;
      }
   }

   /* MyTouchListenerClass 의 인스턴스를 생성한다.*/
   MyTouchListenerClass my_touchListener = new MyTouchListenerClass();
}
```

[그림 6.7] 클래스 "My_Activity"는 "MyView"라는 뷰 객체를 생성하고, 클래스 내부에서 "View. OnTouchListener" 리스너를 확장하여 "MyTouchListnerClass"라는 클래스를 재정의한다. 그런 다음 "MyTouchListnerClass"의 인스턴스인 "my_touchListener"를 생성하여 뷰 객체 "MyView"의 리스너로 할당한다.

```
public class My_Activity extends Activity {
   /** Called when the activity is first created. */
   @Override
   public void onCreate(Bundle savedInstanceState) {
      ...
      MyView myView = new MyView(this);
      myView.setOnTouchListener(myView);
      ...
   }

   protected class MyView extends View implements
View.OnTouchListener {
      ...

      public boolean onTouch (View v, MotionEvent event) {
         // TODO Auto-generated method stub
         return false;
      }
   }
   ...
}
```

[그림 6.8] 클래스 "My_Activity"는 클래스 내부에서 "View. OnTouchListner"의 구현 상속으로 "MyView" 클래스를 생성하고, "MyView" 객체인 "myView"를 만든다. 리스너는 "setOnTouchListener" 자체를 호출하여 등록한다.

```
public class My_Activity extends Activity implements View.OnTouchListener {
    /** Called when the activity is first created. */
    @Override
    public void onCreate(Bundle savedInstanceState) {
        ...
        View myView = new View(this);
        myView.setOnTouchListener(this);
        ...
    }

    public boolean onTouch (View v, MotionEvent event) {
        if(event.getAction() == MotionEvent.ACTION_DOWN) {
            return true;
        }
        return false;
    }
    ...
}
```

[그림 6.9] 클래스 "My_Activity"는 "View. OnTouchListener"를 구현 상속하였기 때문에 "onTouch" 핸들러를 포함하며, 이를 재정의하여 사용한다.

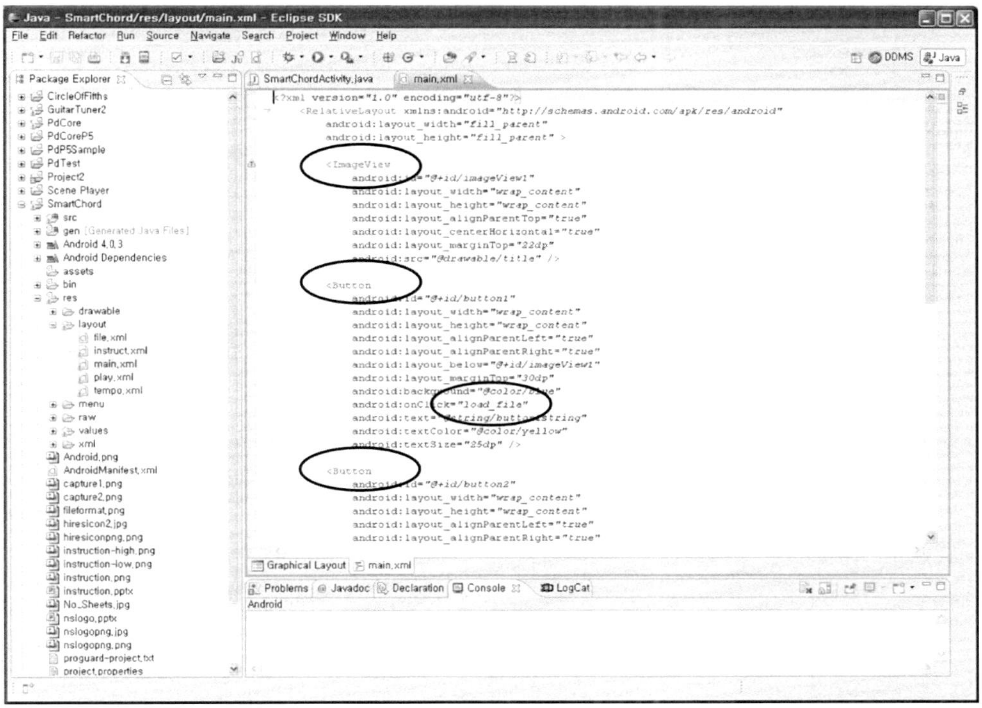

[그림 6.10] UI를 선언적으로 명세하는 예제(제4장에서 다룬 "No Sheets" 어플의 경우). 선언형 명세는 이미지, 버튼 등과 같은 UI 구성요소와 함께 XML 파일에 저장된다. 파일에서 각 요소들에 이름(프로그램에서 후에 사용될)을 붙이며, UI 객체의 속성값 중 하나는 UI 처리기의 이름임을 주목하라(e.g., 원으로 표시된 "load_file").

이미 언급한 바와 같이 안드로이드 UI 프레임워크에서는 그림 6.10에서처럼 "선언적" 방법으로도 UI를 명세할 수 있다. 이는 UI의 형태가 마크업 언어로 표현/구현될 수 있다는 것이다. 그림 6.10에서처럼 UI는 이클립스[1]와 같은 개발 도구를 이용해서, 직접 그래픽적으로 조작하여 만들어질 수 있는데, 내부적으로는 조작의 결과가 마크업 언어를 통해 선언적으로 UI 형태 내용이 파일에 저장된다. 다시 말하면, 적어도 개발자 입장에서는 UI 개발에는 총 3가지 방법이 있는 것이다: (1) 통상적인 프로그래밍을 이용한 방법 (이미 위에서 설명), (2) 선언적인 방법 그리고 (3) 그래픽적인 방법. 안드로이드의 개발 도구인 이클립스에서 위의 3가지 방법 중 어떠한 방법도 사용할 수 있으며 심지어는 3개 방식을 동시에 사용할 수도 있다. 그림 6.10에서는 이클립스의 하위 윈도우에서, 제4장에서 설계한 바 있는 "No Sheets" 프로그램의 UI를 선언적으로 명세하는 것을 확인할 수 있다.

상응하는 UI는 그림 6.11에서 보이는 것과 같이 그래픽 형태로 표시되고 사용자는 해당 UI를 조작할 수 있다. UI 구성요소가 추가되거나, 지워지거나, 속성값이 바뀌면, 이러한 행동이 그래픽과 선언적인 내용에(main. xml 같은 해당 선언 파일) 각각 다시 반영된다. UI 화면은 이미지와 몇 개의 버튼으로 구성되는데, 그림 6.10에서처럼 선언적인 명세를 통하여 그래픽 조작으로만은 할 수 없는 구성요소의 이벤트 처리기와 다른 속성값의 "이름"을 보다 정확하게 붙인다. 그리고 그림 6.12에서 처리기의 코드 자체는 통상적 프로그래밍 방법을 통해 구현되고 완성된다.

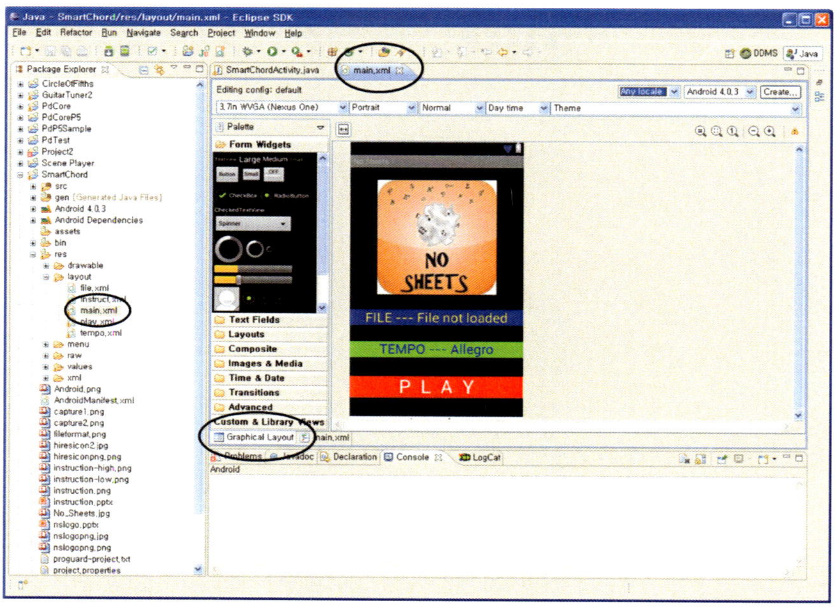

[그림 6.11] UI를 그래픽으로 명세한 예제이다(제4장에서 다룬 "No Sheets"어플의 경우). 그래픽적으로 표시된 UI는 그에 상응하는 선언적인 표현 내용과 그 모습이 일치한다("main. xml"로 저장된 파일).

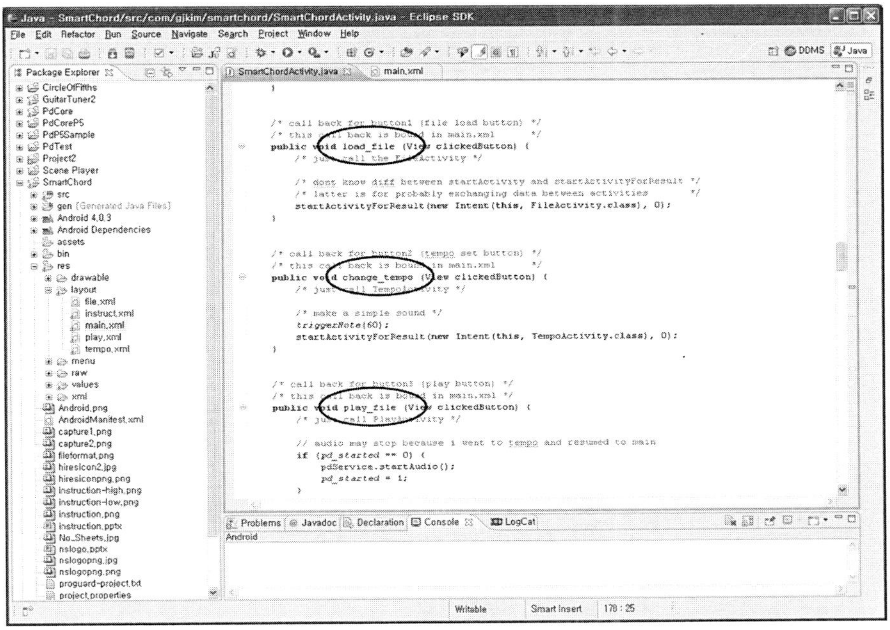

[그림 6.12] UI를 프로그램에서 명세하는 방법의 예제이다. 위의 예제에서는 선언적으로 명세된 내용에 정의된 UI 처리기(e.g. "load_file" 등)의 코드 구현 내용을 확인할 수 있다.

6.1.3 iOS UIKit 프레임워크와 툴킷[3]

iOS에서는 3가지 종류의 "구별되는" 이벤트들이 있다: (멀티)터치, 모션, 그리고 원격 조작이다(원격 조작 헤드폰과 같은 외부 장비를 위한). 가장 전형적인 입력의 경우인 터치의 경우, iOS는 사용자가 애플리케이션의 뷰 영역을 터치하면 낮은 수준의 이벤트를 발생시킨다. 그 뒤, 이러한 이벤트는 UIKit에 정의된 UIEvent 객체로 변환되어, 터치가 발생한 해당 애플리케이션의 "뷰"(즉, 특정 UI 구성요소)로 전송된다. 뷰는 터치 이벤트를 분석하고 그들에 반응한다. 터치 이벤트는 iOS UI Framework에 의해 플릭과 스와이프 등과 같은 보다 고수준의 제스처를 표현하는 조합 이벤트로 변환될 수도 있다. 특정 애플리케이션은 터치나 (터치)제스처를 인식하고, 그런 "인식된" 이벤트에 반응하기 위하여 UIKit 클래스를 사용한다. 가속도 센서나 자이로스코프와 같은 연속적으로 흘러 들어오는 "모션" 센서데이터의 경우, 별개의 "Core Motion" 프레임워크가 사용된다. 이에 대한 자세한 메커니즘은 당장 설명은 하지 않지만 모션 센서데이터 혹은 추상화된 모션 제스처 이벤트가 iOS에서 애플리케이션으로, 그리고 애플리케이션 UI의 계층 구조를 따라 특정 뷰로 전달된다는 관점에서 여전히 기본 터치 이벤트 처리 방법과 유사하다. 그림 6.13은 iOS UI 객체의 클래스 구조도를 보여주고 있는데, UIWindow라는 상위 객체 아래에 UIView 및 기타 하위 객체가 (버튼, 라벨, …) 있음을 알 수 있다.

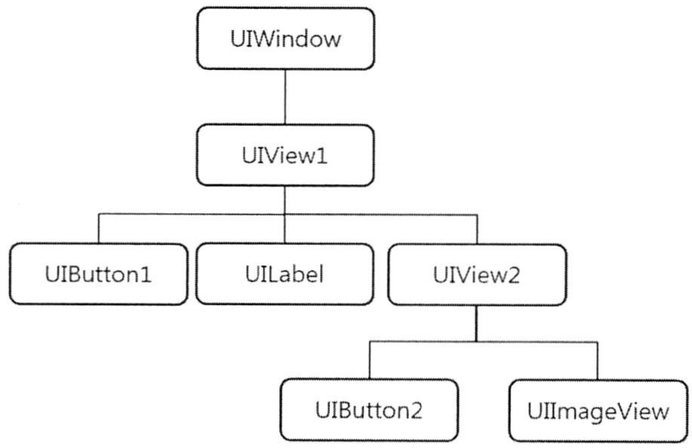

[그림 6.13] iOS UIKit 객체의 계층 예제

사용자가 iOS 스크린을 터치하면, iOS는 터치 세트를 인식하고 그들을 UIEvent 객체에 담아 활성화된 애플리케이션의 이벤트 큐에 넣는다. 만약 시스템이 디바이스를 흔드는(Shaking) 모션 이벤트를 해석하면, 이벤트를 표현하는 이벤트 객체 또한 마찬가지로 애플리케이션의 이벤트 큐에 들어간다. 애플리케이션을 관리하는 단독 개체인 UIApplication 객체는 큐의 상단에서 이벤트를 가져다가 조작하기 위해 디스패치(Dispatch)한다. 보통, 이벤트를 이벤트 애플리케이션의 키 윈도우로(사용자 이벤트가 초점이 맞추어진 윈도우) 보내고, 윈도우를 표현하는 윈도우 객체는 이벤트를 처리하기 위해 윈도우 내에 첫 객체로 보내면서 이벤트를 실제 처리할 해당 뷰 객체를 그림 6.14처럼 계층 구조의 하위 방향을 탐색하면서 구조적으로 찾아나가게 된다.

이때, 해당 뷰(View) 객체 탐색 방법은 터치 이벤트나 모션 이벤트 사이에 (이벤트의 서로 다른 성격상) 약간 다른 방법을 쓰게 된다. 터치 이벤트에선, 윈도우 객체는 터치 이벤트를 받을 뷰를 찾기 위해서 접촉 검사(hit-testing)와 "응답자(Responder)" 체인을 사용한다. 접촉 검사에서는, 윈도우는 뷰 체계에서 가장 상위에 있는 뷰의 hitTest:withEvent를 호출한다. 이 방법은 pointInside:withEvent 메소드를 재귀적으로 호출하면서 수행된다. 그런 다음 뷰 계층을 탐색하며 Yes를 반환하는 각 뷰 안에서 터치가 발생한 서브 윈도우를 찾아낸다. 이렇게 찾아낸 뷰가 바로 접촉된(hit-test) 뷰가 된다. 만일 접촉된 뷰가(hit-test view) 이벤트를 처리할 수 없다면, 이벤트는 시스템이 그 이벤트를 처리할 수 있는 뷰를 찾을 때까지 응답자 체인을 순회한다. 모션과 원격 조작 이벤트의 경우, 윈도우 객체는 흔드는 모션(shaking-motion) 또는 원격 조작 이벤트를 무조건 첫 번째 응답자로 보내서 처리하도록 한다. 비록 접촉된 뷰와 첫 번째 응답자가 종종 같은 뷰 객체일지라도, 그들이 같을 필요는 없다. UIApplication 객체와 각 UIWindow 객체가 sendEvent: 메소드에서 이벤트를 수행한다.

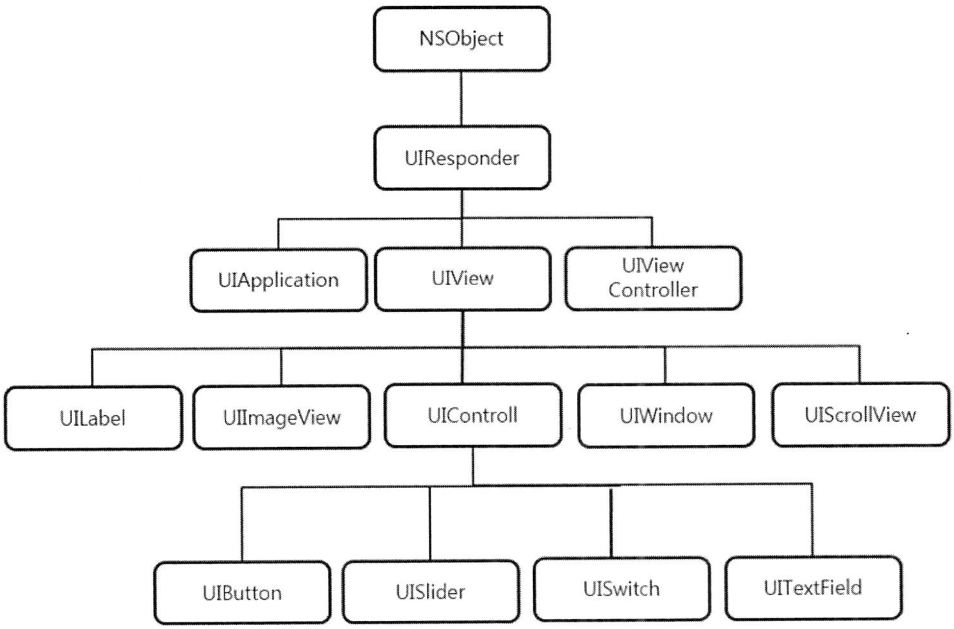

[그림 6.14] 이벤트 반응의 객체들의 계층 구조

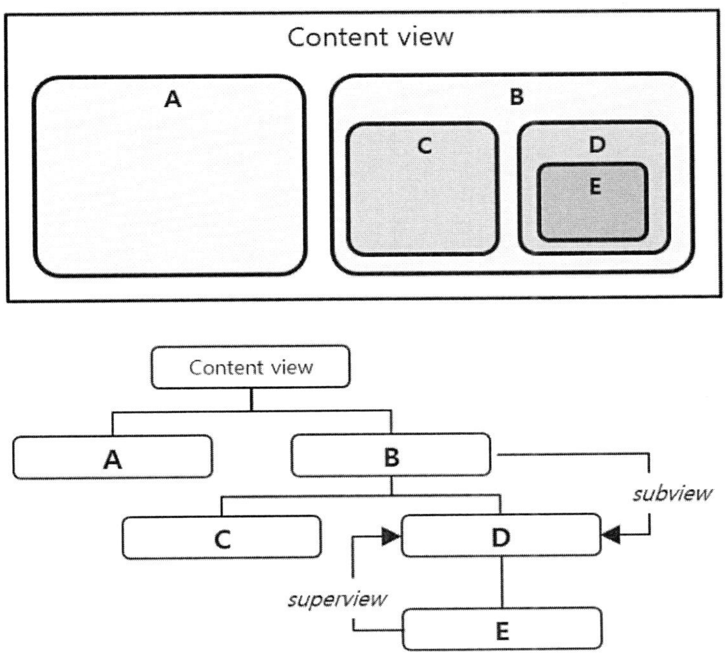

[그림 6.15] 한 애플리케이션에서의 UI 객체 계층 구조

응답자 객체는 이벤트에 응답하고 그들을 처리할 수 있는 객체이다. UIResponder는 모든 응답자 객체의 기본 클래스이고 이벤트 처리뿐만 아니라, 보통 응답자의 행동의 프로그래밍 인터페이스를 정의한다. UIView(UIWindow를 포함하여)의 자손인 UIApplication, UIView, 그리고 모든 UIKit 클래스들은 UIResponder에서 직접 혹은 간접적으로 상속을 받고, 따라서 그들은 응답자 객체의 인스턴스이다. 첫 번째 응답자는 애플리케이션에서 터치 이벤트가 아닌 다른 이벤트를 받도록 설계된 응답자 객체이다(주로 UIView 객체). UIWindow 객체는 첫 번째 응답자에게 이런 이벤트를 메시지로 보내 처리할 수 있도록 첫 번째 기회를 준다.

만일 첫 번째 응답자, 혹은 접촉된 뷰가 이벤트를 처리하지 않는다면, UIKit은 이벤트를 응답자의 다음 응답자로 보내 그 응답자가 해당 이벤트를 처리할 수 있는지 확인할 수도 있다. 응답자 체인은 응답자 개체가 연속적으로 연결된 것이고, 이벤트는 응답자 체인을 따라 전달된다. 응답자 체인은 응답자 객체가 다른 상위 등급의 객체에 이벤트를 처리할 권한을 보낸다. 애플리케이션이 이벤트를 처리할 객체를 탐색함에 따라 이벤트는 응답자 체인을 따라 움직인다. 접촉된 뷰 또한 응답자 객체이기 때문에 애플리케이션은 터치 이벤

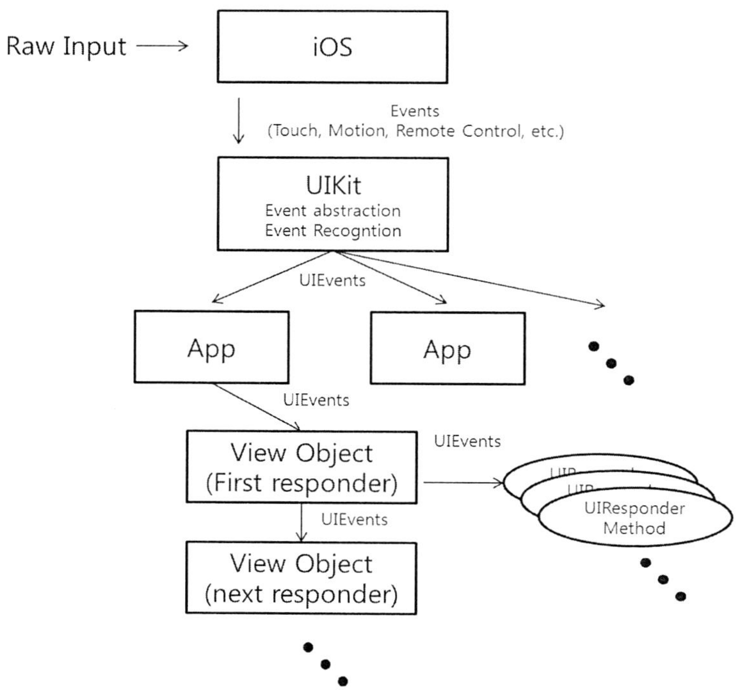

[그림 6.16] 이벤트 처리 과정과 이벤트 기반의 객체의 행동 구조. 사용자 입력은 UIKit 프레임워크에 의해 캡처되고, 추상화되고, 인지된다. 그리고 적당한 애플리케이션의UIResponder 메소드를 사용하여, 특정한 응답을 하여 행동하도록 구현된 뷰 객체(혹은 응답자)의 큐에 들어간다.

트를 처리할 때에도 응답자 체인을 이용할 수 있다. 응답자 체인은 시퀀스에서 연속된 다음 응답자(각각은 nextResponder 메소드에 의해 반환된다)로 구성된다.

응답 행동 그 자체는 응답자 객체에 의해 구현된다(즉, 윈도우, 버튼, 슬라이더 등의 UI 구성요소). 예를 들어, 응답자 객체에서 "멀티 터치" 이벤트를 위한 메소드는 아래를 포함한다.

- (void)touchesBegan:(NSSet *)touches withEvent:(UIEvent *)event :하나 이상의 손가락이 스크린에 닿았을 때
- (void)touchesMoved:(NSSet *)touches withEvent:(UIEvent *)event : 하나 이상의 손가락이 움직였을 때
- (void)touchesEnded:(NSSet *)touches withEvent:(UIEvent *)event : 스크린에서 하나 이상의 손가락을 뗄 때
- (void)touchesCancelled:(NSSet *)touches withEvent:(UIEvent *)event : 시스템 이벤트에 의해(전화가 걸려올 때와 같은 상황) 터치 시퀀스가 취소되었을 때

6.2 요약

이 장에서, 우리는 Java3D, Android, iOS용 UI 툴킷의 3가지 예를 살펴보았다. 물론, 많은 다른 UI 툴킷이 있지만, 대다수는 그 구조와 전반적 기본 메커니즘이 유사하다. 살펴본 바와 같이, 몇 UI 툴킷은 가시적인 프로토타이핑 도구와 선언적으로 명세할 수 있는 문법을 포함하며, 이는 개발자가 사용자 인터페이스를 개발하는 데 상당히 편리하게 해준다. 일반적으로, UI 툴킷을 사용하면 주어진 플랫폼에서 표준화되어 있고, 친숙하고, 사용하기 쉽고, 빠르게 구현할 수 있으며, 일관성을 갖출 수 있도록 해준다.

References

[1] Eclipse "Eclipse", http://www.eclipse.org/, (2013).
[2] Google Developer, "User Interface", http://developer.android.com/guide/topics/ ui/index.html, (2013).
[3] IOS Developer Library "iOS UIKit Framework Reference" https://developer. apple.com/library/ios/documentation/UIKit/Reference/UIKit_Framework/_index.html, (2013).
[4] Wikipedia "Abstract Window Toolkit", http://en.wikipedia.org/wiki/Abstract_Window_Toolkit, (2013).

제7장 인터페이스 구현 III: 개발 프레임워크

지금까지 우리는 크게 3가지 UI 객체들, 해당 객체들, 해당 개체들 그리고 해당 개체들의 행위에 대해서만 초점을 두어왔다. 이번 장에서는 대화형 응용프로그램을 구현하는 과정 측면에 초점을 맞추어 살펴보도록 하겠다. 일반적으로 대화형 응용프로그램들은 (1) UI 객체들과 (2) 프로그램을 동작하게 하는 핵심 기능들로 구성되어 있다. 따라서 대화형 응용프로그램을 개발하기 위해서는 사용자와 직접적으로 상호작용을 수행하는 UI 객체 부분과 UI 객체들과 연동되어 있는 프로그램의 핵심 기능들을 개발해야 한다. 그렇다면 우리는 어떻게 이 두 가지 부분을 포함하는 대화형 응용프로그램을 효과적으로 개발할 수 있을까? 일반적으로 이러한 대화형 응용프로그램을 효과적으로 개발하기 위해서 모듈 기반의 프레임워크를 사용한다. 모듈 기반의 프레임워크란, 프로그램 구현 시 작성되는 응용프로그램의 아키텍처를 특정 정형화된 (준 표준) 형태로 모델링하고, 기타 작성되는 클래스 객체들도 이들의 명명, 구조, 상관관계, 코드 작성들도 주어진 프레임워크의 규칙에 의거하여 프로그램을 일련의 패턴으로 개발하는 것을 의미한다. 이러한 모듈 기반의 개발 프레임워크의 단점으로, 프로그램을 구현하는 엔지니어들이 미리 정의한 개발 프레임워크를 이해하고 학습해야 하기 때문에 엔지니어의 수준이 개발 프레임워크를 활용할 수 있어야 하며, 개발 프레임워크를 학습하기 위한 시간적 비용이 발생한다. 장점으로는 엔지니어의 성향과 상관없이 개발 프레임워크로 인하여 개발 생산성을 향상시킬 수 있고 응용프로그램 개발 이후의 유지 보수성을 향상시킬 수 있다. 현대의 많은 프레임워크들은 클래스 객체들의 인터페이스를 추상화한 UI Toolkit을 기반으로 하고 있으며, 추상화된 인터페이스를 통해서 응용프로그램을 개발할 때 동일한 기능적 모델에 대해서 여러 가지 다른 인터페이스가 접목될 수 있게 한다. 이런 모듈 기반의 대표적인 개발 프레임워크로는 MVC(Model-View-Controller)가 있다.

7.1 모델, 뷰 및 컨트롤러 (MVC)

MVC(Model, View and Controller)가 소개될 초기 당시, MVC는 대화형 프로그램을 개발하기 위한 개발 과정을 위한 프레임워크라기보다는 오히려, 최초의 객체 지향적 모듈 방식의 언어 중 하나인 SmallTalk라고 불리는 프로그래밍 언어에 기반한 대화형 프로그램의 컴퓨터 아키텍처 그 자체로서 제안되었다.

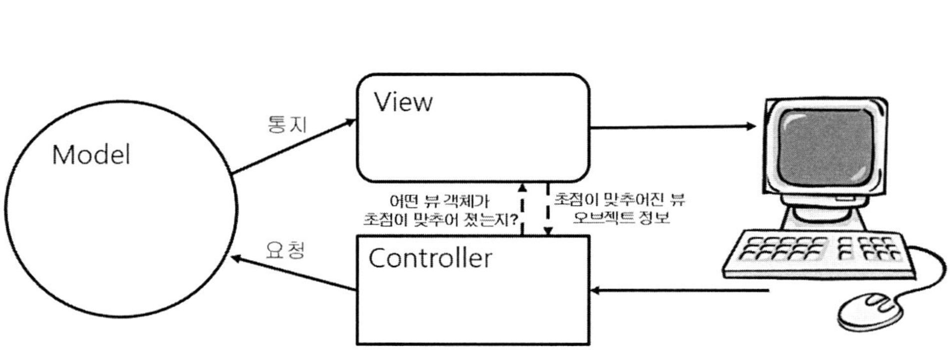

[그림 7.1] 인터랙티브 응용프로그램을 위한 모델-뷰-컨트롤러 아키텍처

그 뒤 MVC 아키텍처의 모듈 특성들이 대화형 응용프로그램 개발방식이나 방법론 등으로 형성 발전하게 되었다. 이 같은 MVC 프레임워크를 사용한 응용프로그램은 그림 7.1에서 보는 바와 같이 모델(Model), 뷰(View) 그리고 컨트롤러(Controller)로 나누어진다.

7.1.1 Model

MVC 프레임워크에서 "Model" 부분은 보통 응용프로그램의 핵심 데이터와 데이터 구조를 표현하며, 응용프로그램의 목적에 맞게 데이터를 다루는 기능들을 포함하고 있다. 만일 은행 업무를 수행할 수 있는 대화형 응용프로그램을 구현한다고 할 때, "Model"에 해당하는 부분은 잔고관리, 이자계산, 송금 등과 같은 부분에 대한 데이터와 데이터를 처리하는 기능 부분이 될 수 있다. "Model"은 주로 응용프로그램에서 사용되는 데이터에 관련된 것들을 다루고 있기 때문에, 그 특성상, 응용프로그램 구현 시 안정적이며 쉽게 변경되지 않는 경향이 있다. 그러나 MVC 프레임워크의 구조상 "Model"은 데이터가 사용자에게 어떻게 제시되는지(Output/Presentation), 사용자로부터 어떻게 입력(Input)을 받을 것인지에 대한 것들은 다루지 않는다.

7.1.2 View

MVC 프레임워크에서 "View" 부분은 "Model"에서 기술한 데이터를 사용자에게 제시하는 역할을 담당하는 부분으로, 이를 위해 구현된 기능들을 포함하고 있다. 현대적인 GUI 기반의 인터페이스에서는 사용자에게 제시될 데이터를 표현하기 위해 다양한 기능들이 위젯(Widgets) 형식으로 구현되어 있다. 예를 들면, 은행 업무를 수행할 수 있는 응용프로그램에서 "View" 부분은 계좌의 거래 목록과 잔고를 보여주는 윈도우(Window)와 위젯이 될 수 있으며, 컴퓨터 게임의 경우에서는 게임 획득 점수에 따라 오디오 클립 연주를 들려주는 기능이 될 수 있다. 또한, 하나의 단일 응용프로그램(혹은 모델)에 대해 여러 개의 "View"들이 존재할 수도 있다. 예를 들면, 우리가 은행에 업무를 보러 방문했을 때, 은행 업무를 수행하기 위해서 사용자 비밀번호를 입력할 때, 은행원에게 보여지는 "View"와 고객에게 제시되는 "View"가 각각 다르다. 이처럼 여러 종류의 다른 디스플레이(e.g. 17인치 모니터, 10인치 LCD, HD 해상도 디스플레이, 진동-촉각 출력 장치) 또는 사용자 그룹(젊은 사용자, 노인 사용자) 등에 대해 각기 다른 "View"의 구현이 존재할 수 있다. 또한, 사용자에게 제시되는 결과물의 종류가 반드시 시각적일 필요는 없다.

한편, "Model" 정보가 변경되면, 해당 "Model"의 "View"는 디스플레이 장치에 표현될 데이터 정보를 갱신하기 위해서, 변경된 정보를 통보(Notification)받아야 한다. 만일 "Model"의 데이터 정보와 디스플레이 장치상에 표현된 데이터 정보가 일치하지 않을 경우, 데이터가 "손상(Damaged)" 되었다고 부른다. 이와 관련해 종종 "Model"의 정보 변화에 따라서 디스플레이 장치의 손상된 데이터만을 갱신하는 것이 너무 번거로운 일이 될 때가 있는데, 이럴 때는 데이터가 손상된 영역을 포함하는 가장 작은 위젯(Widget)의 전체 내용을 다시 그리거나, 윈도우 전체를 다시 그리는 일이 필요하다.

7.1.3 Controller

MVC 프레임워크에서 "Controller"는 궁극적으로 사용자에게 제시된 "View"를 조작하기 위해 구현된 부분으로 사용자로부터 외부 입력을 받고, 이를 해석해 적절한 명령을 "Model"에 전달한다. 간단히 이야기하면, "Controller"는 상호작용의 입력을 다루는 부분이며, "Controller"가 가지고 있는 목적을 달성하기 위해서 상호작용 프레임워크나 운영 체제를 사용하기 때문에 운영체제나 플랫폼에 종속적이다(이에 비해, "View"는 운영체제 또는 플랫폼에 거의 독립적이다).

이전 제6장에서, 우리는 사용자의 입력을 식별해 "초점(Focus)"을 맞춘 객체에 매핑하는 UI 프레임워크의 메커니즘에 대해서 학습했다. 이러한 "초점"을 맞춘 객체를 찾기 위해서 "Controller"는 반드시 "View" 객체들과 정보를 주고받아야 한다. 더불어 "Controller"는 "Model"의 변경없이 디스플레이의 내용을 변경할 수도 있다. 예를 들어, 사용자가 자신의 취향에 맞게 버튼의 색깔을 변경하는 것을 원할 수 있는데, 이러한 효과를 얻기 위해 "Controller"는 "View" 와 직접 관련된 정보를 주고받을 수도 있다. 이에 대한 과정을 간단히 설명하자면, 먼저 "초점"이 맞추어진 객체가 사용자의 외부 입력으로 인해 식별된다. 그리고 사용자의 입력에 상응하는 이벤트 핸들러가 작동한다. 이 과정에서 "Controller" 는 이벤트 변경 자체를 수행하기보다 "Model"에 어떤 변화나 조작이 일어나도록 변경 요청이나 메시지를 보낸다.

7.1.4 View/Controller

많은 응용프로그램 아키텍처에서 뷰와 컨트롤러는 하나의 모듈 또는 오브젝트로 합쳐지는데, 이는 둘이 매우 밀접한 관계를 갖고 있기 때문이다. 예를 들어, 하나의 UI 버튼 오브젝트는 버튼의 사이즈, 색상, 라벨 등이 있는데, 이들은 모델에 의해 그 모습, 즉 출력/뷰가 정해지기도 하지만, 거꾸로 이벤트 핸들러를 통하여 컨트롤러와 같이 입력을 받아서 모델 정보를 바꿔주는 역할도 동시에 가지고 있다. MVC 아키텍처 또는 개발 방법론은 (특히 대규모 시스템에서) 훨씬 쉽고 신속하게 동일한 핵심 기능 모델에 대한 여러 가지 사용자 인터페이스(뷰/컨트롤러)를 탐색하고 구현하며, 수정할 수 있도록 한다. 이것은 관심의 분리(Separation of concern)라는 유명한 소프트웨어 엔지니어링의 원칙이기도 하다.

7.2 MVC 구현의 사례 I: 은행 업무 애플리케이션

지금부터는 매우 간단한 객체 지향 기반 대화형 은행업무 응용프로그램을 구현하여 MVC 개발 방법론을 좀 더 구체적으로 학습해 보도록 하자. 이 간단한 응용프로그램에서 모델은 컴퓨터의 사용자 인터페이스를 통해 예금이나 인출을 할 수 있으며 사용자의 잔고를 유지할 수 있도록 한다. 그림 7.2는 MVC 아키텍처에 기반한 전체 응용프로그램의 구조를 보여준다.

그림 7.2에서 "Account"라 칭한 클래스는 고객이름 및 예금을 운용하는 "Model" 부분과 예금, 입금, 인출 기능의 UI를 만들기 위한 두 개의 "View/Controller"를 가지고 있다(DepositViewController 및 WithdrawalViewController, 그림 오른쪽 아래). 모델은 입금(Account::Deposit) 또는 출금(Account::Withdrawal)이 이루어 졌을 때 정확한 예금을 유지하기 위해 두 개의 핵심 함수를 가지고 있다. 이 두 함수는 디스플레이에서 예금 표시를 업데이트하기 위해 Notify_depositVC와 Notify_withdrawalVC를 사용한다.

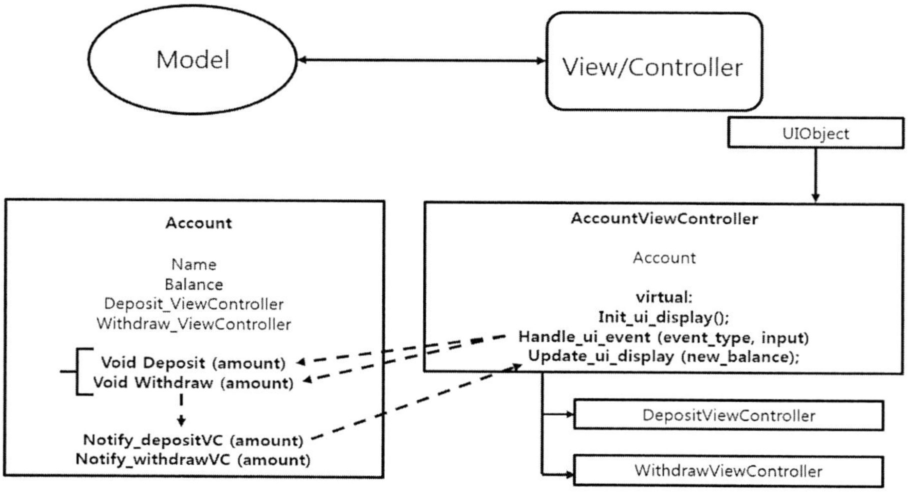

[그림 7.2] 간단한 대화형 은행 업무 응용프로그램을 위한 MVC 기반 구현 클래스 다이어그램

그림 7.2에서 “View”와 “Controller” 부분은 해당 모델 오브젝트(Account: 알림 및 모델 변경 쿼리의 수신자 등)에 대한 포인터를 갖는 AccountViewController라 불리는 하나의 클래스로 병합된다. 이 클래스는 기반을 구성할 수 있는 위젯을 가지고 있고, 외부 입력에 반응 동작을 할 수 있는 일반적인 UIObject의 서브클래스이다. 또한, UIObject 클래스는 주어진 모델을 위해 구현된 두 개의 뷰/컨트롤러 “DespositViewController”와 “WithdrawalViewController” 서브클래스(Subclass)들의 슈퍼클래스(Superclass)이다.

두 개의 뷰/컨트롤러 서브클래스들은 그림 7.3에서 알 수 있듯이 중요한 3개의 가상함수 “Init_ui_display”, “Update_ui_display” 그리고 “Handle_ui_display”를 구현한다. 이들은 각각 뷰/컨트롤러 안에서 디스플레이와 UI 객체들을 생성 및 초기화해야 하며, 모델의 알림 함수에 의해 디스플레이 업데이트와 사용자 입력 조작을 수행해야 한다. 그림 7.4는 사용자 입력을 해석하고, my_model→Deposit(deposit_amount)를 호출하여 예금을 수행

```
Account :: Deposit (amount) {
 ...
 // 갱신 : balance by amount
 balance = balance + amount;

 Notify_DepositVC (balance);
 ...
}
```

```
Account :: Notify_DepositVC (new_balance) {
 ...
 Deposit_ViewController.update_UI_display (new_balance);
 ...

}
```

```
Account :: Withdraw (amount) {
 ...
 // 갱신 : balance by amount
 balance = balance – amount;
 if balance < 0 then balance = 0;

 Notify_WithdrawVC (balance);
 ...
}
```

```
Account :: Notify_WithdrawVC (new_balance) {
 ...
 Withdraw_ViewController.update_UI_display (new_balance);
 ...

}
```

[그림 7.3] Account 클래스의 함수들(모델)

```
DepositViewController :: AccountViewController {

 ...

 // Implement the subclass specific virtual methods

 // create and initialize UI display (the view) for deposit
 void Init_ui_display ();

 // redraw the UI display with new_balance
 void Update_ui_display (new_balance);

 // handle events from user (the controller)
 void Handle_ui_event (event_type, input);

}
```

```
DepositViewController :: Handle_ui_event (event_type, input) {

 ...

 // get the model
 my_model = Get_model ();

 // if the user input is text input
 if (event_type == TEXT_INPUT) {
         // convert the text input to integer
         deposit_amount = convert_to_int (input);
         // make a request to model to deposit
         my_model->Deposit (deposit_amount);
 }
 ...
}
```

[그림 7.4] DepositViewController와 해당 함수, Handle_ui_event

하도록 모델 함수를 호출하는 DepositViewController의 함수 "Handle_ui_event"를 보여준다. 이는 결국 모델을 변경하고, 뷰/컨트롤러는 디스플레이에 변경을 통보하게 될 것이다(즉, 입금 후 적절한 양의 잔액을 표시). 그림으로 보여지지는 않았지만, "Withdrawal-ViewController"도 비슷한 방식으로 코드화될 것이다.

7.3 MVC 구현의 사례 II: No Sheets 1.0

두 번째 예로서, 그림 7.5와 같이 제4장에서 소개한 "No Sheets" 응용프로그램 구현 코드의 일부를 설명한다. 모델의 핵심은 음악 정보로, 사용자가 선택한 파일에서 읽은 음악의 코드 정보를 연주하는 데이터 구조이다. 음악 정보 자체 이외에도, 음악 파일 이름, 템포 값 등 다른 모델 변수가 있을 수 있다. 따라서 모델 정보는 뷰/컨트롤러 오브젝트에서 읽혀져 업데이트된다.

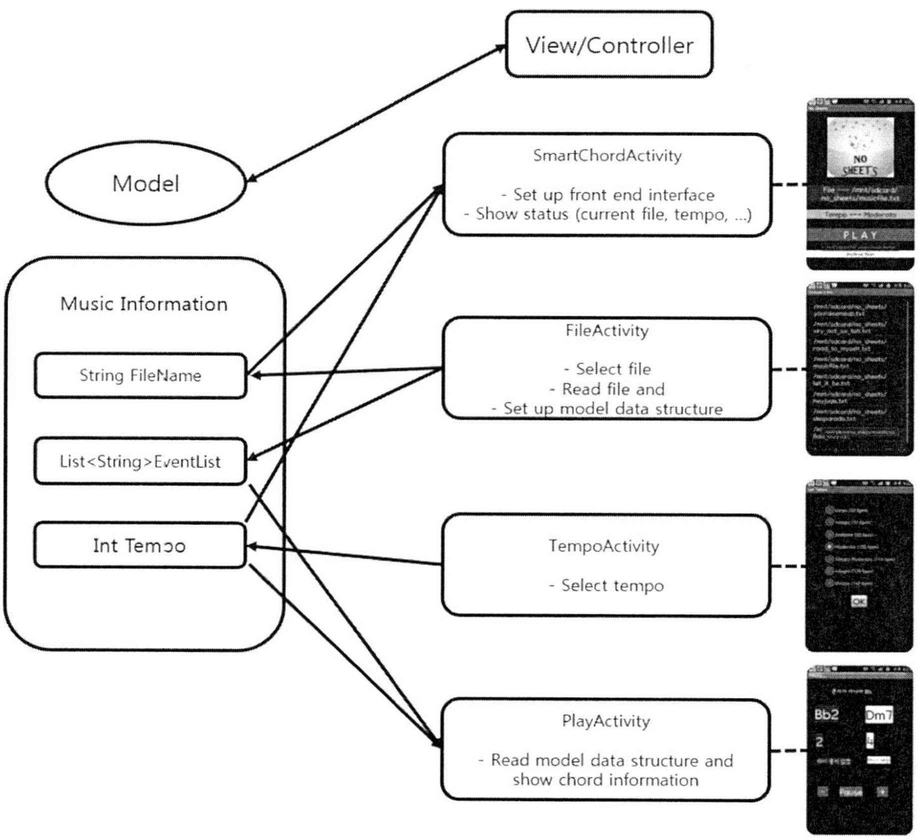

[그림 7.5] 저4장에서 소개한 "No Sheets" 응용프로그램의 MVC 기반 프로그램 구조

뷰/컨트롤러는 몇몇 "액티비티(Activity: 스크린 인터페이스)"로 구성된다. "Smart ChordActivity"는 이런 Activity 중의 하나로 음악 파일 선택/로드, 템포 선택, 선택한 음악 파일 재생, 다른 기타 기능과 같은 특정 중요한 작업을 적용할 수 있는 전면에 나타낸다. 이 인터페이스를 통하여 사용자는 모델 정보에 접근하거나 조작하게 될 것이다. 예를 들면, 현재 선택된 파일과 현재 선택된 템포의 이름을 인터페이스 상에서 보여주는 것이 될 수 있다. "FileAcitivity"는 사용자가 로드할 수 있는 음악 파일들의 리스트를 사용자에게 보여주어 파일을 선택할 수 있는 인터페이스 화면이다. 사용자가 파일을 선택하면 "FileActivity"는 선택된 음악 파일의 내용을 읽어 내어 내부 코드(Chord) 이벤트 목록을 생성하고 모델을 업데이트하게 된다. 마찬가지로, "TempoActivity"는 사용자가 템포를 선택하고 그에 따라 모델을 업데이트하도록 한다. 마지막으로, "PlayActivity"는 모델의 코드 이벤트 목록 데이터 구조에 접근하여 주어진 특정 템포로 음악적 정보를 순차적으로 보여준다(이때 모델 업데이트는 이루어지지 않는다).

7.4 요약

이 장에서 우리는 MVC라고 불리는 하나의 인터랙티브 응용프로그램 개발 방법론에 대해 공부하였다. MVC는 주어진 응용프로그램의 핵심 처리 기능과 UI 사이에 분리 원칙을 기반으로 한다. 이렇게 분리된 핵심 처리 기능과 UI는 서로 "Mix and Match"를 통해서 기능 및 해당 사용자 인터페이스 집합의 서로 다른 조합을 살펴볼 수도 있고, 이는 코드를 더 쉽게 유지보수할 수 있도록 해준다. 그러나 때때로 주어진 응용프로그램이 깔끔하게 두 부분(핵심 기능과 UI)으로 분리될 수 있는지 아닌지는 명확하지 않다. 예를 들어, 누군가가 여러 개의 "View"를 같은 은행 업무 모델에 대해서 구현했다고 하자. 이때 서로 다른 그룹이 서로 다른 적정 뷰(인터페이스)를 사용할 수 있도록 만들기 위하여, 기존 뷰와 별개로 뷰들을 선택하고 바꿀 수 있는 또 다른 뷰를 만든다면 이 상황에서, 뷰를 전환하는 기능은 이 응용프로그램의 핵심적인 기능인 것처럼 보이기도 하고(즉, 모델) 특징인 것처럼 보이기도 한다. 또한, 다른 면에서는 단순히 "View"를 전환하는 것이 "모델"의 일부이기보다는 "뷰"에 속한다고 할 수 있다.

References

[1] Olsen, Dan., *Developing user interfaces - interactive technologies*. Morgan Kaufman, 1998.

제8장 사용자 인터페이스 평가

사용자 인터페이스 개발주기에서 마지막 남은 단계는 '평가 단계'이다. 개발자나 설계자들이 개발 초기에 여러 가지 원칙이나 지침, 규칙 등을 적용하고 최신의 개발 방법론 및 도구들을 이용하여 개발을 진행하였다 하더라도, UI 구현의 결과물에는 문제점이 계속 남아있기 마련이다. 또한, 미처 HCI의 중요성을 깨닫지 못하거나, 인적 또는 재정적 자원의 부족이나 제한 조건 때문에 처음부터, 소프트웨어가 HCI 원칙을 충분히 고려하지 않고 설계되거나 구현된 경우도 많을 것이다. 전반적인 소프트웨어 개발 절차는 점진적인 개선 단계로부터 시작하고 다음 개선 단계에는 이전 단계에서의 평가 결과를 반영하도록 한다. 즉, 설계-구현-평가의 순환 구조로 이루어져 있어 다음 라운드의 재설계 및 재구현을 위해서는 평가 절차가 반드시 필요한 것이다. 본 장에서는 여러 가지 상호작용 및 인터페이스에 대한 평가 방법을 설명하고 관련 예제들을 보여주도록 한다.

8.1 평가 기준 (Evaluation Criteria)

상호작용 모델이나 인터페이스를 평가할 때 사용되는 평가 기준은 크게 두 가지로 나눌 수 있다. 하나는 사용성(Usability)이고, 다른 하나는 사용자 경험(User Experience, UX)이다. 간략히 이야기하면, 사용성은 얼마나 인터페이스가 사용하기 쉽고, 배우기 쉬운지를 의미한다[8]. 사용성은 정량적 또는 정성적인 면으로 측정될 수 있다.

사용성의 정량적 평가는 대개 어떤 상호작용 작업 수행 능력의 측정을 통해서 이루어지게 된다. 다시 말해, 이는 (실험대상) 사용자들이 어떤 주어진 전형적인 상호작용 작업에 대해서 상대적으로 적은 양의 자원(예: 시간)을 사용하여 수행했을 때, 이를 통해 간접적으로 사용성이 높다고 (혹은 쓰기 쉽거나 배우기 쉽다고) 가정하는 것이다. 이러한 주어진 인터페이스의 정량적 측정은 대개의 경우 어떤 다른 인터페이스(예: 종전에 사용하던 인터페이스)와 상대적으로 비교하는 것이 더 정확한 평가를 위해서 좋다고 할 수 있다. 작업 수행 능력을 가늠하기 위한 구체적인 측정치로는 작업 수행 시간, 단위 시간 내의 수행 작업량(예: 점수), 단위 시간 내의 발생한 작업 오류횟수 등이 널리 쓰이고 있다. 예를 들어, 우리가 스마트폰 게임을 위한 새로운 동작 기반의 인터페이스를 시험 및 평가하고자 한다면, 인터페이스를 사용할 전형적인 피실험자군을 모집하고, 이들에게 인터페이스를 제외한 동일한 조건 하에서 기존의 터치 인터페이스와 새로운 동작 기반의 인터페이스를 사용하여 게임을 진행하도록 한다. 모든 작업을 완료한 이후에 각 집단이 어느 정도의 성적을 내었는지 비교하여 사용성을 측정하는 것이다. 이미 언급한대로, 이는 작업 효율성이나 상대적 작업 능력이 인터페이스의 사용성과 깊은 상관 관계를 가지고 있는 것으로 보는 것이다. 그러나 작업능력수치만을 가지고 전체적인 사용성을 논하는 것도 좀 무리가 있는 주장이라 할 수 있다. 따라서 좀 더 명시적으로 전체 사용성의 세부 사항을 각각 세밀하게 측정하는 것이 필요할 수 있다. 즉, 작업 수행능력만을 가지고 인터페이스가 얼마나 사용하기 쉬운지는 간접적으로 알 수 있다 하더라도, 얼마나 배우기 쉬운지를 확인하기에는 무리가 있다라는 것이다. 따라서 작업 수행 능력보다는 사용자가 인터페이스를 이용하여 최소한의 작업효율을 얻기까지 숙달되는 시간을 측정할 수도 있다. 물론, 이는 단순한 작업 효율을 측정하는 것보다 훨씬 더 어려운 일이 될 수도 있다. 왜냐하면 측정결과의 신뢰성을 위해 그 측정이 여러 가지면에서 비슷한 배경을 가진 실험 대상자들을 대상으로 이루어져야 하기 때문이다. 예를 들면, 스마트폰을 오래 사용한 사용자는 그렇지 않은 사용자에 비하여 훨씬 더 재빨리 특정 인터페이스를 배울 수 있을 것이다. "배우기 쉽다"라는 평가 기준에는 "사용자 배경"(예: 교육적 배경, 문화적 배경, 성별 등)과 같이 사용성의 평가에 영향을 미치는 요소들이 좀 더 많다고 할 수 있다. 따라서 평가 기준에 따라서 이러한 요소(Biasing Factor)를 고려하여 적절한 측정 방법을 고안/사용하여 최대한 공평하고 신뢰성 있게 평가가 이루어져야 할 것이다. 마지막으로, 주어진 인터페이스 및 응용프로그램이 있을 때, 측정 대상이 되는 작업이나 인터페이스의 조합(Combination)이 매우 다양하겠지만 이러한 성능 측정 평가는 가장 전형적이고 대표성이 있는 몇 개의 인터페이스/작업 조합에 대해서만 주로 이루어지게 된다. 따라서 정량적 성능 측정은 많은 경우 인터페이스의 모든 면을 고려하기 어렵다는 단점이 있다.

이러한 단점을 보완하기 위해서도, 정량적인 평가와 함께 정성적인 평가를 같이 진행하기 마련이다. 정성적인 평가는 대개의 경우 설문조사를 통해서 이루어지게 된다. 이런 평가 방법을 정성적이라 하는 이유는 앞서 다룬 정량적 평가와 비교하여 측정 기준이나 측정 수치가 덜 객관적이기 때문이다. 설문 문항들은 대개 직접적으로 사용 편의/용이성, 피로도, 배우기 쉬운 정도, 단순한 선호도 등을 묻게 된다. 예를 들어, 설문의 한 문항으로 "얼마나 주어진 인터페이스가 사용하기 쉬운가"라고 물어보고 이에 대한 대답을 100점 만점으로 평가하라고 요청했을 때, 사용자마다 사용의 용이성에 대한 기준이 다를 수 있고, 채점 방식이 다를 수 있다(예: 어떤 사람은 80점이 높은 점수, 어떤 사람은 낮은 점수라고 생각할 수 있다). 이렇게 덜 객관적인 측정 기준이나 평가 방법 및 결과 수치가 평가 결과에 큰 영향을 미칠 수 있는 것이 정성적 평가의 가장 큰 단점이라고 할 수 있다. 이러한 단점을 조금이라도 극복하기 위해 "공평한 설문조사 및 분석 방법론" 등을 사용하거나, 그림 8.1의 NASA TLX나 그림 8.2의 IBM 사용성 설문조사 따위의 준 표준적인 설문조사를 이용할 수 있다[2][4][7].

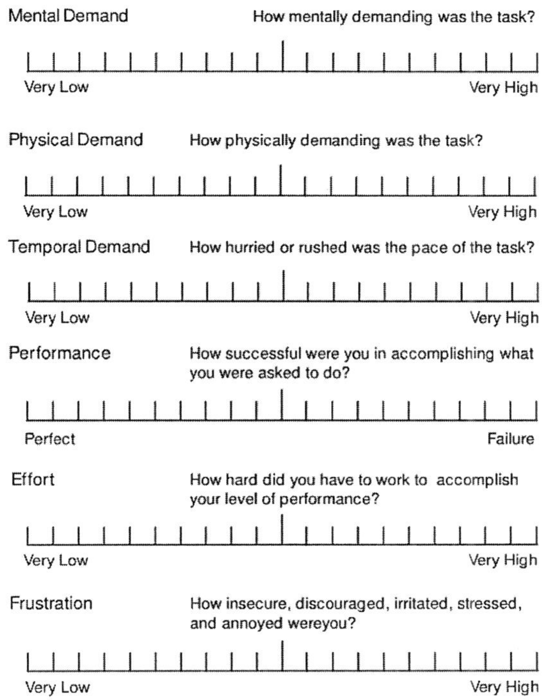

Mental Demand — How mentally demanding was the task?
Very Low … Very High

Physical Demand — How physically demanding was the task?
Very Low … Very High

Temporal Demand — How hurried or rushed was the pace of the task?
Very Low … Very High

Performance — How successful were you in accomplishing what you were asked to do?
Perfect … Failure

Effort — How hard did you have to work to accomplish your level of performance?
Very Low … Very High

Frustration — How insecure, discouraged, irritated, stressed, and annoyed wereyou?
Very Low … Very High

[그림 8.1] NASA TLX 사용성 설문 문항들의 예: NASA TLX(Task Load Index)는 주로 사용자의 인지적 부담에 초점을 두고 사용성 설문이 진행되며 각 문항이 3등급(상, 중, 하)의 7점 척도로 구성되어 총 21단계로 평가된다[2][7].

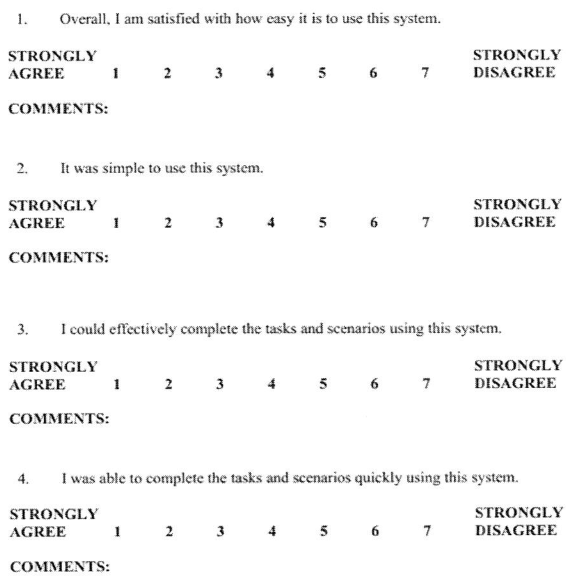

1. Overall, I am satisfied with how easy it is to use this system.

STRONGLY AGREE 1 2 3 4 5 6 7 STRONGLY DISAGREE

COMMENTS:

2. It was simple to use this system.

STRONGLY AGREE 1 2 3 4 5 6 7 STRONGLY DISAGREE

COMMENTS:

3. I could effectively complete the tasks and scenarios using this system.

STRONGLY AGREE 1 2 3 4 5 6 7 STRONGLY DISAGREE

COMMENTS:

4. I was able to complete the tasks and scenarios quickly using this system.

STRONGLY AGREE 1 2 3 4 5 6 7 STRONGLY DISAGREE

COMMENTS:

[그림 8.2] IBM 컴퓨터 시스템 사용성 설문조사 문항 예제[4]

사용자 경험(UX)은 상호작용/인터페이스의 평가에 있어 또 하나의 중요한 측면이다. 사실, 사용자 경험은 최근 부상한 개념으로 정확한 정의는 내려져 있지 않다. 일반적으로 사용자 경험은 인터페이스에만 국한된 개념이나 문제가 아니라, 상품/응용프로그램 전체 혹은 더 나아가 상품/응용프로그램 군(MS Office 프로그램 군, Apple의 상품 군)까지 확장하여 고려되어야 하는 개념이다. 또한, 사용자 경험은 단순히 사용 효율성 따위에 비하여 좀 더 사용자의 감성적 측면까지 고려되어야 하고 이런 기준이 가치 판단에 좀 더 중요하게 작용 할 수 있다[1]. 이를 위하여 평가가 여러 상황과 사용 맥락 속에서, 그리고 관련 응용프로그램 제품군과 함께 보다 폭 넓게 이루어져야 한다. 예를 들어, 주어진 응용프로그램이나 상품에서 특정 작업이나 이를 위한 인터페이스 설계가 덜 효율적이라고 할지라도, 전체적인 디자인, 브랜드에 대한 호감도, 일관성, 다른 관련 앱과의 호환성 등에 따라서 전체적 사용자 경험은 좋게 평가 될 수 있는 것이다. 따라서 사용자 경험은 사용성보다 더 포괄적인 개념이므로 사용성이 사용자 경험의 일부라고도 말할 수 있다. 그림 8.3을 살펴보아도 사용자 경험에 관계하는 요소가 사용성 이외에도 좀 더 세부적인 사용자 특성, 문화·사회적 맥락, 사용 환경 그리고 제품(소프트웨어/하드웨어)의 종합적 특성이 반영되어야 하는 거시적 접근이 필요하다는 것을 알 수 있다.

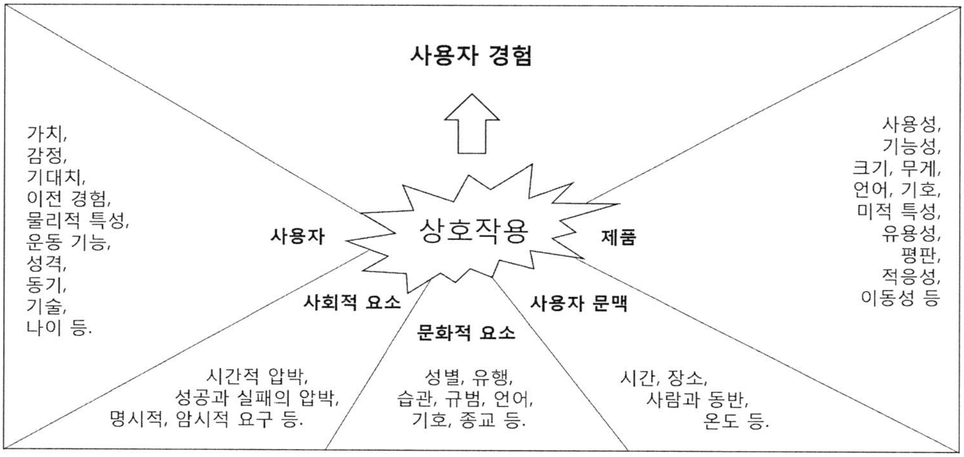

[그림 8.3] 사용자 경험을 측정하기 위한 설문조사에서 고려되어야 할 여러 가지 면들

8.2 평가 방법 (Evaluation Methods)

사용자 경험, 보다 좁은 의미인 사용성, 정량적 평가, 혹은 정성적 평가, 기타 성격이 조금씩 다른 평가 기준이나 상황에 따라 여러 가지의 상호작용/인터페이스 평가 방법이 존

재한다. 어떤 평가 방법은 상이한 상황이나 목표에도 불구하고 광범위하게 일반적인 적용이 가능한가 하면 어떤 방법은 특정 기준이나 사용환경에 좀 더 적합한 경우도 있다. 일반적으로 인터페이스 평가 방법은 다음의 요소들에 의해 구분될 수 있는데, 즉 (1) 적용 시기(예: 개발 초기/중기/말기/이후), (2) 평가자의 성격(예: UI 전문가, 실제 사용자), (3) 형식적 측면(예: 제어된 환경에서의 실험, 자유로운 인터뷰), 그리고 (4) 평가 장소(예: 실험실, 실제 사용장소) 등을 꼽을 수 있다. 다음 절에서는 대표적인 평가 방법을 설명하고, 위의 네 가지 기준에 따라 주어진 방법의 성격을 구분해 보기로 하겠다.

8.2.1 집중 인터뷰/상황 시뮬레이션/관찰 연구 (Focus Interview/Enactment/Observation Study)

인터페이스 평가 방법 중 가장 쉽고 직관적인 방법은 사용자를 대상으로 하는 인터뷰 방법일 것이다. 인터뷰 방법은 여러 다양한 방식이 있다. 물론, 설문조사와 비슷한 형식으로 인터뷰 대상자가 상호작용/인터페이스에 관련된 여러 가지 항목들을 인터뷰 진행자로부터 설명을 듣고, 토의도 하고 자기의 의견을 기록하는 것이 가장 기본적인 형태일 것이다. 이와 더불어, 해당 시스템/응용프로그램/인터페이스를 직접 사용해 보기도 하고, 이때 사용자의 행위나 반응을 관찰하게 된다. 이러한 경우 관찰은 비디오 녹화 후 추후에 이루어 질 수도 있다. 인터뷰/시스템사용 관찰은 그 적용 시기 및 해당 시스템의 구현 정도에 따라 약간씩 다른 형태로 진행이 되고, 또한 결과의 신뢰성이나 그 포괄성이 결정될 수 있다. 시스템 개발 초기에는 구현이 덜 되었기 때문에 종이로 만든 목업(Mock-up)이나 프로토타입 등을 이용하여 시스템이 구현된 것처럼 "연기"를 하며 상호작용의 진행을 시뮬레이션하고 인터페이스 설계를 부분적으로 확인하게 된다(그림 8.4). 이때 사용되는 비슷한 평가 방법으로 "Wizard of Oz" 방법이 있는데, 오즈의 마법사가 커튼 뒤에서 마왕 대신 말을 하는 것에 빗대어 명명된 방법이다[9]. 즉, 구현이 덜 된 프로토타입의 실행을 인간이 커튼 뒤에서 (혹은 수동적 방법으로) 대신 시뮬레이션시켜주는 방법이다.

[그림 8.4] 사용자에게 Mock-up을 가지고 시스템을 수동적으로 시뮬레이션하면서 인터뷰하는 모습

인터뷰는 모든 HCI 원칙이나 응용프로그램의 모든 면을 평가하기에 시간이 너무 많이 소요되므로, 특정 평가 기준에 초점을 맞추기 위해 특정 사용자 군을 대상으로 하거나, 특정 인터페이스 및 시스템 특징을 대상으로 삼게 된다. 이러한 집중 인터뷰(Focused Interview)기법 중 인지적 시찰법(Cognitive Walkthrough)은 사용자가 인터페이스를 사용할 때의 인지적 프로세스를 보다 잘 알아내기 위해 사용자로 하여금 머릿속에서의 생각하는 과정을 의식적으로 소리내어 말하도록 하는 방법(Thinking Aloud)이다(그림 8.5). 이러한 방법을 통해 사용자가 생각하고 기대하는 상호작용의 과정과 실제 설계 및 구현된 시스템 사이에 존재하는 간극(Gap)을 좀 더 극명하게 찾아낼 수 있다. 이와 같이 설계 및 구현 초기 과정에서는 주로 상호작용 모델이나 흐름을 분석하고 평가하여 재설계에 반영하고, 말기나 적용 이후에는 인터페이스 설계에 대해서 평가 분석하는 것이 전형적인 평가 유형이라 할 수 있다. 또 하나의 인터뷰/시뮬레이션 기법으로는 "Can you break this"라는 시험 방법이 있다. 이 방법에서는 사용자로 하여금 어떤 인터페이스의 문제점을 드러내도록 일종의 임무를 주는 방식이다.

대화형 소프트웨어의 개발 과정이 설계-구현-평가가 계속 순환적으로 진행되는 것이기 때문에 이러한 인터뷰/시뮬레이션 방법은 평가뿐만 아니라 궁극적으로 설계를 위해서도 적용이 가능하다는 점을 이해하여야 한다. 다만 평가보다 설계를 위한 인터뷰나 시뮬레이션 등은 좀 더 다양한 대안을 도출하는 데 초점을 맞춰야 할 것이다. 이미 우리는 이전 장에서 설계 과정에서 스토리보드, 와이어 프레이밍, GOMS 등의 방법론을 적용하는 것을 살펴보았다. 결국 평가와 (재)설계는 함께 이루어지는 것이다.

종합하면, 인터뷰/시뮬레이션/관찰 방법은 직관적이고 쉽게 적용할 수 있으나, 짜임새 있게 진행되기가 어려울 수 있는 단점도 있다. 다음 표는 인터뷰/시뮬레이션/관찰 방법의 성격을 요약하고 있다(표 8.1).

[그림 8.5] 인지적 시찰법을 이용한 인터뷰

[표 8.1] 인터뷰/상황 시뮬레이션/관찰 평가 방법

<table>
<tr><td>평가자/규모</td><td colspan="3">실제 사용자/10~15명의 중형 규모</td></tr>
<tr><td>평가자 유형</td><td colspan="3">특정 사용자 집단에 초점(예: 전문가, 연령대, 성별 등)</td></tr>
<tr><td>형식</td><td colspan="3">비교적 형식이 없음(제어된 실험 세팅이 아님)</td></tr>
<tr><td rowspan="4">적용 시점 및 목적</td><td>시점</td><td>목적</td><td>시뮬레이션 방법</td></tr>
<tr><td>초기</td><td>상호작용 모델/흐름</td><td>목업/Wizard of Oz</td></tr>
<tr><td>중기</td><td>인터페이스 방법 선택</td><td>목업/Wizard of Oz
일부 컴퓨터 시뮬레이션</td></tr>
<tr><td>말기/
구현 이후</td><td>인터페이스 설계 문제들(모양과 느낌, 미학적 관점, 색, 대비효과, 서체 크기 및 유형, 아이콘 배치, 객체 배치 등)</td><td>시뮬레이션
실제 시스템 구현 결과</td></tr>
<tr><td>특징</td><td colspan="3">쉽게 적용할 수 있고 형식에 많이 구애 받지 않으나 비교적 덜 구조적이라 종합적이지 못함</td></tr>
</table>

8.2.2 전문가에 의한 휴리스틱 평가 (Expert Heuristic Evaluation)

전문가에 의한 휴리스틱 평가는 방법적 측면에서는 인터뷰 방법과 비슷하나 휴리스틱이라 불리는 (미리 정해진) HCI 규칙이나 지침을 근거로 사용자가 아닌 인터페이스 휴리스틱의 해당 전문가가 신속하게 평가를 수행한다는 점이 차별화 된다. 특정 UI 휴리스틱은 일반적인 HCI 원칙들일 수도 있고, 좀 더 세세한 원칙들일 수도 있다. 예를 들면, 응용프로그램의 장르(예: 게임), 인지/인간공학적 부담, 기업의 특정 UI 설계 형식 등과 같은 것들을 들 수 있다. 이러한 휴리스틱들과 해당 전문가를 초청하는 것은 평가를 시행하는 측에서 준비하게 된다. 아래 항목들은 Nielsen이 제시한 10가지 일반적인 UI 휴리스틱들이다[6]. 이러한 지침이 상호작용이나 인터페이스 설계에 사용될 수 있음을 기억해야 한다.

1. **시스템의 현황이 눈에 잘 띄어야 한다:** 시스템은 항상 사용자에게 시스템이 어떤 상황이며 어떤 일이 벌어지고 있는지 적절한 피드백으로 신속하게 알려주어야 한다.
2. **시스템과 실세계가 대응되어야 한다:** 시스템에서의 사용하는 여러 가지 언어용어적 정보 표현은 실세계에서도 통용되는 것들이어야 한다.
3. **사용자의 제어 및 자유도:** 사용자는 종종 실수를 하게 되므로 이를 되돌릴 수 있는 방법을 만들어 주어야 한다.
4. **일관성 및 표준 사용:** 사용자들이 일관성 없는 용어나 명칭 표시 및 상호작용 양식을 지양해야 하고 이를 위해 플랫폼 표준을 따르는 것이 좋다.
5. **오류의 방지:** 오류 메시지를 잘 표현하는 것도 중요하나 애초에 오류가 발생하지 않도록 인터페이스를 설계하는 것이 좋다. 이를 위한 중요한 방법은 확인 절차를 거쳐 주요한 조치를 적용하는 것이다.

6. **기억하기보다는 인식을 이용:** 사용자의 기억 부담을 줄이기 위한 방편으로 사용 UI 객체들을 눈에 띄게 만들어주고 그 객체들의 의미를 기억에 의존하기보다는 보고 느끼고 인식시켜 이를 통해 이해할 수 있도록 한다.
7. **사용의 유연성 및 효율성:** 숙달된 사용자를 위한 (초보자에게는 보이지 않는) 인터페이스를 제공하거나 자주 쓰는 기능에 대한 단축키 따위를 제공하여 유연성과 효율성을 가능한 성취할 수 있도록 한다.
8. **미적이고 단순한 설계:** 무관하거나 거의 필요하지 않는 정보는 포함시키지 않는다. 추가 정보들은 결국 주요한 정보들과 사용자의 주의력 측면에서 경쟁하게 됨을 기억해야 한다.
9. **사용자가 오류를 인지하고, 분석하고, 오류로부터 복구할 수 있도록 도와라:** 오류에 대한 메시지는 정확하게 어렵지 않은 용어를 사용하여 표현하고 어떻게 오류 상황을 벗어날 수 있는지 친절하게 설명하여야 한다.
10. **도움말 및 설명서:** 시스템이 문서 없이 행동유도성만으로 사용 가능해야 하지만, 복잡한 시스템의 경우에는 손쉬운 방법으로 오류 작업에 대하여 관련 도움말을 얻을 수 있도록 하여야 한다.

표 8.2 및 그림 8.6에서는 No Sheets를 평가하기 위해 특화된 휴리스틱의 예시 및 그 평가 일부를 보여 주고 있다. 평가는 HCI 전문가가 수행하였고, 평가를 좀 더 효율적이고 초점 있게 진행하기 위하여 해당 응용프로그램에서 좀 더 중요하다고 생각되는 원칙을 중심으로 휴리스틱을 도출하였다.

[표 8.2] No Sheets를 평가하기 위한 특화된 HCI 휴리스틱 및 적용의 예

평가휴리스틱	세부평가예시	결과(일부)
시스템 상태	연주되고 있는 상태의 이해도, 어디까지 연주되고 있는지 등	재생되고 있을 때 빠르기 및 재생/빨리감기/되감기의 구분표시 안 됨
화면에서의 인터페이스 객체의 배치	정보배치, 컬러코딩, 아이콘 모양 등	원색을 이용하여 눈에 피로도가 증가함. 가로보기 사용이 더 적절함 빨리감기/되감기 아이콘 변경 필요
전체 작업 및 음악 정보 모델	필요한 최소 기능 존재 여부, 순서, 어느 순간에 어떤 기능 구동 가능 여부, 필요한 모든 정보 표시 여부 등	재생 중에 빠르기 조절이 불가함 재생 중 빨리감기/되감기가 불가함 마디별로 화음 정보가 필요함
전반적 인간공학적/사용자 특성/작업 조건에 대한 고려	가독성, 색상대비, GUI 객체 크기, 다양한 사용 환경에서의 (피아노 앞, 기타치면서 바닥에 놓음 등) 적응성 여부 등	각기 다른 정보 사이에 색상대비가 부족함 긴 가사에 대한 고려가 없음 가로보기 사용이 더 적절함

입출력 양식	박자 전달방법(소리, 숫자 등), 빠르기 설정방법, 파일 선택 방법 등	박자 소리의 개선 필요(너무 고음) 빨리감기/되감기를 드래그로 하면 좋겠음
일관성 및 정보표준	실제 악보와의 일관성, 안드로이드 표준 등	아이콘을 좀 더 보편적인 모양으로 선택할 것
오류 피하기	오류 및 재시도 최소화 여부 등	파일이 적재되지 않았을 때 재생버튼을 비활성화할 것
전반적 심미적 요소	간결성, 매력성 등	원색을 사용하는 것 이외에 전반적으로 간결함
도움말	프로그램 소개, 사용법 등	프로그램의 소개만 있을 뿐 사용법에 대한 좀 더 자세한 소개/도움말 필요함

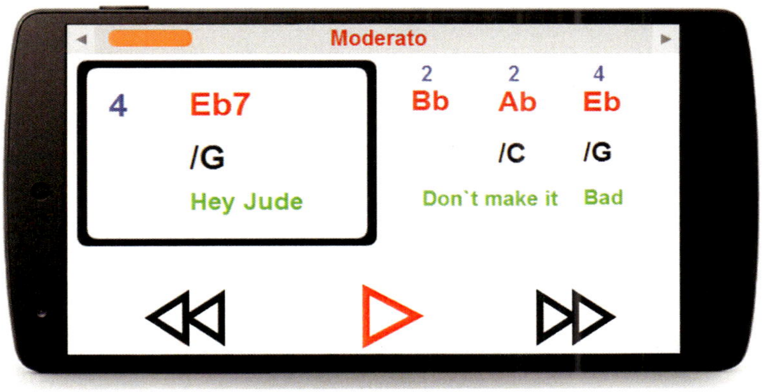

[그림 8.6] 전문가 휴리스틱 평가에 의거한 No Sheets의 화면 재 디자인: 가로 보기로 화면 모드를 바꾸고 원색 사용을 가능한 피했으며, 빨리감기/되감기 버튼 아이콘을 보편적인 모양으로 변경하고 현재 재생되고 있는 화음 및 빠르기를 표시하였음

전문가에 의한 휴리스틱 평가는 신속하고 비교적 저렴한 비용으로 수행할 수 있어서 개발자들이 가장 선호하는 평가 방법이다. 대개의 경우 3~5명 정도의 인터페이스 전문가를 모시고 휴리스틱 평가를 하는데, 주로 개발의 말기나 제품 출시 이후에 수행하며, 한 가지 휴리스틱에 대하여 중복적으로 교차 검사(Cross Checking)를 수행할 수도 있고, 세부 휴리스틱 항목에 따라서 다른 전문지식을 가진 평가자를 활용하기도 한다. 때로는 응용프로그램의 분야별 전문가나 전문적인 사용자가 참여하기도 한다. 전문가에 의한 휴리스틱 평가의 단점으로는 HCI 전문가가 사용자의 요구사항을 모두 이해하지 못하여 이를 반영하지 못할 수 있거나, 참여한 전문가의 수가 상대적으로 적어 자칫 편향된 평가가 이루어 질 수 있다는 것이다(표 8.3 요약).

[표 8.3] 전문가에 의한 휴리스틱 평가

<table>
<tr><td>평가자/규모</td><td colspan="3">HCI 전문가/3~5명의 소규모</td></tr>
<tr><td>평가자 유형</td><td colspan="3">해당 응용프로그램과 관련된 특정 규칙, 기업의 특정 UI 형식, 일관성 등의 특정 원칙 관련 분야의 전문가</td></tr>
<tr><td>형식</td><td colspan="3">형식적으로는 자유로우나 적용 휴리스틱은 미리 결정</td></tr>
<tr><td rowspan="3">적용시점 및 목적</td><td>시점</td><td>목적</td><td>시뮬레이션 방법</td></tr>
<tr><td>중기</td><td>인터페이스 선택</td><td>시나리오, 스토리보드, 상호작용 모델 등</td></tr>
<tr><td>말기/출시 이후</td><td>인터페이스 설계 문제들 (모양과 느낌, 미학적 관점, 색, 대비효과, 서체 크기 및 유형, 아이콘 배치, 객체 배치 등)</td><td>컴퓨터 시뮬레이션 및 실제 시스템</td></tr>
<tr><td>특징</td><td colspan="3">쉽고 빠르고 비용이 적게 든다. 그러나 실제 사용자의 의견 반영이 어렵고 미리 휴리스틱을 정하는 것이 쉽지 않다는 문제가 있음.</td></tr>
</table>

8.2.3 성능 측정(Performance Measurement)

사용자/전문가 인터뷰나 관찰 방법과 달리, 성능 측정 방법은 인터페이스의 평가를 수치적으로 정량화하는 방법이며, 이러한 평가 수치는 특정 작업에 대한 사용자 수행 정도를 정량적으로 측정하거나, 정성적 설문조사에서 도출하여 산정하게 된다.

전형적인 정량적 수치로서는 작업 수행 시간, 단위 시간당 작업량 및 단위 시간당 평균 오류율 등을 들 수 있다. 예를 들어, 어떤 모바일 게임에 대한 전형적인 작업으로 게임을 선택하여 실행하고, 로그인을 하여 주 화면까지 도달케 하는 것을 선정하고, 그 화면까지의 도달 시간을 측정할 수 있다. 또한, 이 책에서 예제로 활용한 "No Sheets" 응용프로그램의 경우, 해당 프로그램을 선택하여 실행하고, 음악 파일을 불러와 빠르기를 설정하기까지의 소요 시간 및 오류 등을 측정할 수 있을 것이다. 사실, 이러한 정량적 수치는 어떤 다른 기준이 되는 시스템과의 비교를 통해서만 의미를 찾을 수 있다. 따라서 두 가지의 다른 인터페이스를 채용한 응용프로그램에 대해서 정량적 수치를 측정하고 이를 통계분석 기법을 이용한 비교를 통하여 평가의 결과에 대해서 논할 수 있게 된다(통계분석을 이용하면 수치상으로 나타난 정량적 차이가 의미 있는 차이인지 아니면 우연의 일치 또는 단순한 데이터의 잡음(Noise)인지를 과학적으로 판단 할 수 있다). 정량적 작업의 효율성 측정이나 정성적 설문조사 모두 상대적 수치를 도출하게 되지만, 전자의 경우가 후자의 경우보다 측정 기준에 대해서 보다 균일한 실험 대상자를(약 10~20명 정도) 모집하는 것이 용이하다고 할 수 있다. 정성적 기준에 대한 설문조사의 경우, 정성적 기준이 인지 심리적으로 개입되는 요인들이 많기 때문에 이러한 부분에서 비슷한 성향을 갖는 균일한 실험대상자 군을 모집하는 것이 쉽지 않다. 따라서 정성적 설문조사는 30명 이상의 보다 많은 실험대상자를 사용할 때가 많다.

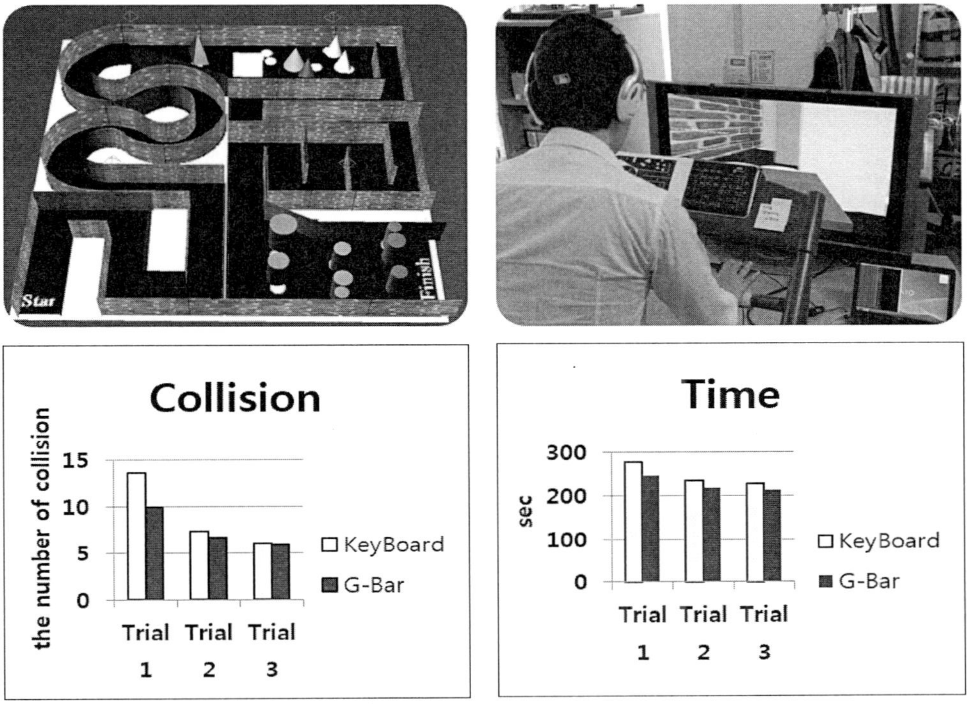

[그림 8.7] 작업 수행 능력 측정의 예: (1) 기준: 키보드를 사용하는 게임 인터페이스, (2) 평가 대상: 새로운 컨트롤러를 사용하는 게임 인터페이스, (3) 평가: 각각의 인터페이스를 사용하여 미로를 찾아 나가는 작업 수행 시간 및 벽과 부딪친 횟수를 세 번씩 측정하여 사용의 용이성을 간접적으로 평가함[3]

설문조사에서도 수치적인 평가 점수는 도출될 수 있다. 설문조사 방법이 사용되는 이유는 사용성이나 사용자 경험을 평가하기 위한 기준과 측정 항목의 많은 부분들이 직접 기계로 측정할 수 없고 객관적으로 정량화하기 어려운 관념적 개념(주관적 인식이나 인지)이 많기 때문이다. 이러한 이유로 관련 답변들은 변화량이 비교적 크고 각 사용자의 개인적 배경에 많이 의존적이다. 이러한 평가 결과에서 편향성을 없애기 위해서는 실험 대상자의 수를 크게 늘려야 한다(일반적으로 30명 이상). 또한, 설문 문항에 대해서 수치적으로 답변을 할 때 적은 홀수 개의 단계를 쓰게 된다. 홀수 개의를 단계를 사용하는 이유는 어중간한 경우 중간 수준을 선택할 수 있도록 하기 위함이며, 그 수준의 수가 5개나 7개 정도로 적어야 하는 이유는 설문에 응답하는 사용자의 인지적 부담을 줄여주기 위함이다. 설문조사 문항은 응답자가 이해하기 쉬워야 하며 문항의 수가 너무 많으면 좋지 않다(예: 최대 15개 내외). 문항이 이해하기 어려운 경우에는 설문조사 수행자가 구두로 설명하여 이해를 시키도록 하여야 한다. 정성적 설문조사 방법도 정량적 측정방법과 마찬가지로 비교 측정을 통하여 좀 더 그 의미를 공고히 할 수 있다. 표 8.4는 설문조사를 설계하는 데 사용하는 대표적인 지침들을 보여주고 있다.

[표 8.4] 좋은 설문을 위한 지침

1. 문항 수를 최소화하라.	너무 많은 문항들은 응답자를 피곤하게 하고 그것으로 인해 신뢰할 수 없는 결과를 낳게 한다.
2. 홀수 개의 리커트 척도(Likert Scale)를 사용하라.	연구에 의하면 5개나 7개의 응답 척도를 이용한 방법이 가장 효율적이라고 한다[5].
3. 일관성 있는 문항의 극성을 사용하라.	예를 들어, 모든 문항에서 가장 부정적인 응답은 1점, 가장 긍정적인 것은 7점으로 산정한다.
4. 문항들이 단순하고 이해하기 쉽게 만들어져야 한다.	문항은 명확하고 이해하기 쉬워야 한다. 문항이 길면 응답자가 일찍 피로하게 되고, 문항이 짧으면 내용을 이해하기 어려울 수 있는데, 문항이 있는 그대로 이해하기 어려울 때는 설문조사 진행자가 구두로 설명하여야 한다.
5. 피실험자들에게 실험에 대한 보상을 해주어야 한다.	보상이 없는 경우에는 피실험자는 실험에 최선을 다하지 않아서 신뢰할 수 없는 결과를 낳게 한다.
6. 문항들을 주제별로 묶도록 한다.	설문조사를 읽고 문항에 답할 때에는 같은 주제로 묶여 있는 문항에 대해서 응답하기가 쉬워진다.

인터페이스 평가를 위한 두 가지의 성능 측정 방법은 오랜 기간에 걸쳐 여러 차례 행하여질 수도 있다. 이러한 측정 방식은, 특히 기억이나 익숙함에 관련된 사용성 평가에 적당하다. 예를 들어, 사용성의 평가 중에 인터페이스가 배우기 쉬운가를 평가 할 때, 작업 수행 능력을 몇 주에 걸쳐서 측정하면서 개선 정도나 사용자의 적응시간 따위를 측정함으로써 좀 더 직접적으로 인터페이스가 배우기 쉬운지 알아낼 수 있다.

또 다른 측정 방식의 변형으로 측정 장소를 달리하는 것이 있다. 대화형 응용프로그램을 시험할 때에는 사실 그 응용프로그램이 쓰이는 바로 그 장소에서, 즉 작업 맥락이 실제로 존재하는 현장에서 시험을 하는 것이 가장 좋을 것이다. 따라서 실험이나 측정이 실험실보다는 집, 사무실, 거리 등에서 이루어지게 하는 것이다. 문제는 실험실이 아닌 현장에서는 측정 장비를 설치하지 못하는 등의 이유로 측정 자체가 불가능할 수도 있으며, 측정이 가능하다고 하더라도 평가 결과에 영향을 미치는 여러 가지 요소들을 제어할 수 없다는 것이다. 예를 들어, 실험 대상자가 실제 상황 속에서 해당 인터페이스를 사용하고 있으므로, 해당 작업에 대한 작업 수행 능력을 측정하고 있는 동안에 상관이나 친구에게 전화가 오는 것과 같은 예기치 못한 일이 발생하게 되어 그 데이터가 무효화될 수 있는 여지가 많은 것이다. 혹은 피실험자가 실험실과 달리 현장에서는 심리적으로나 육체적으로 매우 다르게 작업에 임하는 것도 실험 결과에 많은 영향을 끼칠 수 있는데, 사실 후자의 경우 좀 더 사실적인 결과를 얻을 수 있다고 할 것이다. 이에 반해, 실험실에서의 측정은 이러한 변수에 의한 편향적인 결과를 방지할 수 있고, 원하는 균일한 성향의 사람을 실험 대상자로 선정하여 진행하기에 훨씬 더 수월하다고 할 수 있다.

최근 스마트폰 시대의 도래와 스마트폰의 휴대성으로 인하여, 현장에서의 사용성 및 사용자 경험 측정이 많은 관심을 끌고 있다. 스마트폰 앱들을 실행 중 이면(Background)에서 여러 가지 상호작용 데이터를 기록하여 서버에 보내도록 구성할 경우 서버에 수집된 데이터를 분석하여 현장에서 사용성 및 사용자 경험을 측정할 수 있게 되었다. 이러한 실험 방법도 상기한 것과 마찬가지의 실험 운용적 문제가 있지만, 좀 더 현실적인 상호작용 분석 평가와 보다 많은 실험자를 동원할 수 있기에 실현 가능성이 높고, 최근 연구에 의하면 이러한 실험방식에서의 결과가 고립된 실험실에서의 측정 결과와 큰 차이가 없다는 것이 밝혀지기도 했다.

사실, 설문조사나 실험 디자인은 공평하고 편향적이지 않아야 하며, 지금까지 강조한 것처럼 균일한 배경을 가진 피실험자를 모집하는 문제, 피실험자에게 실험을 수행할 인터페이스나 응용프로그램에 대하여 최소한의 훈련을 시키는 문제, 동의를 얻고 동기를 부여하여 최선을 다해 실험에 임하게 하는 문제, 적절한 측정평가 기준을 세우고 독립/종속 변수를 결정하는 문제, 통계 분석 방법을 선택하는 문제 등 평가 절차에 있어서 고려할 것이 매우 많다(표 8.5). 자세한 내용은 본 책에서 다루는 내용 밖이므로 관심 있는 독자들은 실험 설계 방법론(Design of Experiments) 관련 서적을 찾아볼 것을 권유한다.

[표 8.5] 성능 측정

<table>
<tr><td>평가자/규모</td><td colspan="3">잠재적 또는 실제 사용자/10~50인 이상의 중-대규모</td></tr>
<tr><td>평가자 유형</td><td colspan="3">균형 있고 균일한 피실험자군(성별, 나이, 교육적 배경, 관련 기술의 숙달 정도 등)</td></tr>
<tr><td>형식</td><td colspan="3">비정형화된 실험일 수도 있으나 어느 정도는 제어된 환경에서 편향성 요소를 배제한 상태에서 형식을 갖추어 진행</td></tr>
<tr><td>장소</td><td colspan="3">실험실 혹은 실제 사용장소</td></tr>
<tr><td rowspan="2">적용 시점</td><td>시점</td><td>목적</td><td>시뮬레이션 방법</td></tr>
<tr><td>말기/
출시 이후</td><td>인터페이스 설계 문제들(모양과 느낌, 미학적 관점, 색, 대비효과, 서체 크기 및 유형, 아이콘 배치, 객체 배치 등)
인터페이스 유형 선택</td><td>컴퓨터 시뮬레이션 및 실제 시스템</td></tr>
<tr><td>특징</td><td colspan="3">다른 방법보다 좀 더 신뢰할 수 있는 결과를 얻을 수 있으나, 실험이나 측정에 많은 시간과 비용이 소요되며 정성이 필요함</td></tr>
</table>

8.2.4 평가 과정에서의 안전성 문제

대부분의 HCI 평가는 가볍게 인터뷰를 하거나 목업(Mock up)/프로토타입(Prototype) 시스템(예: 데스크톱 소프트웨어, 모바일 기기 등) 등을 사용하여 간단한 작업을 수행하는 형태이므로 안전성의 문제는 크게 대두되지 않는다. 그러나 인터뷰가 지나치게 오래 진행되거나 주어진 작업이 반복이나 그 특성에 의해 신체적으로 혹은 정신적으로 과도할 때에는 사후에 사용자에게 문제가 생겨날 수도 있다는 것을 꼭 기억해야 한다. 따라서 우선 애초부터 사용자 평가 과정이 사후에 사용자에게 어떤 후유증을 유발하지 않도록 디자인되어야 한다. 실험 대상자들은 당연히 자유롭게 자원을 통해 모집하여야 하며, 자원을 하여 참여하기로 했다고 해도, 언제라도 자신의 뜻에 의해 중단할 권리를 가진다. 실험 대상자들에게 실험 목적이나 진행 방법 등이 자세하고 충분하게 설명되어 실험 대상자들의 이해를 받도록 해야 하고 더 나아가 서면 동의를 얻어야 할 경우도 있다. 대학이나 연구 기관에는 IRB(임상시험 심사위원회 및 임상시험 윤리위원회, Institutional Review Board)라고 하여 이러한 연구의 타당성이나 평가 실험 계획을 검토하고, 지속적으로 안전성을 확인함으로써 임상시험에 참여하는 피험자의 권리 안전 복지를 보호하기 위한 상설 조직이 존재한다. 따라서 실험이나 기타 평가 관련 작업이 실험 대상자에게로 미치는 영향을 가늠하기 어려울 때에는 IRB를 통하여 안전성을 확보하는 것이 좋다.

8.3 요약

설계, 구현과 더불어 HCI 중심의 시스템 개발의 세 번째 핵심 단계인 평가에 대한 여러 가지 방법과 그 사례를 살펴보았다. 전체 개발은 설계-구현-평가가 반복적으로 진행 되면서 점진적으로 발전하게 된다. 초기 설계 및 구현 단계에서 HCI를 위한 여러 가지 고려가 있음에도 불구하고 현실에서의 구현과 미처 생각하지 못한 부분이 많이 있을 수 있으므로, 명시적인 평가 단계는 꼭 필요하다. 평가 방법은 여러 가지 기준과 목표에 의거하여 적절한 방법을 선택하는 것이 중요하기도 하다. 이러한 평가의 결과는 해당 응용프로그램을 다음 단계에서 개선시키는 목표 및 효과가 있기도 하지만, 동시에 응용프로그램의 신뢰도를 높이고 이는 브랜드 이미지 제고, 사용자 경험 등에도 큰 영향을 미칠 수 있다.

References

[1] DIS, ISO. "9241-210: 2010. Ergonomics of human system interaction-Part 210: Human-centered design for interactive systems." International Organization for Standardization (ISO), (2009).

[2] Hart, S. G., Steveland, L. E., "Development of NASA-TLX (Task Load Index): Results of empirical and theoretical research." *Human mental workload* 1. 3 (1988): 139-183.

[3] Jang, B., and Kim, G. J., "Evaluation of grounded isometric interface for whole-body navigation in virtual environments." *Computer Animation and Virtual Worlds* (2013).

[4] Lewis, J. R. "IBM computer usability satisfaction questionnaires: psychometric evaluation and instructions for use." *International Journal of Human-Computer Interaction* 7. 1 (1995): 57-78.

[5] Likert, R. "A Technique for the Measurement of Attitudes." *Archives of Psychology* 22. 140 (1932): 1–55.

[6] Nielsen, J. "Enhancing the explanatory power of usability heuristics." *Proceedings of the SIGCHI conference on Human Factors in Computing Systems.* ACM, (1994): 152-158.

[7] NASA, "NASA Task Load Index" http://humansystems.arc.nasa.gov/groups/tlx/downloads/TLXScale. pdf, (2013).

[8] Wikipedia, "Usability" http://en.wikipedia.org/wiki/Usability, (2013).

[9] Wikipedia, "Wizard of Oz experiment" http://en.wikipedia.org/wiki/Wizard_of_Oz_experiment, (2013).

제9장 미래의 HCI

제1장에서 강조했듯이, 컴퓨터의 발전사를 살펴보면 HCI의 발전은 컴퓨터가 대중화되고, 우리 생활 속에서 중요한 존재가 되기까지 큰 공헌을 하였다. 20세기 말까지의 HCI 기술은 주로 고정형 컴퓨터를 쉽게 사용하는 데 주력했다고 할 수 있다. 가장 전형적인 결과가 데스크톱 컴퓨터를 위한 WIMP형 인터페이스이다. 즉, 종래의 커맨드 형 인터페이스를 개선한 마우스 및 윈도우/GUI 형 인터페이스를 생각할 수 있다. WIMP 형 인터페이스 영역 내에서의 HCI 기술 혁신의 몇 가지 예를 든다면, 인간공학적 마우스나 키보드 디자인, 2D 윈도우 기반의 GUI 설계 지침, Fitt's Law의 2D 컴퓨터 인터페이스로의 적용 및 작업 성능 평가 모델화, 인터넷 정보 탐색을 위한 웹 브라우저 및 하이퍼텍스트(Hypertext) 인터페이스 등을 생각할 수 있다. 사실 HCI 발전은 컴퓨팅 플랫폼의 발전과 발맞추어 이루어져 왔다. 60년대 말 Engelbart에 의해 고안된 WIMP 인터페이스도 결국 훗날 80년에 들어와서야 데스크톱 형태의 개인용 컴퓨터의 발전과 발맞추어 시의 적절하게 꽃 피우게 된 것이다.

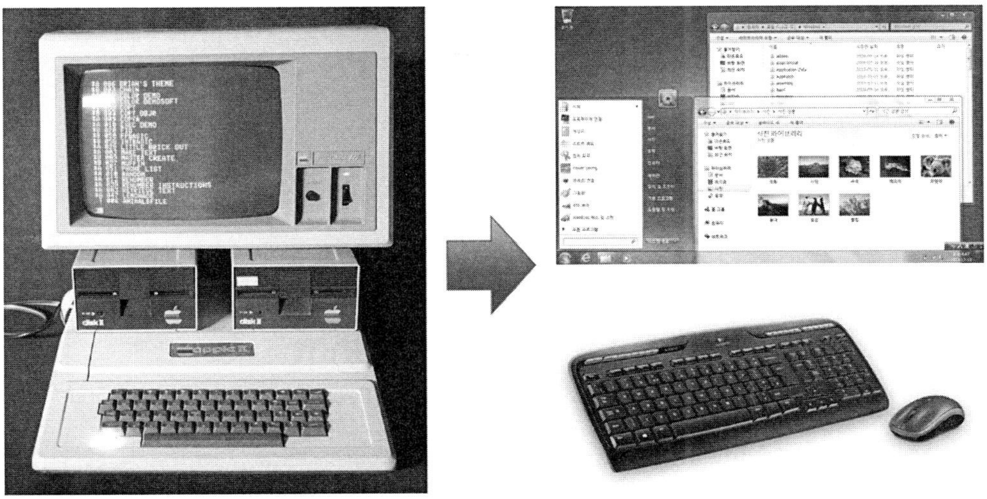

[그림 9.1] 커맨드형 인터페이스[1]에서 WIMP 형 인터페이스[2]로의 발전 및 고도화(1980~1990말)

1 Apple Computer, http://www.vintage-computer.com/apple_ii_plus.shtml
2 Logitech MK330, http://www.logitech.com/ko-kr/product/wireless-combo-mk330?crid=27

그렇다면 미래의 HCI는 어떻게 될 것인가? 우선 새로이 발전하는 컴퓨팅 플랫폼에 주목할 필요가 있다. 2000년 이후 새로이 그리고 빠르게 대중화되고 있는 컴퓨팅 플랫폼을 몇 가지 열거할 수 있다. 우선 (1) 스마트폰 등으로 대표되는 휴대용 모바일 플랫폼, (2) 어디서나 컴퓨팅 서비스를 받을 수 있는 유비쿼터스 컴퓨팅 플랫폼(우리 생활 속의 각종 물체들에 컴퓨터가 내장되고, 그 내장 컴퓨터를 통해 물체와 상호작용), (3) 실감형 인터페이스의 대중화, 그리고 (4) 대용량의 데이터나 계산 능력에 기반한 서비스를 받을 수 있는 클라우드 컴퓨팅을 들 수 있다.

클라우드 컴퓨터의 경우, 일반 사용자가 직접 클라우드 시스템과 상호작용하지는 않지만(대개 클라우드 컴퓨터에서 제공되는 서비스는 모바일이나 개인 고정형 컴퓨터를 통해 이용하게 됨), 상호작용의 질적 측면에서 큰 변화를 가져올 것으로 예상된다. 예를 들어, 개인형 데스크톱이나 모바일 컴퓨터에서는 계산이 버거운 고성능 음성이나 물체 인식, 빅 데이터에 기반한 맥락 인식이나 인터페이스의 개인화 등이 클라우드 컴퓨팅을 통해 가능하게 될 것으로 보인다. 따라서 클라우드 컴퓨팅은 서비스의 제공뿐만 아니라 여러 다양한 클라이언트 기기에서 그 서비스가 높은 사용성과 사용자 경험(UX)을 가지고 제공될 수 있도록 인터페이스 조정 및 관리의 역할을 하는 미들웨어나 새로운 소프트웨어 프레임워크(Framework)가 필요하게 될 것으로 보인다.

하드웨어적으로는 모바일 기기나 유비쿼터스 환경을 위한 내장형 컴퓨터와 상호작용을 위한 각종 센서류/센서네트워크의 발전을 기대할 수 있고, 터치스크린 기술도 단순 터치에서 멀티 터치, 비접촉식 근접 터치(Hovering), 국소적 진동 터치 상호작용 등을 생각할 수 있다.

모바일과 실감 인터페이스는 인터페이스 양식의 다양화와 복잡도라는 관점에서도 살펴볼 수 있다. 모바일 인터페이스가 빠르게 변화되고 있고 일상생활 속에서 사용자가 움직이면서 인터페이스를 사용하게 됨에 따라, 더 간단하고 편리한 것을 추구한다고 생각해 볼 때, 실감 인터페이스는 주어진 콘텐츠를 실제감 있게 감상하고 더 나아가 현실과 비슷한 형태로 자연스럽게(이른바 Natural User Interface) 상호작용하는 것을 목표로 할 수 있다. 앞의 두 가지 상호작용 모두 우리의 생활이 선진화되고 윤택하여짐에 따라 문화적으로 요구하게 될 것으로 전망된다. 특히, 실감형 인터페이스는 오감을 모두 활용하는 가상현실이나 다중양식 상호작용, 실제 환경과 가상을 혼합한 혼합 현실 형태로도 계속 발전할 것으로 보인다.

마지막으로, 인터페이스들은 인간의 감성적인 요구들을 더욱 충족시킬 수 있기 위하여 응용프로그램의 단순한 사용성을 넘어 대화형 서비스의 총체적 "UX"를 추구하는 선상에서 변화하고 있다. 기술적으로는 인간의 시시때때로 상황에 따라 변화하는 감성을 어느 정도 파악하여, 입력 정보를 더욱 차별화하고 정교하게 해석하며, 이에 기반한 적절한 출력을 생성할 수 있어야 한다. 또한, 상호작용 모델링이나 인터페이스 디자인 작업이 인간의 인지적 측면뿐만 아니라 감성적 측면까지 고려되어야 한다. 이는 인터페이스 양식의 다양화 및 개인화 되어가는 추세의 관점에서 같은 맥락이라고 할 수 있다.

[그림 9.2] 앞으로 10년간 발전과 대중화가 예상되는 인터페이스 양식 및 발전방향: 고성능 클라우드로 구동되는 유비쿼터스, 모바일, 실감형 NUI, 증강현실 인터페이스 등

상기한 미래의 인터페이스 중 일부는 아직 대중화까지 이르지 못한 부분이 있으나 HCI 분야에서 이미 많은 부분이 연구되고 있다. 본 장에서는 이렇게 기대되는 몇 가지의 미래 HCI 기술을 좀 더 자세히 살펴보기로 한다.

9.1 비 WIMP형 Natural(자연스러운) 상호작용 및 다중양식 상호작용

제4장에서 다뤘던 HCI 설계 절차를 보면, 초기에 요구분석, 사용자 분석, 시나리오/스토리보드 작성 뒤 통폐합을 통하여 특정 인터페이스를 우선 선택하게 된다고 설명하였다. 이때 고려할 수 있는 인터페이스는 많지만, 대부분의 경우 데스크톱의 WIMP 또는 간단한 터치 기반의 모바일 인터페이스 위주로 구성되어 여전히 그 선택의 폭이 넓지 않음을 알 수 있다. 이러한 상황의 가장 주된 이유는, 좀 더 자연스럽고 편리한 인터페이스를 개발하고 이를 실용적으로 대중화하기 위한 노력이 지난 수십 년 동안 지속되어 왔음에도 불구하고, 이들 인터페이스 기술의 안정성, 정확도 그리고 비용적 측면이 WIMP에 비하여 아직 많이 떨어진다고 평가되기 때문이다. 따라서 본 글에서는 자연스러운 상호작용이 가능하도록 하는 기술 중 대표적인 방법으로, 언어 인식, 제스처 인식, 영상 인식 등에 대하여 현재의 기술적 상황이나 인터페이스 활용도를 설명하고 이러한 인터페이스들을 이용하여 더욱 자연스러운 인터페이스 환경을 구축할 수 있는 방편으로 다중양식 인터페이스에 대해서도 소개하고자 한다.

9.1.1 언어 인식

컴퓨터가 인간의 음성을 인식하고 이해하도록 하는 기술은 HCI 및 인공지능 분야를 넘어 인간이 가장 상상하고 소원하여 왔던 기술이라고 할 수 있다. 언어 인식은 크게 단어 자체를 인식하는 음성 인식 기술, 그리고 이 단어들이 모여 문장을 이룰 때, 혹은 더 나아가 여러 문장들이 모여 어떤 글을 표현할 때, 그 속의 의미를 파악하는 자연어 이해 기술 등으로 나눌 수 있다. 물론 자연어 이해는 음성 인식을 통해 단어들이 먼저 인식되어야 그 뒤 이들의 처리를 통해 의미 추출이 가능할 것이므로, 음성 인식이 선결되어야 하는 기술이라고 할 수 있다.

음성 인식이 각 분야에서 인터페이스의 형식으로 활용되기 위해서는 인식률, 인식 가능한 단어 개수, 필요 장비의 번거로움 및 소요 비용, 화자 종속성, 환경 잡음 극복능력 등이 고려되어야 한다. 따라서 단적으로 음성 인식 기술을 평가하기 어려우나, 지난 수십 년간의 연구의 성과로 음성 인식을 통한 단어 인식률은 90% 이상을 달성했다고 평가받고 있다. 인식 가능한 단어 개수나 화자 종속성도 대규모 고속 데이터베이스 기술을 통하여 어느 정도 해결된 것으로 보인다. 예를 들어, 2010년 기준으로 Google의 클라우드 기반 음성 단어 인식 기술은 서버에 성별, 연령별, 사투리로 구분한 총 2,300억 개의 영어단어를 음성데이터로 저장하여 이를 기반으로 화자 독립적으로 95% 이상의 단어 인식률이 보인다고 주장하고 있다[7]. 과거의 음성 인식 기술은 대개 주위의 잡음 제거가 가능한 특수한 마이크나 인식 가능한 단어의 수, 인식 대상의 규모, 복잡한 알고리즘을 위해 고성능 컴퓨터가 필요했었다. 그러나 Google의 예처럼 클라우드 기반 서비스 및 모바일 기기나 헤드셋에 기본으로 내장되는 잡음 제거 마이크의 등장으로 이러한 문제들은 어느 정도 해결된 것으로 보인다.

그러나 특수 마이크를 사용한다고 해도 주변 잡음의 영향을 완벽하게 제거할 수 없고, 독립 단어 인식률이 앞으로 100%에 근접하겠지만, 인간도 가끔 말을 알아들을 수 없는 것과 같이 음성 인식 시스템이 "완벽"할 수는 없을 것이다. 문제는 100%에 근접하고 있는 인식률에도 불구하고, 독립 단어 인식이 잘 되지 않는 작은 오작동에 의한 부정적 영향이 매우 크다는 것이다(예: 100번 중에 1번만 실패하여도 사용하지 않을 수 있다). 현재, 음성/언어 인식으로만은 자동차 실내와 같이 두 손을 쓸 수 없는 경우 이외에는 음성 인식 기술이 많이 쓰이지 않고 있는 실정이다. 특정 단어가 어떤 상황 속에서 인식이 안 되는 경우 인간은 기타 제스처, 처해 있는 상황이나 문맥, 입 모양 등을 통해 그 단어를 이해 할 수 있다. 따라서 결국 앞으로 음성 혹은 언어 인식은 이런 기타 정보와 융합하여 쓰여지게 될 것으로 예상할 수 있다. 이런 측면에서 뒤에 설명하게 될 다중양식 상호작용이나 상황인지 기술이 매우 중요하게 될 것으로 보인다.

독립 단어 인식은 100%에 근접하고 있지만, 연속되는 간단한 문장이나 문구를 인식할 때 음성 입력으로부터 연속되는 여러 단어를 추출하는 것이 더 어려운 문제라고 할 수 있다. 따라서 화자 종속문제, 주변 잡음 문제, 필요 컴퓨터 용량을 차지하더라도 그만큼 각 단어 인식률이 떨어질 수밖에 없고 이는 다음 단계인 자연어 이해에 영향을 미치게 된다. 현재 연속 단어 인식률도 90%에 이르고 있지만[8], 전체 인식률은 각 단어 인식률을 곱하게 되므로(예: 5 단어의 경우 인식률이 각각 95%라 할 때 전체 인식율은 77%) 인식률이 기하급수적으로 낮아지게 된다. 여기에 자연어 처리를 통한 의미추출 또한 100%의 인식률을 가질 것은 아니므로, 전체 언어 인식의 성공률이 더욱 낮아지게 된다.

그럼에도 불구하고, 음성/언어 인식의 인터페이스로서의 매력과 파급효과는 거대하기 때문에 기술혁신과 제한적 상용화 노력은 계속되고 있다. 최근 가장 성공한 두 경우를 든다면, 우선 Apple 사의 SIRI[5]와 AT&T의 Watson 기술에 기반한 서비스를 들 수 있다. SIRI의 경우 딱딱한 독립 단어 기반 명령이 아니라 자연스러운 대화형 입력을 자연어 처리를 통하여 이해하고, 모바일 서비스 사용이라는 상황과 앞뒤 문장의 맥락을 활용하여 인식률을 높인 경우라고 할 수 있다. AT&T Watson은 문자 음성 자동변환(Text to Speech, TTS), 자연어 처리, 음성 검색 기술을 포함하고 있으며, 이러한 기술을 이용하기 위한 API를 제공하고 있다. 따라서 웹 검색, 음성메일의 문자 변환 등과 같은 다양한 분야에 적용 가능하다. 또한 AT&T는 U-verse라는 IPTV를 위한 대화형 인터페이스에 적용하는 등 Watson 언어처리 기술의 상용화에 박차를 가하고 있다[6].

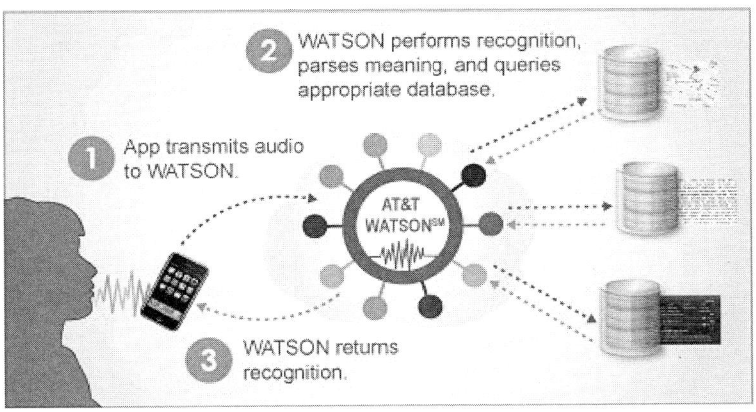

[그림 9.3] AT&T Watson 엔진에 기반한 음성/자연어이해 서비스[3] 구조

[3] AT&T Labs Research, http://www.research.att.com/articles/featured_stories/2012_07/201207 _ WATSON_API_announce.html?fbid=RexEym_weSd

9.1.2 제스처 인식

컴퓨터 제스처 인식도 음성 인식과 함께 HCI/컴퓨터 분야 혹은 인간이 추구해온 소원 기술이라고 할 수 있다. 사실 제스처 인식은 어떤 제스처이냐에 따라 여러 가지로 나뉠 수 있고 그에 따라 필요한 기술도 달라질 수 있다. 그러나 우선 가장 대표적인 제스처 형태로 손의 움직임을 들 수 있다. 손 제스처는 일반 생활 속에서도 인간이 의사를 교환할 때 많이 쓰이고 있고, 특히 음성/언어를 보조하는 중요한 역할을 하기도 한다. 또한, 장애인의 경우 제스처는 수화와 같이 가장 주요한 의사소통의 도구로 쓰이고 있다.

음성/언어 인식을 위해서 잡음 제거 마이크를 사용하여 먼저 해당 신호를 획득하듯이, 손을 포함한 모든 제스처도 마찬가지이다. 우리는 이러한 과정을 동작 추적(Motion Tracking)이라고 부른다. 음성 인식과 상대적으로 동작 추적에는 여러 가지 형태의 센서가 쓰일 수 있고 좀 더 기술적으로 어려움을 안고 있다고 할 수 있다. 앞서 언급한 대로 동작 제스처는 그 형태가 다양할 수 있지만, 우선 손을 중심으로 설명을 전개하고자 한다. 2차원 동작 추적의 가장 간단한 예는 마우스나 터치스크린을 이용한 "실제 평면" 위에서의 2차원 손 및 손가락 움직임 추적 방법이 있고, 이 방법은 매우 익숙하고 비교적 적은 비용이 드는 매우 안정되고 성숙한 기술이라고 할 수 있다. 장비나 손가락이 실제 평면과 직접 접촉함에 따라 움직임을 정확하게 추적하기가 상대적으로 용이하다. 또한, 다른 각도에서 볼 때 마우스는 특정 기기를 손에 잡고 동작이 추적되는 형태이며, 손/손가락 터치는 그렇지 않은 형태이다. 전자의 경우, 기기를 손에 쥐고 그 기기를 통해 손이 추적될 때, 사용자는 약간의 불편을 느끼게 된다. 따라서 기술적인 이유보다 UX의 입장에서 데스크톱 환경에서 마우스를 이용한 2D 제스처는 몇몇 게임에서 사용되었으나 전체적으로는 매우 미미한 상태이다[4]. 상대적으로 손에 들고 있어야 하는 추가적인 장비가 없는 터치의 경우에는 터치스크린을 통한 제스처 인식이 많이 사용되고 있다(예: 터치스크린에서의 Swipe나 Flick 제스처 등).

"실제 평면"상이 아닌 3차원 자유공간에서의 제스처 인식이 각광을 받게 되었는데, 이는 임베디드 컴퓨터 및 각종 센서가 우리가 생활하는 공간 곳곳에서 사용되는 유비쿼터스 컴퓨팅의 등장과 기대로 컴퓨터와 상호작용하기 위함이다. 3차원 자유 공간에서의 손을 포함한 특정 물체의 안정적이고 정확한 동작 추적기술은 매우 어려운 문제로 아직 남아있다. 방법론적으로는 다시 어떤 장비나 물체를 손에 쥐는(혹은 몸에 부착하는) 방법과 그렇지 않은 방법(대표적으로 카메라 인식)이 있다. 2차원 마우스처럼 3차원 마우스/센서 기술은 그 역사가 매우 오래 되었고, 자기장, 자이로, 가속도 센서, 초음파 등 여러 기술이 있으나 각기 비용, 정확성, 설치의 번거로움 때문에 특수한 용도 이외에 많이 쓰이지 않고 있으며, 마우스/센서의 형태이기 때문에 사용자가 손에 쥐고 있거나, 몸에 부착해야 하는 제한점이 있다.

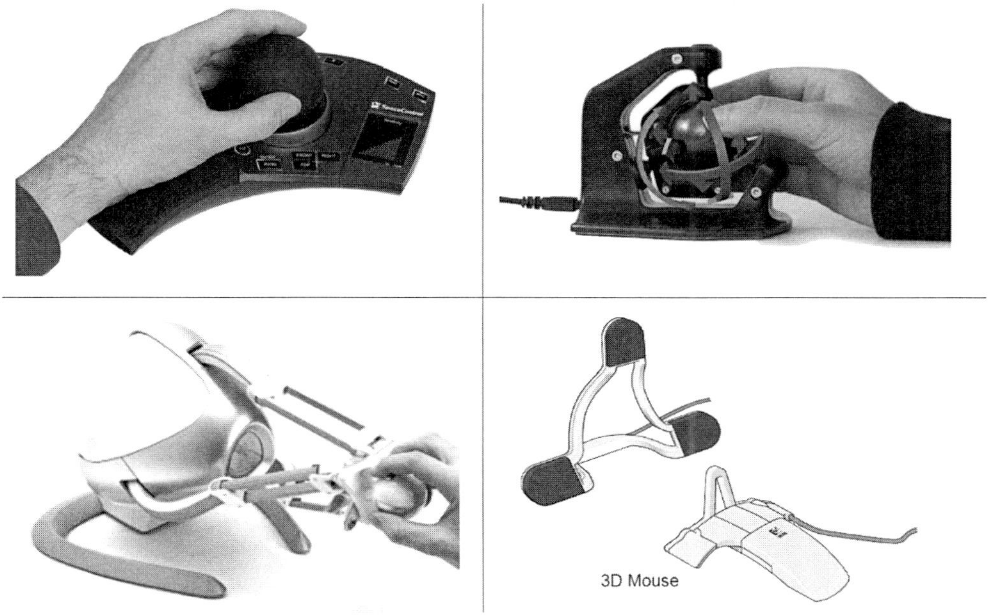

[그림 9.4] 3차원 상호작용을 위한 손에 쥐는 센서[4] 및 3D mouse[5]

따라서 최근에는 카메라를 이용한 영상 기반의 인식 및 추적 기술이 더욱 각광을 받고 있다. 이러한 동향은 카메라가 데스크톱, 모바일, 임베디드 플랫폼을 막론하고 소형화되어 비용도 크지 않아 쉽게 설치될 수 있었다. 게다가 컴퓨터의 계산능력이 계속 향상되었을 뿐 아니라 영상처리에 필요한 하드웨어(예: GPU, 멀티미디어 처리 칩 등)가 컴퓨팅 플랫폼에 통합 구성되어 영상 처리 및 추적에 실시간 계산이 가능하게 되었다. 또한, 관련 알고리즘의 혁신 및 표준 소프트웨어/라이브러리(OpenCV[6], OpenNI[7], Processing 등)의 확산도 크게 기인하였다. 그러나 아직은 사용자의 몸의 일부 또는 전체의 움직임을 정확하게 추적하게 하기 위해서는 카메라가 인식하기 좋은 환경(밝기의 변화가 적은) 또는 "마커"를 부착하여야 하는 경우가 많은데, 이는 전기적으로 능동적인(Active)장비는 아니지만 번거로움에 있어서는 이전 문단에서 설명한 센서와 비슷한 경우라고 할 수 있다(이와 비슷한 접근 방법으로 적외선 카메라 및 적외선 발광/반사 마커를 사용하는 방법도 있음).

---

4 SpaceControl 3D mausmit Ball, http://www.spacecontrol-industries.de/14.html?&L=2
Valentinheun 6D, http://www.valentinheun.com/portfolio/6d/
Novint Technologies Falcon, http://novint.com/index.php/products/novintfalcom

5 logitech 3D mouse, 3D Mouse & Head Tracker Techical Reference Manuel

6 Open Source Computer Vision(OpenCV), http://opencv.org/

7 OpenNI the standard framework for 3D sensing, http://www.openni.org/

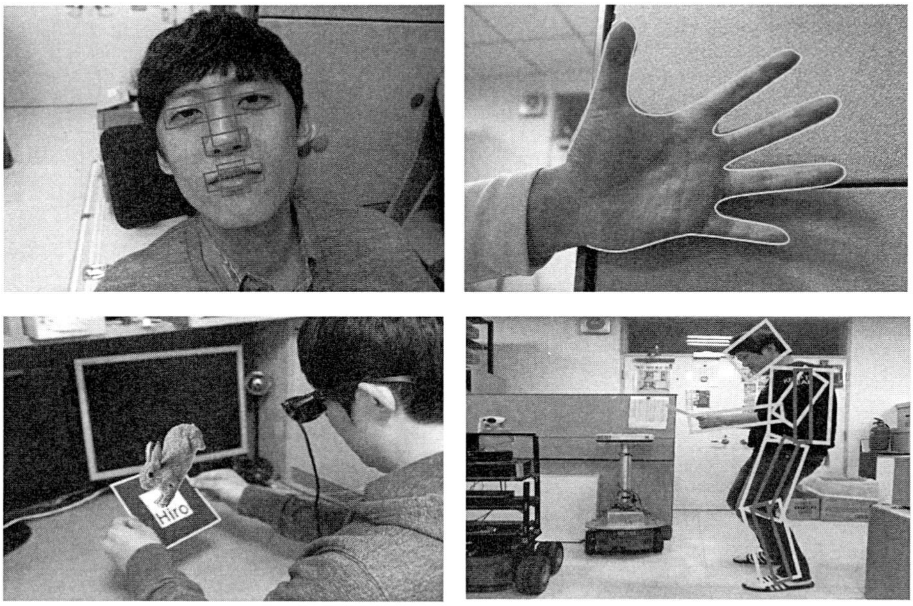

[그림 9.5] 카메라 기반 영상처리를 이용한 동작 추적의 예(얼굴, 손, 마커, 몸)

이러한 문제점을 획기적으로 개선한 방법으로는 카메라와 함께 깊이 센서를 사용하는 방법이 있다. 마이크로소프트/PrimeSense에서 저렴한 비용으로 Xbox 게임기에 적용하기 위해 개발한 Kinect 센서는 카메라와 깊이 센서가 함께 통합되어 있다. 이로 인해 영상과 함께, 깊이값을 이용할 수 있어 추가적인 부착물이나 장비 없이 추적 대상 물체의 움직임을 매우 정교하고 용이하게 추적할 수 있게 되었고, 이를 이용한 제스처 기반 게임이나 응용 사례도 이미 많이 확산되고 있다. Kinect류의 센서는 또한 점차적으로 소형화되어 모바일 기기에서도 활용될 것으로 기대된다.

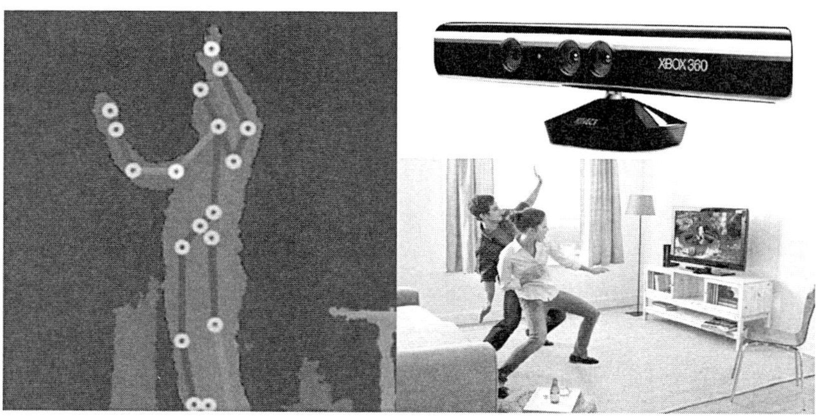

[그림 9.6] Kinect 센서(우측 상단)를 이용한 사용자 몸동작 추적 및 게임으로의 응용

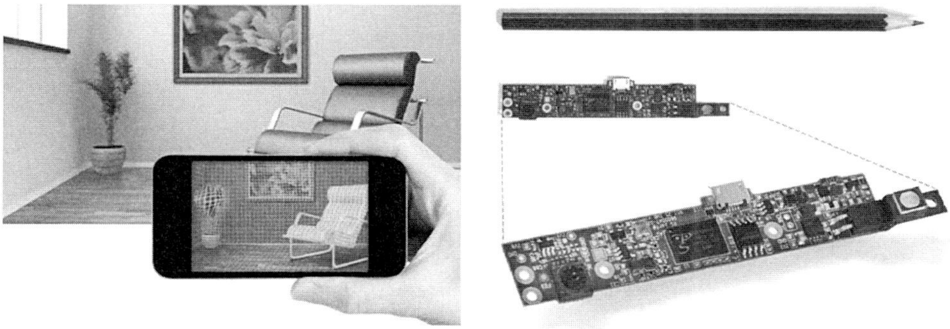

[그림 9.7] 모바일 기기에 탑재할 수 있게 된 소형화된 깊이 센서[8] 프로토타입

동작 추적의 문제가 어느 정도 해결되었음에도 불구하고 제스처 인식의 확산과 정착에는 아직도 큰 문제가 남아 있다. 그림 9.8은 제스처 인식의 과정을 보여 주고 있는데, 계속 입력되고 있는 센서의 정보를 기반으로 동작 추적을 하는 동안, 어떤 동작이 의미 있는 동작인지, 즉 언제부터 언제까지의 동작이 제스처에 해당하는지를 알아내는 "분류과정(Segmentation)"이다. 이후에 분류동작에 대하여 인식을 시도하게 된다. 현재, 분류된 동작에 대한 인식은 음성 인식과 마찬가지로 대략 90% 이상의 인식률을 달성하고 있으나, 분할 과정은 어려운 문제로 아직 남아있다.

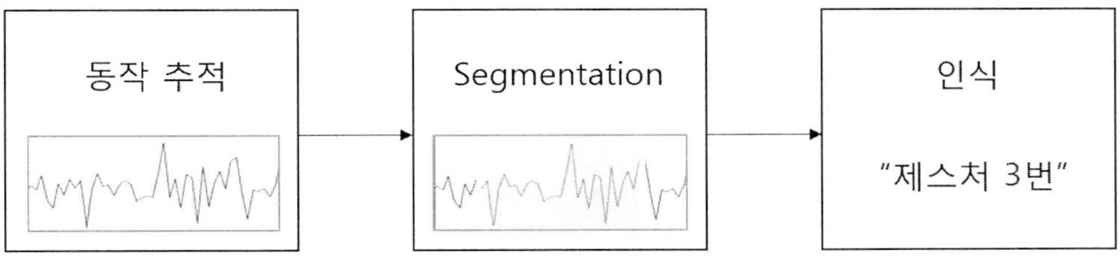

[그림 9.8] 제스처 인식의 흐름

위에 언급한 Kinect 기반 제스처 게임 같은 특정 응용사례의 경우, 게임의 상태에 따라 입력을 기대하고 있는 "모드"를 통해서 간접적으로 입력 제스처의 의미 유무를 유추할 수 있다. 또는 사용자가 동작을 취하기 전에 버튼을 누르는 등의 추가적인 행위로 입력 모드를 설정하고 제스처를 입력하여 특정 동작 데이터만을 분류할 수 있도록 하는 방법이 일반적이다. 그러나 이는 사용자로 하여금 모드설정을 위한 추가적인 입력을 요구하게 함으로써 불편을 초래하게 된다. 예를 들어, 집에 들어와서 음성이나 제스처로 TV를 켜고 싶은 경우 버튼을 누르고 제스처(혹은 음성입력)를 취하여 그냥 스위치로 TV를 켜는 방법보다 더 많은 입력 단계를 요구하는 꼴이 되기 때문이다.

8 PrimeSense CAPRI 1.25, http://www.primesense.com/

사실 이러한 문제는 음성 인식에서도 존재한다. 즉, 버튼을 누르고 마이크에 음성을 입력한 뒤 인식을 하게 하여 인식률을 상대적으로 높이는 경우가 이에 해당한다. 하지만 음성 인식의 경우 명령이 없는 문제가 발생시 사용자가 소리를 사용하지 않기 때문에 음성의 유무 그 자체 혹은 특정 주파수의 음성 신호의 유무를 이용하여 어느 정도의 분류 문제는 해결할 수 있어 그 문제의 심각도는 그리 크지 않다. 터치 제스처 또한 제스처를 입력할 때에만 주로 손가락이 터치스크린과 접촉하기 때문에 마찬가지라고 할 수 있다. 그러나 동작의 경우, 사용자는 계속 움직이고 있기 때문에, 어디부터 어디까지가 제스처인지 구분하는 것 자체가 매우 어려운 문제이다. 따라서 이 문제도 앞서 언급한 바와 같이 다중양식 형태로 다른 입력과 융합하여 사용된다면 그 문제를 일부분 해결할 수도 있을 것이다.

앞에서는 주로 손이나 몸 등 큰 동작과 그 제스처 인식에 대해서 설명했는데, 그 외에도 동작 인식 중 특별한 사례로는 손가락 인식을 들 수 있다. 아직 카메라나 해상도가 부족한 깊이 센서만으로 손가락 동작 추적 및 제스처 인식을 하는 것은 어려운 것이 사실이다. 그러나 이런 기술적 문제도 Leap Motion[3]과 같은 새로운 특수 센서의 개발이나 알고리즘 혁신을 통하여 극복이 가능할 것으로 보인다. 문제는 과연 손가락의 움직임을 추적하고, 손가락 제스처를 상호작용에 활용하는 것이 UX를 개선할 수 있는 접근 방법일까라는 것이다. 실제 손가락 제스처는 실생활 속에서도 장애인이 사용하는 수화의 예를 빼고는 그리 많지 않다. 터치스크린에서도 실제로 사용되는 손가락 터치 제스처는 그 종류가 많지는 않다. 따라서 10개의 손가락을 복잡하게 이용한 많은 수의 제스처보다는 지시, 모드 변경, 잡기(Grab)/놓기(Release) 등 간단하면서도 직관적인 형태의 손가락 제스처를 기타 동작/음성 인식과 더불어 융합적으로 사용할 때 쓰임새가 좋을 것으로 예측할 수 있다.

[그림 9.9] 손가락 인식을 통한 상호작용(Leap Motion)[9]

[9] Leapmotion, http://www.leap-motion.kr/

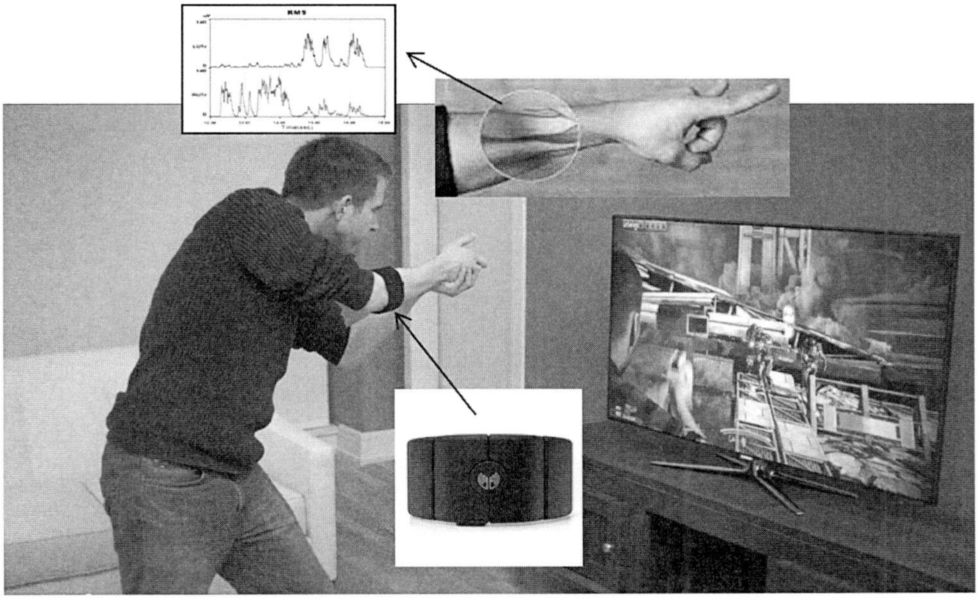

[그림 9.10] 팔에 찰 수 있는 근전도 센서를 이용한 손가락 제스처 인식의 예[10].

마지막으로 최근 제스처 인식을 위해 개발된 최신 기술로서 근전도 센싱을 들 수 있다. 근전도 센서를 이용하면 특정 근육의 활성도를 기반으로 하여 뼈대의 움직임이나 관절의 돌아감 정도를 인식할 수 있다. 그림 9.10은 이러한 근전도 센서와 기타 자이로, 그리고 간단한 햅틱 피드백 장치를 팔에 간편히 찰 수 있도록 구현한 제품과 이를 이용하여 손가락으로 "총을 쏘는" 제스처를 취하면서 조준 방향을 제어하는 모습을 보여주고 있다. 근전도 신호 해석 기술이 더 발전한다면, 간단한 구부림 여부 정도의 인식뿐만 아니라 관절이 돌아간 정확한 각도를 측정함으로써 좀 더 다양한 제스처 인식이나 신체 추적(키넥트처럼 외부 센서가 아닌)을 착용할 수 있는 형태로 가능하게 할 것이다.

9.1.3 영상 인식

영상 인식은 마우스 입력, 음성, 버튼 터치처럼 계속적으로 자주 일어나는 응용프로그램의 핵심 이벤트들과는 달리 HCI에 직접적으로 응용되는 편은 아니다. 예를 들어, 얼굴 인식을 통해 시스템 사용 전의 인증과정으로 쓰이거나, 물체 인식을 통해서 그 물체에 특정한 인터페이스나 응용프로그램을 구동하는, 그야말로 인식의 "한" 방편(수단)이라고 할 수 있다. HCI의 관점에서는 영상 인식은 제스처 인식을 위한 추적(트래킹) 기술의 일부로서 그 의미가 더 크다고 할 수 있다(예: 얼굴 인식 → 시선 추적, 표정 이벤트, 눈/눈동자 인식 → 시선 추적, 신체/뼈대 인식 → 몸동작 인식, 특정 사물, 색/마커 인식 → 물체 증강 등).

10 http://www.thalmic.com

이전 절에서 언급한 것처럼 최근 영상 인식 알고리즘의 발전과 영상 인식에 필요한 하드웨어나 센서가 널리 보급되고 사용되면서, 영상 인식을 통한 추적, 그리고 이를 활용한 인터페이스 기술이 무척 각광을 받고 있다. 특히, 클라우드 컴퓨팅, 대용량 서버 기술, 빅 데이터 처리, 그리고 기계학습 기술의 발전으로 영상 인식은 더욱 우리 생활에서 빈번하게 쓰일 수 있을 것으로 예측된다.

영상 인식은 연속된 상호작용의 이벤트로서의 의미가 적다. 하지만, 다중양식 인터페이스의 일부로서 맥락정보를 추출하여 감성적인 (예: 얼굴 표정) 상호작용이나, 음성/자연어 인식을 도울 수 있는 형태의 정보를 제공할 수 있을 것이다. 예를 들면, 음성으로 "컴퓨터, 저기 있는 물건이 무엇이지?" 라고 물었을 때, "저기"라는 대명사로 지칭된 물체를 알아

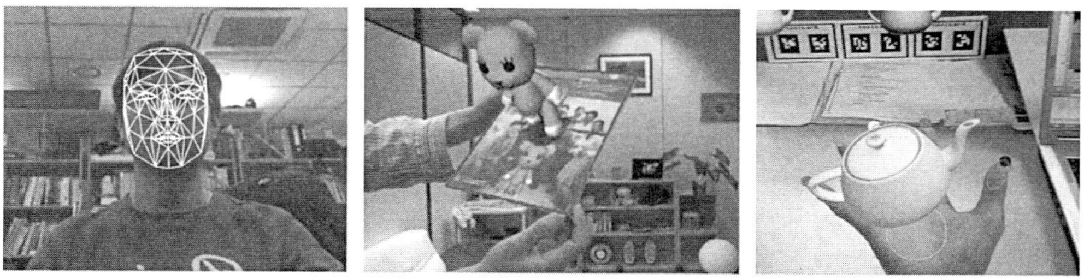

(a) (b) (c)

[그림 9.11] 영상 인식(a. 얼굴, b. 물체[11], c. 신체[12])을 통한 추적 기술 및 증강 상호작용으로의 활용

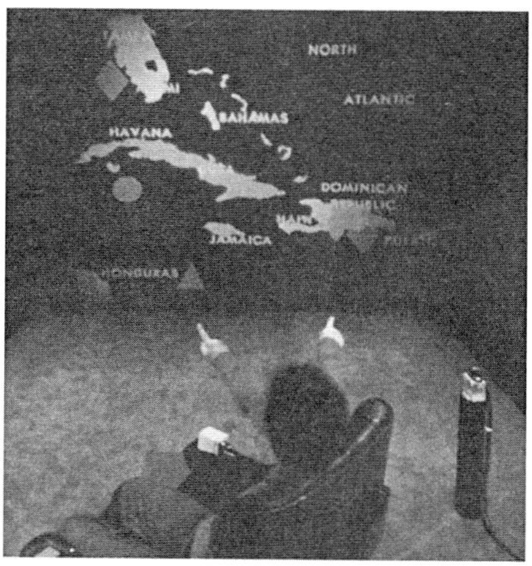

[그림 9.12] 영상 인식 정보를 음성 인식을 보조하는 맥락정보로 사용하여 지시 물체의 의미를 알아낼 수 있다[1].

11 Sony Smart AR, http://www.sony.net/SonyInfo/News/Press/201105/11-058E/

12 ArlabHandyAR, http://arlab.nl/media/handy-ar-markerless-inspection-augmented-reality-objects-using-fingertip-tracking

[그림 9.13] 대용량 영상 인식 및 클라우드 기술을 이용한 Wearable 상호작용[13]

내기 위하여 영상 인식을 이용한 손가락/제스처/팔 등의 추적과 물체인식을 이용하여 해당 의미를 파악할 수 있다. 이러한 기술들은, 또한 유비쿼터스 혹은 혼합현실 공간에서 그 위력을 더 할 수 있을 것으로 생각되며, Google의 경우 Google Glass와 대용량 영상 인식 기술을 결합하여 더욱 즉각적이고 편안하게 검색하거나 지식 정보를 전달할 수 있는 인터페이스를 개발할 것으로 예측된다.

9.1.4 다중양식(멀티모달) 상호작용

상호작용 양식(예: 음성, 영상, 제스처 등)들에 대한 인식 기술의 발전(예: 90%에 가까운 인식률)과 기반 플랫폼의 변화 및 고성능화에도 불구하고, 사용자들이 인식기술에 대한 매우 높은 기대치를 갖고 있기 때문에 아직 이들이 독립적으로 쓰이기에는 한계가 있어 보인다. 따라서 앞서 언급한 것처럼, 앞으로는 다중양식 상호작용이 각광을 받을 것이다. 이미 언급한 것처럼 여러 양식이 함께 쓰이면서, 관련 정보들이 서로 도움이 되어 종합적으로 인식률을 거의 100%에 이르게 한다. 이는 인간이 실생활에서 상호작용할 때에도 여러 양식을 같이 사용하면서 정보전달의 효율을 높이는 것과 유사하다. 실제로 오래 전부터 HCI 분야에서 다중양식 상호작용 기술이 연구되어 왔다. 그림 9.12는 1980년대 초기 MIT Bolt 교수 등이 개발했던 "Put that there" 시스템인데, 제스처를 인식하여 음성 명령 속에서의 지시 대명사들의 (that과 there) 의미를 찾아내는 형태이었다[1].

다중양식 상호작용은 각기 다른 양식에서 추출된 정보를 총합하여 전체적 인식을 보다 강건하게 하는 대표적인 형태도 있지만, 좀 더 깊게 살펴보면 목적에 따라 다른 형태들도 존재하는 것을 알 수 있다.

- 상호보완형/역할형(Complementary): 우선 각기 상이한 양식의 정보를 총합하는 형태를 "상호보완형/역할형", 즉 각 양식마다 특정 정보의 추출을 담당하는 역할을 가진다는 의미에서 칭할 수 있다. Put that there 시스템이 가장 비슷한 예가 될 수 있다. 역

13 Google glass, https://plus.google.com/

할형의 장점은 역시 성질이 다른 정보를 융합하여 보다 강건한 인식이나 정보 전달력이 가능하다는 점이다. 역할형은, 또한 서로 양식이 다른 동시정보를 융합하는 효과도 있지만, 그냥 특정 작업에 대하여 가장 적절한 양식이 쓰일 수 있게 하는 효과도 가지고 있다. 예를 들어, 게임을 하는 경우, 설정이나 메뉴 선택은 음성이나 터치 등을 사용하고, 게임을 위한 행동은 제스처를 쓰는 등, 대개 동시에 일어나지 않는 작업에 대하여 가장 사용자가 원하는 스타일의 인터페이스를 사용하는 경우이다. 즉, 다중양식 상호작용이 꼭 동시에 여러 양식을 사용하지 않아도 된다는 것이다.

[그림 9.14] 게임 시스템에서의 역할형 다중양식 인터페이스[14]

- 대체형(Alternative): 대체형은 어떤 상호작용에 대하여 같은 기능을 서로 다른 양식을 독립적으로 사용할 수 있는 경우이다. 이때, 어떤 양식을 선택할지는 사용자의 선호도나 처해진 상황에 따라 달라질 수 있다. 예를 들어, 전화를 걸 때 회의 중이라고 한다면, 터치 버튼을 사용하고, 운전할 때에는 음성으로 하는 방법 따위이다. 대체형의 장점은 한 상호작용에 대하여 여러 대안이 존재하여 사용성을 높일 수 있는 점이다.

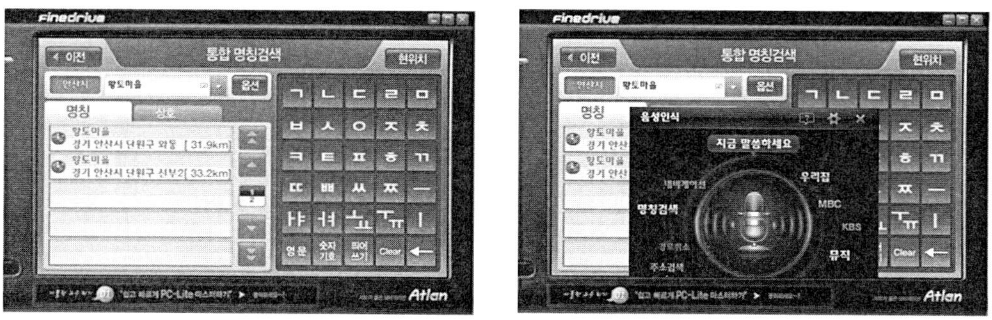

[그림 9.15] 내비게이션 시스템[15]에서의 대체형 다중양식 인터페이스(터치 혹은 음성 입력 가능)

14 Nintendo Wii, http://www.nintendo.com/wiiu/features/
Macrosoft xbox, http://marketplace.xbox.com/en-US/Product/Kinect-Sesame-Street-TV/

15 Finedrive, http://www.fine-drive.com/

- 중복형 (Redundant): 중복형은 어떤 상호작용에 대하여 서로 다른 양식이지만 같은 기능을 사용하는 형태를 말한다. 특히, 출력 양식에 이를 많이 사용할 수 있는데, 이를 통해 출력 정보의 전달력을 좀 더 높일 수 있는 장점이 있다. 예를 들어, 전화가 왔을 때, 시각(전화 벨 울리는 그래픽), 청각(전화 벨 소리), 촉각(진동 자극) 등을 한꺼번에 전달하여, 어떤 상황이어도 전화오는 것을 거의 확실히 인지할 수 있도록 하는 것이다.

[그림 9.16] 중복형 다중양식 출력: 시각, 청각, 촉각 기반 통화 알람

다중양식 상호작용의 또 하나의 장점은 다중양식 상호작용이 또 하나의 단점은 이것을 수행할 때 인간의 입장에서 병렬처리가 가능하다는 점이다. 예를 들어, 음악을 들으며 문서작업을 하고, 전화를 하면서 걷는 것이다. 이는 인간의 다중작업 능력과도 깊은 관계를 가진다. 다만 다중작업이나 병렬 다중양식 작업이 어느 정도까지 가능한지는 아직 연구의 대상이다. 인간의 신경 시스템이나 운동기관은 여러 개가 있으나 이를 관장하는 인지 시스템은 하나이기 때문에 여러 기관이 하나의 대상에 대하여 인지 처리를 하는 경우 병렬 처리가 어렵다. 하지만 앞에 언급한 사례처럼 "음악을 들으며 문서작업을 한다"는 경우에 인지 처리 대상이 다르기 때문에 (하나는 음악, 또 하나는 문서 내용) 가능하였다. 즉, 다중양식 상호작용 인터페이스를 디자인할 때에는 이런 점을 깊이 고려하여야 한다.

이 문제를 좀 더 일반화하면, 결국 다중양식 인터페이스의 장점을 잘 활용하기 위해서는, 각 양식을 어떤 형식으로 잘 섞어야 할지 주의 깊게 디자인해야 한다. 이는 다중양식 상호작용에서 가장 중요한 이슈인데, 위에 언급한 인지 자원(Cognitive Resource)을 공유하지 않도록 하는 문제 이외에도 일관성 문제와 같은 거의 보편적인 디자인 이슈가 존재한다. 즉, 각 양식을 동시에 사용할 때, 각 양식이 표현하는 정보가 서로 일관성이 있어야 하고, 동시에 발생해야 특정 이벤트와 관련된 정보로 인식할 것이다. 예를 들어, 전화가 왔을 때, 전화벨이 청각적으로 표현되지만 시각적으로 전화벨과 무관한 "꽃" 그림이 나온다면 사용자는 도리어 혼동하게 될 것이다. 이렇게 서로 다른 정보가 다중양식 형태로 입력될 때에는 일종의 정보 전달(인간의 입장에서는 정보 입력)에 대한 경쟁이 일어나게 되어, 어느 한 정보만 주요하게 전달(혹은 입력)된다. 또한, 같은 예제에서 전화벨은 전화가 왔을 때 울리고, 시각적 효과는 몇 초 후에 일어난다면 사용자는 이들을 서로 다른 이벤트로 생각하게 될 것이다. 어느 연구에 의하면, 소리와 시각 피드백의 시간차가 200 ms 이상 나게 되면 이들을 서로 상이한 이벤트로 인식한다는 결과가 있다고 한다. 이러한 현상은 소리와 시각뿐만 아니라 기타 다른 양식 사이에서도 존재한다. 따라서 이것은 사용자의 성향에 따라 다중양식 정보의 혼합이 달라져야 할 수도 있다는 것을 의미한다.

9.2 모바일 인터페이스

스마트폰이 대중적으로 사용됨에 따라 모바일 인터페이스의 중요성과 계속적인 발전 필요성은 두말 할 나위가 없다. 이미 미래 인터페이스의 한 형태로 다중양식 인터페이스를 지목했지만, 이러한 방향은 모바일 인터페이스에서도 특히 주목할 만하다. 최근의 스마트폰에는 고해상도의 디스플레이와, 입체 사운드, 진동기 기반의 촉각/햅틱 장치, 카메라, 자이로 등 각종 센서와 고속 멀티코어 CPU/GPU, 멀티미디어 칩 등에 기반한 뛰어난 계산 능력, 무선 통신을 통한 클라우드 자원/서비스 실시간 접근 등 다중양식 인터페이스의 기반 플랫폼을 이미 갖추고 있다.

앞으로 모바일 인터페이스가 지속적으로 발전하기 위해서는 인간이 모바일 기기를 손에 휴대하면서 활동을 할 때 어떻게 다중양식 정보를 처리하는지에 대한 기초 연구가 필요하고, 이에 기반한 인간공학적 인터페이스 설계 및 디자인이 필요할 것이다. 모바일 기기들은 대개 기기의 특성상 화면 크기가 작고, 그 기기들이 사용되는 환경이 동적으로 바뀌기 때문에 이에 적합한 인간공학적 연구가 선행되는 것이 필요하며, 그 이후 이에 기반하여 개선된 UX를 지닌 모바일 인터페이스 환경이 개발될 것으로 보인다. 모바일 기기의 계산 및 입출력 기능들이 계속 강화되겠지만, 모바일 인터페이스는 기본적으로 단순하고 간편한 형태로도 발전할 것으로 생각된다. 이것은 모바일 기기에서도 실감형 인터페이스를 실현하려는 또 다른 방향과 대비된다고 할 수 있다. 그 이유는 이미 모바일 환경에서, 게임 등의 사례를 볼 때, 제스처나 음성을 굳이 사용하려고는 하지 않고 복잡하고 바쁜 생활 속에서 짧은 시간 동안 게임 방법을 배우고 이를 즐기고자 하는 성향에서 비롯된 것이라고 할 수 있다. 게임뿐만 아니라 다른 모바일 응용프로그램에서도 비슷한 원칙이 적용될 것으로 보인다. 반면에 가정용 스마트 TV, 미디어 센터, 게임 콘솔은 더욱 실감형으로 인터페이스가 발전할 것으로 보인다.

(a) (b)

[그림 9.17] 미래의 상호작용 스타일에 대한 두 가지 구동 플랫폼: (a) 모바일/헨드헬드 기기: 더 간단하고 빠른 인터페이스, (b) 하이 엔드 시스템: 더 현실적인 인터페이스[16]

현재에도 이미 많은 센서를 갖춘 모바일 기기들을 활용하여 이미 다양한 상호작용을 제공하고 있는데, 앞으로 기대되는 새로운 센싱 형식은 앞으로 우리 생활 환경 속에서 활용되게 될 센서 네트워크와의 연동방식이다. 센서 네트워크와의 연동은 사용자의 사용맥락 정보를 보다 쉽게 유추하여 개선된 UX를 제공할 것이다. 예를 들면, 현재, GPS 시스템은 실외에서의 위치 정보 제공을 통하여 길 안내, 맛 집 소개 등 많은 서비스를 가능하게 하였다. 센서 네트워크를 통해서 앞으로 실내에서도 위치나 지도 서비스 등이 가능하게 될 것이다.

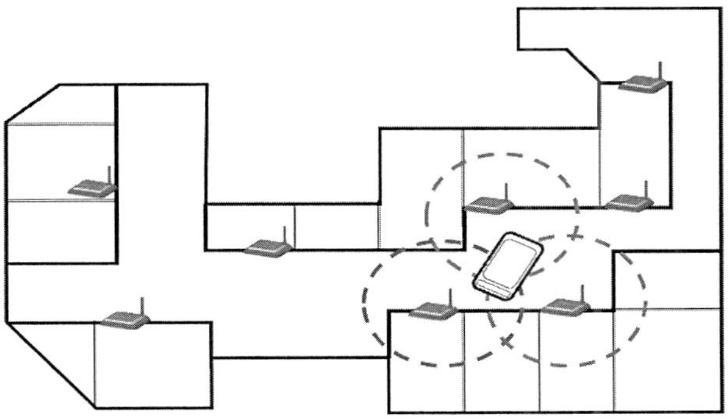

[그림 9.18] Wifi 센서 네트워크를 이용한 모바일 기기 실내 위치 추적

[16]LG Smart TV, http://www.lg.com/tw/smart-tvs

9.3 클라우드/클라이언트 응용프로그램을 위한 상호작용

이미 여러 번 언급되었지만, 빠른 무선 통신망과 대규모 고성능 서버를 통한 서비스들은 더욱 우리의 상호작용 양식에 많은 영향을 끼칠 것이다. 이미 Google 음성/영상 인식, Apple SIRI, AT&T Watson의 예를 통하여 고성능 인식 및 지능 서비스가 준 실시간으로 이미 제공되고 있고, 이에 기반한 많은 상호작용적 응용프로그램뿐만 아니라 인터페이스도 속속 구현되고 있다. Qualcomm 사의 Vuforia도 이런 예의 하나인데, Vuforia는 증강현실을 위한 클라우드(Cloud)기반 프레임워크(Framework)라고 할 수 있다. 그림 9.19에서 보는 바와 같이 어떤 물체의 영상을 미리 서버에 등록하여 영상 인식이 잘 될 수 있도록 클라우드 서버에서 오프라인으로 학습시킨다. 그 후에 실제로 모바일 기기에서 수집된 영상을 서버로 보내어 영상 속에서의 물체 인식을 수행하여 그 결과를 모바일 기기에서 받아 증강시켜주는 형태이다. 이는 모바일 기기를 이용하여 센서값 및 영상을 획득하고 기타 기초 처리과정과 계산량을 많이 필요로 하는 인식 부분을 클라우드 서버가 담당하여, 전체적으로 클라이언트(Client)와 클라우드가 적절한 계산적 분배를 통하여 증강현실과 같은 유용한 서비스를 가능하게 하는 것이다.

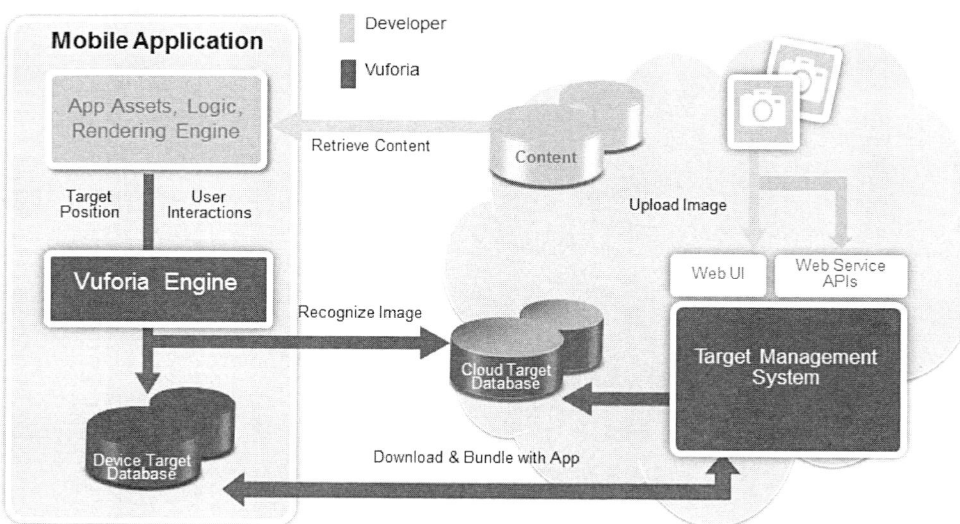

[그림 9.19] Qualcomm 사의 Vuforia 클라우드 기반 증강현실용 영상 인식 서비스[17]

[17] Qualcomm vuforia, https://developer.vuforia.com/resources/dev-guide/getting-started

이러한 형태의 대화형 서비스는 증강현실뿐만 아니라, 기타 맥락 정보 인식기반 서비스, 실내 추적기반 서비스, 다중양식 상호작용, 사용자 개인화 및 적응형 인터페이스 등에 확산 적용될 것이다. 이러한 예시가 그림 9.20에 나와 있다. 따라서 이런 적절한 계산적인 분배와 클라우드/클라이언트 간의 긴밀한 협력 체계를 위한 각종 시스템 소프트웨어(예: 미들웨어), 그리고 개발 환경 등이 앞으로 필요할 것으로 보인다. 이러한 미들웨어는 하나의 클라우드 응용프로그램이나 서비스가 여러 다른 입력방법을 받아들일 수 있고, 여러 다양한 기기에 출력을 할 수 있도록 조정하는 역할을 수행할 것이다. 그림 9.21은 그러한 미들웨어의 간단한 구조를 보여 주고 있는데, 클라이언트 센서에서 각종 양식으로 입력이 들어오면 이를 융합하여 해석한다. 그리고 해당 클라우드 응용프로그램의 입력 행동양식(Behavior)과 결합하여 실제 계산을 수행한 뒤, 그 결과가 다양한 클라이언트 기기에서 적절히 출력/표출될 수 있도록 투명하게 변환을 수행하는 역할을 하게 된다.

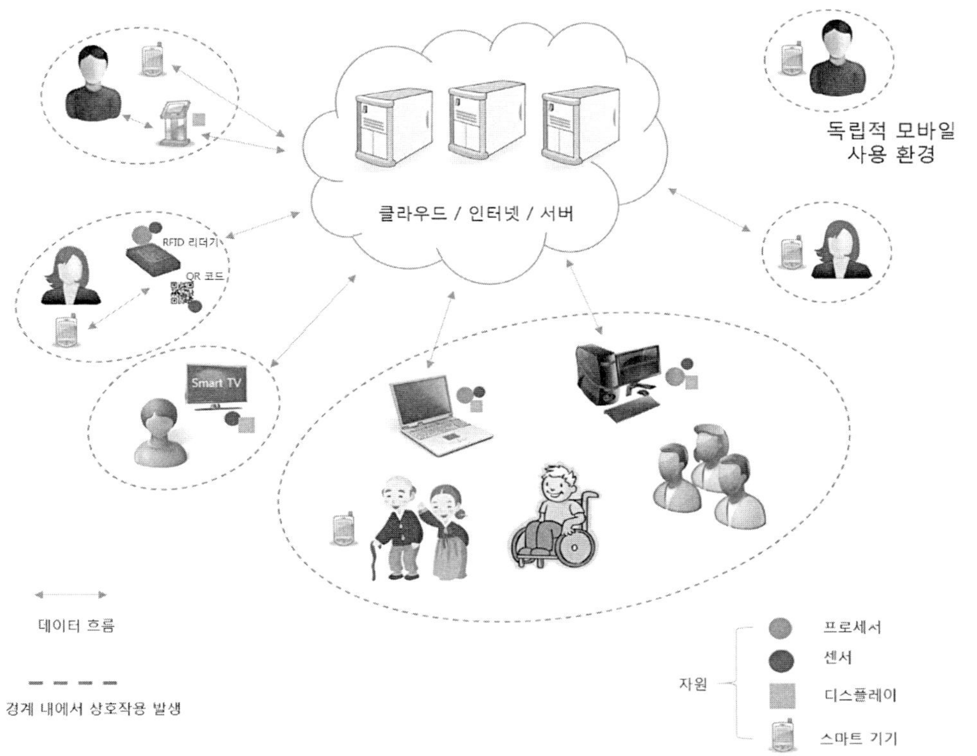

[그림 9.20] 클라우드-클라이언트형 응용프로그램. 다양한 사용자들이 다양한 클라이언트 기기 및 센서/출력 장치로 클라우드 응용프로그램을 구동

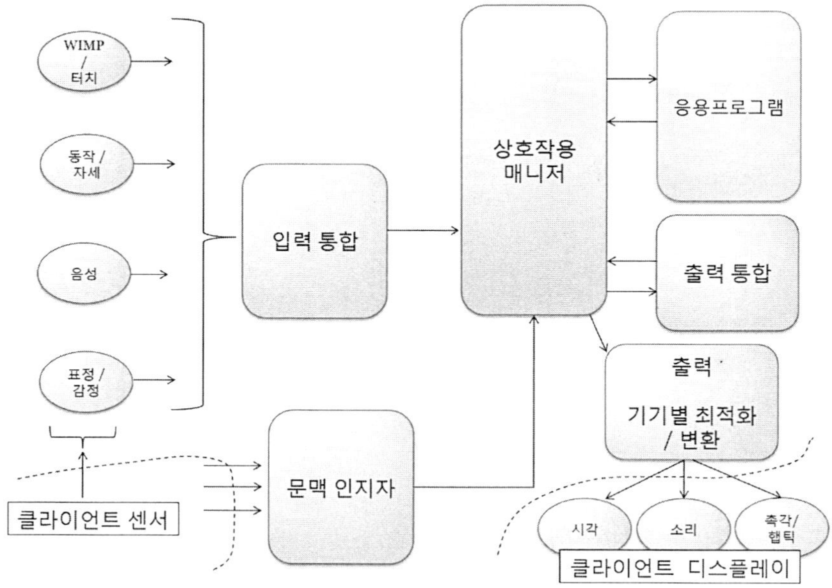

[그림 9.21] 클라우드-클라이언트 대화형 응용프로그램을 위한 미들웨어 구조

9.4 실감형 상호작용

주로 간편하고 빠르게 동작해야 하는 모바일 인터페이스와 달리, 자연스럽고 실제와 비슷한 실감형 상호작용은 고정형 엔터테인먼트 시스템을 중심으로 크게 발전할 것으로 보인다. 예를 들어 가정에서 사용하는 가전제품(예: 텔레비전, 냉장고, 전자레인지 등)들도 컴퓨터 및 네트워크 기능이 내장되어 지능화되고 있으며, 프로그램 시청 이외에도 가정 내 미디어 시스템으로서 여러 가지 서비스를 제공하고 있다. 또한, 이런 "스마트 TV" 혹은 "지능 미디어" 시스템의 성능이 빠르게 실감할 수 있는 수준으로 변모하고 있다(예: 화면 크기: 42 인치 이상, 5.1 서라운드 사운드, 입체 영상 및 UHD급 해상도, 카메라/마이크/3차원 마우스/깊이 센서 등과 같은 센서들, 데스크톱 수준의 계산 능력 등). 또한, 모바일 기기와 마찬가지로 네트워크를 통해 클라우드 기반 서비스나 콘텐츠를 안정적으로 제공받을 수도 있게 되었다. 이미 키넥트(Kinect) 기반 게임의 예와 같이 이런 실감형 상호작용들은 보통의 데스크톱보다는 위에 언급한 실감형 장비가 대중화되고 있는 추세 속에서 더욱 확산되고 있다.

이러한 추세를 반영하여 기타 컴퓨터 기반 엔터테인먼트 시스템들도 더욱 실감형으로 바뀌게 되고, 특히 "오감형 가상현실" 기술이 영화, 테마파크 산업에 접목될 것이다. 궁극적으로 이러한 움직임은 곧 실감형 교육 및 훈련 분야를 창출할 것으로 보인다. 실감형 상호

[그림 9.22] 홈 미디어 시스템 및 실감형 상호작용 게임[18]

작용은 오감형 인터페이스 기술의 발전과 관련 장비의 대중화 및 확산에도 불구하고, 아직은 초기 단계에 머물고 있다고 할 수 있다. 이는 콘텐츠의 생산, 저작, 보급 라인이 아직 제대로 갖추어져 있지 않고, 오감형 다중양식 상호작용을 제대로 디자인 할 수 있는 인력도 그리 많지 않기 때문이다. 최근 Unity3D로 대표되는 프로그래밍과 같은 기술적인 배경이 깊지 않아도 쉽게 3차원의 대화형 콘텐츠를 만들 수 있는 저작도구 및 프로그램들이 점점 개발 및 배포되고 있다. 이러한 도구들은 나날이 대중화되고 있는 실감형 장비에 맞는 실감형 인터페이스 기능을 제공하고, 이들을 콘텐츠에 결합하여 적절히 디자인할 수 있도록 계속 진화되고 있다.

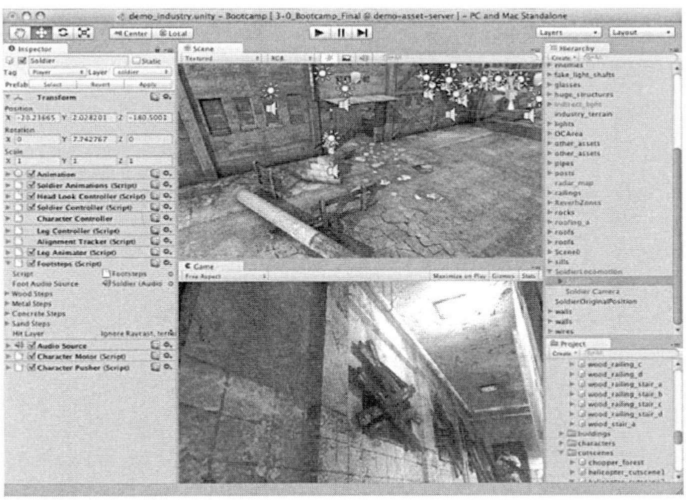

[그림 9.23] 프로그래밍을 최소화하고 쉽게 3D 대화형 콘텐츠를 저작할 수 있는 Unity3D[19] 개발 도구

---

18 Xbox Kinect 교수학습가이드, http://www.xbox.com/ko-KR/Kinect/School

19 Unity3d, http://docs.unity3d.com/Documentation/Manual/CustomizingYourWorkspace.html

9.5 혼합/증강현실 (Mixed and Augmented Reality)

최근에는 가상현실 및 실감형 인터페이스와 더불어 최근 혼합현실형 인터페이스나 콘텐츠가 각광을 받고 있다. 혼합현실 환경은 정보 전달 미디어에 현실과 가상이 적절하게 "혼합" 되어 있는 형태를 뜻하는데, 그 혼합 정도에 따라 어떤 스펙트럼을 형성한다고 하여 이를 소위 "Mixed Reality Continuum"이라고 부른다[9]. 예를 들어, 현실세계를 반영하는 비디오에 가상객체를 적절히 공간적으로 정합하여 합성영상이나 합성세계를 만드는 경우(대체로 현실과 가상의 혼합 비율이 가상보다 현실이 클 경우) 이를 주로 증강현실(Augmented Reality)이라고 부르고, 거꾸로 가상환경 속에 실제 환경에서 획득한 물체를 정합하여 넣게 되면 증강가상(Augmented Virtuality)이라고 부른다. 그림 9.24는 그러한 Reality-Virtuality Continuum의 개념을 보여 주고 있다.

혼합현실 기술은 몇 가지 핵심 기술을 필요로 하는데, 우선 현실 환경 속의 객체에 대한 어떤 정보를 표시하기 위하여 그 해당 객체를 인식하고 추적할 수 있어야 한다. 대부분의 경우 이러한 물체 인식과 추적은 카메라에 기반한 컴퓨터 영상처리 기술을 사용하거나 특수 센서를 사용하게 된다. 어떤 정보를 해당 물체에 정합하지 않고 그냥 화면에 정보가 표시되는 "좀 더 약한" 형태의 혼합 현실 형태도 있다. 예를 들어, 구글 글래스(Google Glass) 같은 경우, 씨스루(See Through) 화면에 각종 정보를 표시하고 응용프로그램을 구동할 수 있게 하여(예: 음성 또는 기타 제스처 이용) 일상생활 속에서도 가볍게 움직이며 상호작용이 가능하다. 이러한 현실과 가상이 결합 된 형태의 상호작용적 미디어 기술은 정교한 추적과 정합기술을 통하여 그 사용성과 UX가 더욱 증대될 수 있고, 이를 뒷받침하기 위한 기술

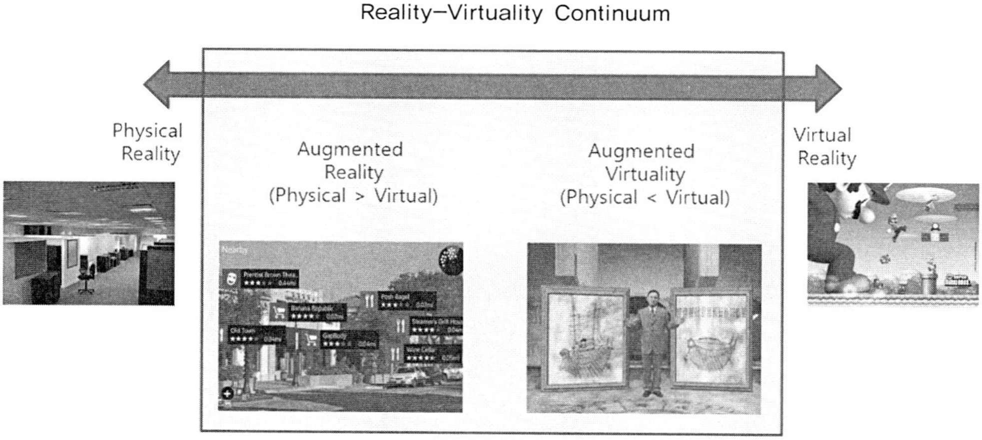

[그림 9.24] Reality–Virtuality Continuum[9]. 현실과 가상의 혼합 정도에 따라 스펙트럼 형성 양 끝에는 완전 가상 혹은 완전 현실 세계가 있음

들이 이제는 독립적(Stand-alone) 모바일 기기나 클라우드 연동 휴대형 클라이언트를 통하여 현실화되면서 그 확산 속도가 매우 빨라지고 있다. 특히, 사물, 위치, 얼굴 인식에 대한 알고리즘적 계산뿐만 아니라 객체 정보들이 대규모적으로 클라우드를 통해 데이터베이스화 되면서 이러한 서비스의 구축은 더욱 용이하게 되고 있다.

9.6 기타 기술

우리는 이제까지 가까운 미래에 발전 및 확산 가능성이 크다고 전망되는 HCI 관련 기술 및 동향을 살펴보았다. 이들 기술이나 동향 이외에도, 지난 수년간 나름대로 각광 받아왔던 차세대 HCI 기술들이 존재한다. 저자는 이러한 기술들이 우리에게 더욱 가까이 다가오고 대중화 하기 위해서는 좀 더 많은 기술 혁신이 필요할 것으로 내다본다.

- 웨어러블 컴퓨팅 상호작용 (Wearable Computing and Interaction): 현재 웨어러블 컴퓨팅은 휴대형 스마트폰의 형태로 머물러 있다. 특히, 옷에 컴퓨터 및 인터페이스를 내장한 형태의 웨어러블 컴퓨터가 자주 미래형 컴퓨터로 회자되었으나, 기술적인 문제보다 사용성이나 적절성에서 문제가 많아 보인다. 구글 글래스와 같이 사람이 쓰는 디스플레이 시스템에서의 기술 혁신이 어느 정도 있었으나, 아직 밝기, 파워 문제 등을 해결하지 못하고 있다.
- 생체 신호 기반 상호작용 (뇌파, 근전도 등): 시각, 청각 및 운동기관 관련 장애자를 위한 특수 인터페이스로서가 아닌 생체 신호 기반 상호작용은 뇌파, 근전도에서 추출할 수 있는 정보의 양이나 질에 있어서의 한계 때문에 일반적으로 활용될 수 있는 가능성이 적어 보인다.
- 시선 (Eye-tracking) 기반 상호작용: 시선과 상호작용은 매우 밀접한 관계를 가지고 있다. 보통의 경우 시선은 사용자 머리의 정 방향과 (혹은 얼굴의 방향) 같다고 가정한다. 필요한 경우 얼굴 인식을 통하여 정보를 취득하고 활용이 가능하다. 하지만 얼굴의 방향과 실제 눈동자의 방향이 다른 경우는 있을 수 있으나 실용성이 많아 보이지 않는다.
- 감정/얼굴 기반 상호작용: 많은 인터페이스의 룩앤필(보기에도 좋고 느낌에도 좋은, Look and Feel) 등 출력 디스플레이 면에서 감성화되고 있지만, 감정 자체를 사용자 입력으로 활용하기에는 좀 더 기술 혁신이 필요하다고 보여진다. 사실, 인간의 감정은 인간 스스로도 다른 사람의 감정을 읽어내기가 쉽지 않고, 또 자기도 모르게 표출된 감정으로 의도하지 않는 상호작용을 하게 되는 경우도 있을 수 있을 것이다.
- 손가락 기반 상호작용: 그동안 손가락의 움직임을 추적하여 그 움직임으로써 상호작용을 하려는 노력은 많이 있었다. 가상현실 분야에서 부분적으로 활용되어 왔던 글러브

시스템 등이 그 예가 될 수 있을 것이다. 글러브들은 손가락 기반 상호작용의 효용성을 떠나서 손에 끼고 보정작업을 해야 하는 등 많은 사용성 측면에서의 제약이 있었기 때문에 잘 활용되지 않았다. 최근 깊이 센서 등으로 글러브나 손에 장착해야 하는 장치 없이 정교하게 손가락의 움직임을 추적하는 시스템이 출시되고 있으나, 손가락의 세세한 움직임과 자연스럽게 결합할 수 있는 응용프로그램이나 작업이 생각만큼 많지 않으며, 피로도의 문제가 매우 크게 대두되고 있다.

- 3D/입체 GUI: 앞으로 미래 컴퓨팅은 WIMP 기반의 2차원 기반 인터페이스를 넘어 객체를 입체적으로 하고 이들과 3차원 공간에서 상호작용하는 미래 컴퓨팅의 비전이 매우 많이 제시될 것이다. 하지만 3차원 물체를 직접 심도 있게 조작해야 하는 특별 응용프로그램 이외에(예: 조각, 디자인 등) 이미 언급한 피로도를 많이 유발하는 3차원 상호작용을 굳이 채용해야 하는 당위성이 적어 보인다.
- 맥락(Context) 기반 상호작용: 유비쿼터스 컴퓨팅의 한 실현 시나리오는 위치, 상황, 개인정보, 환경 정보 등에 기반하여 사용자의 의도를 맥락적으로 알아내어 이를 상호작용이나 기타 컴퓨팅에 활용하는 것이었다. 사람의 감정을 쉽게 알아낼 수 없듯이, 맥락 정보 또한 쉽게 알아낼 수 없는 매우 어려운 문제이다(사실 인간 스스로도 알아내기 어렵다). 아주 간단하게 판단할 수 있는 맥락 정보 이외에 한때 유비쿼터스 컴퓨팅에서 제시했던 수준의 맥락정보를 이용한 서비스는 아직 요원하게 보이는 것이 사실이다.

9.7 요약

앞으로 IT 산업과 디지털 콘텐츠의 경쟁력은 "어떤 기능을 제공하는가" 그 자체보다는 "그 기능을 사용자에게 어떤 방식으로 제공할 것인가"에 초점을 맞출 것이다. 이런 맥락에서 HCI와 UX의 중요성은 날로 증대되고 있다. 특히, 컴퓨팅 플랫폼이 정형화된 데스크톱에서 유비쿼터스 컴퓨팅으로 빠르게 변화하고 있고, 대규모 서버나 심지어 슈퍼컴퓨터에 의한 서비스까지 실시간에 클라우드를 통해 가능해지면서 HCI 기술도 고도로 다양해 지고 있다. 결국 HCI에서 가장 중요한 원칙에 따라 "사용자를 잘 이해하고 있는" 서비스 및 응용프로그램이 그렇지 못한 것들과 차별성을 이루게 될 것이며 더 나아가 인간이 편하고 즐겁게 생활하는 작업을 제공하게 될 것이다.

References

[1] Bolt, R. A. "Put-that-there." *Voice and gesture at the Graphics Interface.* 14. 3 (1980).

[2] Milgram, P., et al. "Augmented reality: A class of displays on the reality-virtuality continuum." *Photonicsfor Industrial Applications.* International Society for Optics and Photonics, (1995).

[3] Leap Motion, Inc. "Leap Motion", http://www.leapmotion.com, (2013).

[4] Electronic Arts Inc. "Black and White 2" http://www.ea.com/black-and-white-2-battle-of-the-gods, (2013).

[5] Apple Inc. "SIRI", http://www.apple.com/kr/ios/siri/, (2013).

[6] AT&T Labs Research, "AT&T WATSON(SM) Speech Technologies" http://www.research.att.com/projects/WATSON/?fbid=j6ZWSYBnql4, (2013).

[7] Wikipedia, "Google Voice Search" http://en.wikipedia.org/wiki/Google_Voice_Search, (2013).

[8] Wikipedia, "Speech Recognition" http://en.wikipedia.org/wiki/Speech_recognition, (2013).

[9] Wikipedia, "Reality-Virtuality Continuum" http://en.wikipedia.org/wiki/Reality%E2%80%93virtuality_continuum,(2013).

찾아보기

ㅈ

ucloud office 부록 CD 다운로드 안내

http://office.ucloud.com

ID : pptsm@ucloud.com

PW : hp2274

⇒ My ucloud / 게스트폴더 / PW : ISBN 뒤 8자리

정가 12,000원

Human-Computer Interaction
기본원리와 사용자 중심의 개발 프로세스

2014년 2월 15일 초판 인쇄
2014년 2월 25일 초판 발행

저　자 : 김정현 · 안의재 · 이명희 · 이재동
발행자 : 우명찬 · 송　준
발행처 : 홍릉과학출판사
주　소 : ㊂ 142-885 서울시 강북구 인수봉로 50길 10
등　록 : 1976년 10월 21일 제5-66호
전　화 : 999-2274~5, 903-7037
팩　스 : 905-6729
ISBN : 979-11-5600-035-8

hongpub@hongpub.co.kr
www.hongpub.co.kr

저자와의 협의하에 인지생략